國家圖書館出版品預行編目資料

語言、社會與歷史意識——荀子思想探義／伍振勳 著 — 初版
— 台北縣永和市：花木蘭文化出版社，2009〔民 98〕
目 2+180 面；19×26 公分
（中國學術思想研究輯刊 六編：第 4 冊）
ISBN：978-986-254-055-8（精裝）
1.（周）荀況 2.荀子 3.研究考訂 4.學術思想
121.27   98015171

ISBN - 978-986-2540-55-8
9 789862 540558

中國學術思想研究輯刊
六 編 第 四 冊   ISBN：978-986-254-055-8

語言、社會與歷史意識——荀子思想探義

作　　者　伍振勳
主　　編　林慶彰
總 編 輯　杜潔祥
出　　版　花木蘭文化出版社
發 行 所　花木蘭文化出版社
發 行 人　高小娟
聯絡地址　台北縣永和市中正路五九五號七樓之三
　　　　　電話：02-2923-1455／傳眞：02-2923-1452
網　　址　http://www.huamulan.tw 信箱 sut81518@ms59.hinet.net
印　　刷　普羅文化出版廣告事業
封面設計　劉開工作室
初　　版　2009 年 9 月
定　　價　六編 30 冊（精裝）新台幣 50,000 元

語言、社會與歷史意識——荀子思想探義

伍振勳　著

作者簡介

伍振勳，一九六五年生，國立臺灣大學中國文學研究所碩士，國立清華大學中國文學研究所博士。現任國立臺灣大學中國文學系助理教授。研究領域：先秦諸子、儒家思想。專著有：《戰國時期道家與法家之「道──法」思想研究》（國立臺灣大學碩士論文）、《語言、社會與歷史意識──荀子思想探義》（原題《荀子「天生人成」思想的意義新探》，國立清華大學博士論文）；期刊論文，〈荀子的「身、禮一體」觀──從「自然的身體」到「禮義的身體」〉、〈兩種「通明意識」──莊子、荀子的比較〉、〈從語言、社會面向解讀荀子的「化性起偽」說〉、〈聖人敘事與神聖典範：《史記‧孔子世家》析論〉等篇。

提　　要

　　本書分別從「自然的總體」、「社會的總體」、「人格的總體」三個向度探討荀子思想的理論意義，觸及三個論題：

　　一是屬於主體哲學的論題。從「自然的總體」向度來看，荀子思想中的「禮」作為人類生活世界的意義根源，它不僅是行為規範，還是一種「宇宙觀」模式──其禮義論反映出「天生人成」的思想型態，關係著主體自覺的意義。學界對於荀子主體哲學的詮釋，多從意識層面切入，本文則轉從行為層面切入，藉著探討荀子的名言論、心術論旨趣，剖析其「禮宇宙觀」的理論勝義。

　　一是屬於社會學的論題。從「社會的總體」向度來看，荀子思想中的「禮」作為一種社會規範，它不僅注重社會對個體的規訓，也強調社會化主體的自我發展──其禮義論藉「化性起偽」的人性塑造，說明社會的理性控制機制，以及社會自我的形成。學界對於荀子「化性起偽」說的詮釋，要在闡發「心性論──主體哲學」的理論意義，本文則嘗試透過「語用學──社會學」的視域以檢視其理論勝義。

　　一是屬於歷史哲學的論題。從「人格的總體」向度來看，荀子思想中的「禮」作為人格世界的精神要素，顯示儒者濃厚的歷史意識，以其知性感悟傳衍聖賢的人格精神──其禮義論具有歷史詮釋的內涵，觸及關於道德實踐之終極意義的扣問。本文藉由辨析孟子與荀子對於聖人、經典與言說的不同認知，探究兩人的歷史詮釋以及切身的社會實踐，以說明他們對於道德實踐之意義的不同感悟。

目次

第一章　緒　論
——禮義論的三個向度與本論文討論的三個課題

綜觀《荀子》一書的內容，可見荀子的主要理念乃是重構「禮義之統」的現實效用。〔註1〕因此，探究荀子思想的意義，首要即是檢視其禮義編的理論內涵。要言之，荀子的禮義論，至少觸及三個向度：一是著眼於「自然的總體」（Natural totality），可見禮法的功能乃是作爲人類社會從自然的環境世界過渡到人文的生活世界的文化形式，因而在荀子的禮義論當中就觸及了屬於「生活世界」的文化義涵；一是著眼於「社會的總體」（Social totality），可見禮法的功能從生活世界的文化形式進而成爲政治共同體的群體規範，因而在荀子的禮義論當中就觸及了屬於「社會過程」的政治義涵；一是著眼於「人格的總體」（Personal totality），可見禮法的功能從生活世界的文化形式進而成爲個性修養的歷史資源，因而在荀子的禮義論當中就觸及了屬於「人格世界」的精神義涵。〔註2〕因此，本文將分別從這三個向度討論荀子禮義論的理論內涵，以此探究荀子思想的意義。以下略述這三個討論課題的問題意識。

〔註1〕　韋政通先生認爲：「荀子思想系統的中心理念即『禮義之統』。……並於禮義
　　　　效用的思考中，決定了禮義與人、與事、與天的關係；這一關係確立了，性、
　　　　天的意義也就同時確定。這種由客觀禮義的效用問題，導引到對天人關係上
　　　　來的思考方式，即是由荀子思想系統的特質所決定的方式。」韋政通：《荀子
　　　　與古代哲學》（臺北：臺灣商務印書館，1992 年），頁 47。
〔註2〕　這裡所謂「自然的總體」「社會的總體」「人格的總體」三個面向，參考林安
　　　　梧：《道的錯置——中國政治思想的根本困結》（臺北：臺灣學生書局，2003
　　　　年），頁 64～65。林先生以這三個類型概括「湘楚之地」「三晉之地」「鄒魯之
　　　　地」的文化性格與思維模式，進而形成道家、法家、儒家的思想型態。

一、生活世界與道德主體

從「自然的總體」向度來看，荀子的禮義論具有「天生人成」的思想意義，亦即人類社會在「自然世界」的基礎之上成就一個具有人文精神的「生活世界」。「生活世界」和「自然世界」是相對的概念，人類和其他物類的差異就在人類社會以「生活世界」的生存形態為其特徵，人文精神就是透過各類的文化形式，逐漸脫離對外部環境的依賴，反之，其它物類則生存於「自然世界」之中，受到外部環境的制約。〔註3〕人因為處於「生活世界」，於是有了人生意義與生命價值的意識，進而有了「道德主體」的自覺。然而這並非意謂人類的「生活世界」與「自然世界」「超越世界」的隔絕，而「天人合一」的信念也始終是中國哲人的思想基礎──在與帝神諭命、自然規律、超越實體各個不同層次的「天」的交通聯結中，生命價值的意識與道德主體的自覺愈加清明深刻。一般認為在這一思想主流當中，荀子採取「天人之分」的態度，直接就禮法的「至文以有別，至察以有說」，〔註4〕對於生命價值的意識與道德主體的自覺提供理據是相當獨特的。〔註5〕

值得注意的是：在荀子思想當中，禮法作為生活世界的倫理統類，它被提高到「與天地同理，與萬世同久」〔註6〕的位階，禮法作為人生道德實踐的規範法則，最高的精神活動被表述為「通於神明，參於天地」〔註7〕──可見他仍是在「天人關係」的架構中論「道」。「天人關係」成為思想論述的架構，基本上反應出思想家將人的生命價值課題放在一個更廣闊的宇宙背景中加以理解，這一廣闊的理解就形成了一種「宇宙觀」（Weltanschauung）──對於世界與人生的本質、起源、價值、意義和目的形成一種整體的看法。因此，「禮」

〔註3〕 德國哲學家加達默爾（Hans-Georg Gadamer）分辨「生活世界」與「環境」概念的差異：「環境」是人們生活於其中的「周圍世界」，這一概念顯示個體對於外在環境的依賴性，可以廣泛地適用於一切生物；人的「生活世界」則是通過「無環境性」「語言表述性」來顯示其特徵。見加達默爾（Hans-Georg Gadamer）著，洪漢鼎譯：《真理與方法──哲學詮釋學的基本特徵》（臺北：時報出版公司，1993年），頁565～568。

〔註4〕 〈禮論篇〉，頁356。本文關於《荀子》的引文，據（清）王先謙撰，沈嘯寰、王星賢點校：《荀子集解》（北京：中華書局，1988年）

〔註5〕 參見張亨：《思文之際論集──儒道思想的現代詮釋》（臺北：允晨文化公司，1997年），頁249～284。

〔註6〕 〈王制篇〉，頁163。

〔註7〕 〈儒效篇〉，頁144。

在荀子的思想體系當中，就不僅是一般的行為規範，它還是一種「宇宙觀」
——本文稱為「禮宇宙觀」。〔註8〕本文的討論，首先就將荀子的「禮宇宙觀」
置於「天人關係」課題的思想史脈絡中加以考察，包括追溯原始宗教的「天
人關係」與巫術對於神聖性的要求、春秋時期的兩種天道觀與時人對「宇宙
法則」的探求、再從「哲學的突破」、「人文的轉向」兩大脈絡探討荀子「天
人之分」的觀念——在這一思想史考察當中，本文將初步揭露荀子「禮宇宙
觀」的新視野，作為以下討論荀子「主體哲學」的基礎。〔註9〕

　　其次，荀子既採取「天人之分」的觀點，以「禮宇宙觀」作為安頓生命
價值與主體自覺的理據，在當今學界「主體哲學」的詮釋當中產生了歧解。
牟宗三先生強調荀子思想「以人治天」的精神，並在與孔、孟主體哲學的對
較中分辨荀子是透過「知性主體」以成道德形式的人文世界，未能如孔、孟
直探「道德主體」的「心性」本源。〔註10〕唐君毅先生雖和牟先生一樣，認
為荀子主體哲學在於以智心對治人性之惡以建構人文化成之道，但他卻又強
調荀子的「天人之分」不與「天人合一」必然衝突，並省思學界慣用「心道
二分」的模式詮解荀學所可能衍生的問題，進而提出新解：荀子之道涵括「心
之道」與「人文統類之道」兩端，此兩端並非主客內外二分的關係，而是「曲
折」地通內外合一——由此論斷荀子之道不與「孟子之即心性之流行以言道」
完全對反。因此他就不像牟先生將「知性主體」與「道德主體」作明確區隔
以指出荀學對於創造價值世界的主體性乃是「大本不立」，唐先生則是藉著聯
結「知道」與「行道」兩種心靈作用，試圖為「知性主體」與價值世界的接
合提出一可能的合理解釋。〔註11〕

〔註8〕　這裡所用「宇宙觀」一詞，乃是著眼於人的價值意識與主體自覺，亦即價值
　　　　論的宇宙觀，異於以認知為目的，對宇宙起源、變化及世界現象進行理論解
　　　　釋的「世界觀」。此一分辨，參見布魯格編著，項退結編譯：《西洋哲學辭典》
　　　　（臺北：華香園出版社，1992年），頁570～571，「宇宙觀」條。
〔註9〕　張亨先生曾將荀子的「天人之分」觀點置於「天人合一」的思想史脈絡中考
　　　　察，而突出荀子思想的獨特與不足；亦曾追溯荀子禮法思想的淵源，認為荀
　　　　子的論點與《左傳》當中的「君子」之言有關，在這一歷史因襲當中，荀子
　　　　增添了個人的創造性，構設出一套新的理論體系——主要即是以「天生人成」
　　　　的理論根據，強調禮法的社會政治功能以及它的理性本質。見《思文之際論
　　　　集——儒道思想的現代詮釋》，頁249～284，150～191。
〔註10〕　牟宗三：《名家與荀子》（臺北：臺灣學生書局，1979年），頁213～228。
〔註11〕　唐君毅：《中國哲學原論‧原道篇（一）》（臺北：臺灣學生書局，1986全集校
　　　　訂本年），頁437～468。

　　唐先生的荀學詮釋嘗試貼近荀學作爲「實踐哲學」的基本性格，其策略則大體是在「知性主體」一義上擴大「智心」的意識活動範圍，藉著「能知、能行」之心與「可知、可行」之道的內外相通，在「心、道一本」與「心、道二分」的兩極對立中尋求第三條路。不過，這兩種詮解的理論脈絡，均是從「意識」層面切入主體哲學的探討，因此強調「心、道一本」的預設以及關注荀子理論當中的「知性主體」，而忽略具有言語和行爲能力之「行爲主體」亦是討論主體哲學的一個側面。本文因而嘗試轉向對「行爲主體」的關注，從荀子的「名言論」與「心術論」同時切入以探討荀子的主體哲學。

　　荀子的「名言論」，主要的文獻依據在〈正名篇〉。關於〈正名篇〉的旨趣，牟先生與唐先生又有不同的理解。牟先生在「知性主體」的詮釋取向之下，荀子的「名言論」被強調作爲「知性現象」的義涵——亦即表現於名實理論或知識論的邏輯心靈。〔註 12〕唐先生對此有所辨正：邏輯學所重之名理的邏輯構造非荀子所重，荀子係從「名定而實辨」以言「道行而志通」，其所重者在於「人之志意相喻以成事」，此則屬於語意學的範圍。〔註 13〕本文將承接唐君毅先生對〈正名篇〉的理解，並以現代語言學分類中的「語用學」（Pragmatics）來探討荀子實踐哲學的理論意義——因爲〈正名篇〉的意旨不僅關於「名理」或「語意」，而是在於綜合語詞的使用、語意的表達、正道的認識的「語言行爲」。荀子論析語言行爲的「語意結構」（「期命」「辨說」「治道」），並指出「辭合於說，說合於心，心合於道」的理想語言行爲。「心合於道」的語言行爲，勢必透過理解人類共同的生活方式（「合文」「盡故」），用語言行爲聯結人類歷史的普遍經驗，完成「生活世界」的再生——這和他以「禮宇宙觀」作爲主體自覺之理據就有所聯結。本文將藉由主體的「語言行爲」和「禮宇宙觀」的聯結，以見荀子「禮宇宙觀」關於「生活世界與道德主體」論題的勝義。

　　本文最後將討論荀子的「心術論」。語言行爲的語意結構與理想模式，建構了「行之，明也」的行爲主體，也反映了言語者「心合於道」的心靈狀態。在荀子的理論體系，行爲主體不論是在道德認識或道德實踐的能力，必

〔註12〕牟宗三：《名家與荀子》，頁 253～277。另外，韋政通先生將荀子所論辯說、正名以及知識論，視爲認知心的表現內容，亦強調通過正名之說把握荀子重智的心靈形態。見《荀子與古代哲學》，頁 164～188。

〔註13〕唐君毅：《中國哲學原論・導論篇》（臺北：臺灣學生書局，1986 年全集校訂本），頁 155～181。

然是在文化模式、社會規範、個性結構的同步發展中逐漸完善，因此是經驗性的道德主體，而不是先驗性的道德主體（超越精神的主體化）。一般採取意識哲學的進路，會將此視為「心道二分」的理論型態，這自然不誤，不過仍應回頭檢視荀子的實踐哲學在「心道二分」的前提之下，如何透過「文學」的教化功能，將「禮之理」的人文理性內化為行為主體的「心之靈」，使行為主體趨於人格的完滿——本文將探討荀子藉著區分「法禮」與「足禮」的心理狀態標示「修身」進程的意義。當主體哲學的焦點轉向「行為」的面向，「心靈」的地位依然重要，且將使我們正視更加完整的「心靈結構」——唐先生將心的「知性」擴延到「意志」層，在「行為主體」的視野中，還應擴延到「血氣」層。因此，本文將從「知慮」「意志」「血氣」三層探討荀子的「心術論」。

二、社會過程與個性發展

本文的第二個論題將進入「社會的總體」向度——社會規範對個體的規訓以及社會化主體如何個體化的課題，本文將以詮釋荀子的「化性起偽」說來討論這個論題。

荀子提出「化性起偽」說，不僅是在說明「善」（正理平治）的可能——亦即以「禮義之道」建立社會秩序為可能；還在說明「積善成德」的可能——亦即「偽起而生禮義」、被描述為「大參天地」〔註14〕「神明自得」的「聖心」〔註15〕為可能。顯然荀子的「化性起偽」說，關係著他建構內聖外王之道的基礎工程。目前學界詮釋「化性起偽」說之意義的主流，可以稱之為「心性論」的詮釋模式，其揭出的理論意義偏於建構「主體哲學」。

例如徐復觀先生，析分荀子人性論中「性」與「心」各有兩個方面，「荀子之所謂性，包括有兩方面的意義，一指的是官能的能力，二指的是由官能所發生的欲望。」「荀子一面以心為好利，乃就其欲望一方面而言；一面以心為能慮能擇，乃就其認識能力一方面而言。」進而指出「生而即有的能力」，特別是「心知」能力在荀子人性論中的主導地位，「荀子通過心的"知"，而使人由惡通向善；但站在荀子的立場，善是外在的、客觀的；而惡是本性所具有的。……要以外在的善，代替本性所有的惡，則在知善之後，必須有一

〔註14〕　〈賦篇〉，頁 474。
〔註15〕　〈勸學篇〉，頁 7。

套工夫。這一套工夫，荀子稱之爲"化性而起僞"。」〔註16〕又如牟宗三先生「以心治性」的詮釋，他從荀子「天人之分」「天生人成」的思想型態入手，突顯荀子思想人／天、心／性範疇的「對分」「對治」關係，因而從「以人治天」理解荀子的「天生人成」、從「以心治性」「以禮義治性」來理解荀子的「化性起僞」說。〔註17〕

從「心性論——主體哲學」的角度來看，荀子「內聖外王之道」所以可能達成乃是繫於「心」的知能以及「化性而起僞」的「積習」工夫兩方面的因素，後一因素可能還更爲重要，因此荀子相當重視師法的學習、環境的影響、禮法的約束，以此「漸」「靡」心性。〔註18〕這一理論路向，牟宗三和徐復觀先生都以經驗論或實在論視之，且對於荀子未能觸及人性的內在價值根源以及性天相通的精神境界有所貶抑。〔註19〕此外，主體哲學的詮釋典範，雖然不必然忽略「社會面」的因素，但對於社會面因素對個性發展的影響並未將它置於優先的位置。張亨先生〈荀子對人的認知及其問題〉一文就是一個很好的例子。張先生認爲荀子對人的認知主要在從情欲（性）與理性（心）兩面剖析人的本質，並且將社會性視爲人的特質之一。以此爲據，張先生認爲荀子對於「人的完成」的課題是抱持這樣的看法：「荀子對人的觀察是從人的自然生命開始，根據經驗的事實指明人的動物性，以見情欲之惡。然後指出人的生命中潛在的理性以宰制情欲，人才有不喪其天功的可能。進而從人的社會特質以增加人生命的廣度。由此已經約略可以看到荀子對人全其天功所作的努力，以及他理想中的人格典型。」〔註20〕可見「社會面」因素對於道德人格的形成只居於附屬的位置。〔註21〕針對上述現象，本文有兩方面的

〔註16〕徐復觀：《中國人性論史・先秦篇》（臺北：臺灣商務印書館，1969 年），頁229～254。

〔註17〕牟宗三：《名家與荀子》，頁213～228。

〔註18〕以外在價值陶鑄心性謂「靡」、滲透心性謂「漸」。參見朱曉海：〈荀學「起僞」別詮〉，朱曉海編：《新古典新義》（臺北：臺灣學生書局，2001 年），頁251。

〔註19〕牟宗三：《名家與荀子》，頁226；徐復觀：《中國人性論史・先秦篇》，頁225～229，256～257。

〔註20〕張亨：〈荀子對人的認知及其問題〉，《臺大文史哲學報》第 20 期（1971 年 6 月），頁209。

〔註21〕其實不僅主體哲學未將社會過程置於優先地位，甚至強調社會性自我的社會心理學，對於個體的心靈表現與社會過程孰先孰後也有爭議：一是認爲先有個體的自我才引申出社會過程，個體心靈是社會存在的前提；一是認爲有社會過程才有個體的自我，個體的心靈表現是社會過程的產物。參見（美）喬

省思：

其一，「心性論」的詮釋模式，基本上是強調「內聖外王之道」必然是以心性為基礎，因此這一詮釋模式是在建構一套以「主體」概念為主的道德哲學或形上學，因而特別關注所謂「道德主體」的「大本」所在，以及用「心道是否合一」、是否「即心即道」的標準來臧否思想的理論價值。荀子的「性惡說」或「化性起偽說」，都是他的人性價值論述的一環，因此從「心性論——主體哲學」來詮釋就極為順遂，從而對此一論述的「語言基礎」未加詳察——從〈正名篇〉對有關「人」的語言群組（性——情——慮——偽等）的取捨來看，他透過對這些語詞的定義來傳達他的「化性起偽」之說。這些語詞是「後王之成名」，「語言」的存在先於「思想」的發生，因此本文的推論是：荀子的「化性起偽」說，既關係他對人性的思想，也關係他對既有語言的學習與使用——他對人性的認知是以「人」的相關語言為知識背景，並據以形成「化性起偽」說的觀念架構。如果再考慮以下的情況：孟、荀的人性論差異，與他們的語用學觀念差異似乎是平行的現象，則從「語用學」的角度考察「化性起偽」說的意義自然有其可行性。

其一，「心性論——主體哲學」的詮釋模式，關於荀子的「化性起偽」說，往往將焦點放在「心（知）」與「性（情）」的本質能力上面，而忽略荀子人性論「性偽合」的「層累」特徵。因此，「心性論——主體哲學」的詮釋模式雖然也認識到荀子是從社會面理解人性的價值，但是並未把社會性因素對個性發展的影響置於優先的地位。然而從「層累」的角度看，荀子人性論的獨特性，其實不在他的「性惡」說，也不在他對「心知」的強調，而是他強調個體的「心（知）」與「性（情）」的自然資質，與社會價值規範作完美的結合，表現「有義之知」才是人格的最高層次發展。荀子關於「散名之在人者」的語言解釋，就隱然強調從「自然人」向「社會人」轉化的人格發展機制。這一人格發展機制，我們有必要作「人類本性與社會秩序」關係的社會學考察。

依據上述的思索，本文對於「化性起偽」說的詮釋，將採取「語用學——社會學」的詮釋模式：首先探討「化性起偽」說的語用學意義；接著透過「人類本性與社會秩序」的社會學論題，考察「化性起偽」的人格發展機制；進而論述「化性起偽」所形塑的道德人格在「外王」與「內聖」兩方面的作

治・米德（George H. Mead）著，趙月瑟譯：《心靈、自我與社會》（上海：上海譯文出版社，1992 年），頁 197～201。

用與意義——前者揭出「總方而議」的「立法者」一義，此義類似社會學所謂社會系統的理性控制；後者則透過社會學關注的「社會自我」一義切入荀子的內聖之學——以求適切定位荀子「內聖外王之道」的理論層次。

三、人格世界與歷史意識

禮法作爲精神修養的歷史資源，顯示儒者一貫的濃厚歷史意識，其目的則是要融入歷史，親炙先聖先賢的文化業績，進而傳衍聖賢的人格世界，這就有賴對於歷史文化的「詮釋」。荀子的「禮義論」，就涵具「歷史詮釋」的意義。本文所用的術語，「歷史詮釋」不同於「歷史認知」：「歷史認知」乃是以歷史事實或文獻材料爲本位，讀者由此認知歷史的規律與意義；「歷史詮釋」則是以詮釋者的思想意識爲本位，召喚歷史作爲註腳的意義創造。當我們強調儒者的歷史意識是在傳衍聖賢的人格世界，主要就是著眼於「歷史詮釋」一層，詮釋者已經跳出歷史距離的框架，以自己的問題意識出發向歷史對象要求對話，也以自己的知性感悟穿透歷史對象的人格世界。黃俊傑先生曾經指出儒家的歷史思維有兩個主要特質：其一即是通過歷史解釋以進行自我詮釋，以「比興式」思考方式從歷史經驗創造現代意義，爲「自我」在歷史時空中定位。〔註22〕對儒者而言，歷史詮釋的目的乃是藉此扣問道德實踐的意義問題——事關一種實踐哲學。本論文的第三部分，將透過討論孟子與荀子不同的「歷史詮釋」，並且聯結他們以「言說活動」爲媒介的社會實踐，分辨兩人對於「道德人格」的不同認知，以說明他們對於道德實踐之意義的不同體驗。

荀子在肯定儒者有相似的「歷史認知」的前提之下，對於儒門中如何詮釋「先王之道」卻有不小的「異見」——子思、孟子等儒者都被他劃歸「俗儒」一流，指稱他們「略法先王而不知其統」〔註23〕「不知法後王而一制度」〔註24〕「上不能好其人，〔註25〕下不能隆禮」〔註26〕等等。由此可見，儒門

〔註22〕另一項特質是：經由美化「三代」經驗的「反事實性思考」，將「價值」與「事實」結合，以突顯現實的荒謬。黃俊傑：〈中國古代儒家歷史思維的方式及其運用〉，收在楊儒賓、黃俊傑編：《中國古代思維方式探索》（臺北：正中書局，1996年），頁1～34。

〔註23〕〈非十二子篇〉，頁94。

〔註24〕〈儒效篇〉，頁138。

〔註25〕「其人」指的是良師、具體的人格典範，亦可代以聖人、大儒等最高人格的稱謂。參見朱曉海：《荀子之心性論》（香港：香港大學博士論文，1993年），頁102～3。

中歷史詮釋的分歧。這個部分，本文首先將從儒門對於聖王的人格詮釋入手，分辨孟子、荀子與竹帛《五行篇》對舜之人格世界的不同詮釋。我們主要將比對孟子所謂的「由仁義行」、竹帛《五行篇》的「德之行」和荀子的「大行」在他們的道德哲學中應當如何理解。

其次，本文將觸及孟子和荀子的經學觀念和他們的思想的關係——孟子重《詩》《書》，而荀子則「隆禮義而殺《詩》《書》」，這當中蘊含的思想差異為何？牟宗三先生由孟、荀的經學觀念對比兩人的歷史哲學、文化理想及精神體驗：孟子在內聖一面，在「盡心知性知天」的工夫當中通透天地精神，牟先生以「全幅是精神、通體是光輝、表現『道德精神主體』」描述之；荀子則在外王一面，把握人文統類的理性主義精髓，牟先生以「通體是禮義、表現『知性主體』」描述之。〔註27〕此外，蔣年豐先生亦分辨思孟學派與荀子關於「內聖外王」的意識，前者是「由內聖開出外王」的模式，後者是「在立外王中成就內聖」的模式。蔣先生就順著這兩種不同的思維模式，比較兩者對「形氣」觀念的不同闡釋，「在思孟學派，人循著浩然之氣直接由身體體現天地萬物，在荀子則主張人應規規然循禮，由身洞知國政而落實天道；在思孟學派，身全然地被浩氣化了，在荀子，身（連帶著國）全然地被禮制化了」是兩者的大別所在。〔註28〕另外，黃俊傑先生則從荀子對「思孟五行說」的批判，比較「思孟學派」和荀子的思想體系關於「道」和「心」的內涵歧異甚大。〔註29〕

本文的論點則是強調孟、荀的「歷史詮釋」，不論是對聖王人格的不同詮釋或經學思想的差異，和他們自身的思想感悟和精神體驗有關，且和他們以「言說活動」為媒介的社會實踐有關。這一論點乃是受到徐復觀之儒學詮釋的啟發。徐先生從道德人格與社會實踐的關連性闡釋孟子的「踐形」「集義」

〔註26〕〈勸學篇〉，頁 14。

〔註27〕牟宗三：《歷史哲學》（臺北：臺灣學生書局，1982 年增訂七版），頁 113～128。另見《名家與荀子》，頁 199。

〔註28〕蔣年豐：〈從思孟後學與荀子對「內聖外王」的詮釋論形氣的角色與意涵〉，《文本與實踐（一）——儒家思想的當代詮釋》（臺北：桂冠圖書公司，2000 年），頁 151～175。此文提出一個頗為獨特的論點，荀子把國家的政教結構比喻成人的身體結構，亦即「身國合一」，聖王的地位相當於知慮之心、吏士相當篤志廣志、農工商則安生樂利。在禮樂教化當中，即可以「正身安國」、進而「全天功」。

〔註29〕黃俊傑：《孟學思想史論卷二》（臺北：中央研究院中國文哲研究所，1997 年），頁 103～125。

「養氣」「知言」一系列的概念。他說：

> 踐形，可以從兩方面說：從充實道德的主體性來說，這即是孟子以
> 集義養氣的工夫，使生理之氣，變爲理性的浩然之氣。從道德的實
> 踐上說，踐形，即是道德之心，通過官能的天性，官能的能力，以
> 向客觀世界中實現。〔註30〕

> 儒家的良心理性，以集義通向生命，成就生命；也以集義而通向社
> 會，成就社會。……通向社會，便須對社會的事象，尤其是對社會
> 生活發生推動作用的思想言論，須作是非的判斷。〔註31〕

本文將以天命／歷史向度與歷史／社會向度概括孟、荀社會實踐之道德
體驗的異質性，並由此分辨兩人對「言說活動」的不同理解──孟子的部分，
我們將論證孟子以「言說活動」作爲「集義」體驗的意義，並由他的「知言」
「養氣」之說印證「集義」體驗乃是屬於歷史／天命向度之道德人格的精神
體驗。荀子的部分，我們將討論荀子如何從歷史／社會向度理解言說活動的
本質，以及社會實踐的言說活動含有文學修養的精神內涵，也就透過言說活
動獲取聖人的功業與榮名。

總之，本文將異於一般從心性形上學的理解進路解讀孟、荀的實踐哲學，
而是從他們的歷史詮釋與社會實踐所內涵的道德體驗來考察孟、荀思想的理
論勝義，當然這對荀子思想的意義也將有進一步切實的理解。

〔註30〕徐復觀：《中國人性論史‧先秦篇》，頁185。
〔註31〕徐復觀：〈孟子知言養氣章試釋〉，收在《中國思想史論集》（臺北：臺灣學生
書局，1975年），頁153。

第二章 「天生人成」思想型態的意義
——荀子的名言論、心術論與主體哲學

第一節 「天人關係」的思想史考察

　　道德實踐的精神活動所建立的「道德人格」或「主體性自我」（可以自律、自我實現的個體），被置於「天人關係」的視野中觀照，是中國傳統思想的一般特徵，荀子思想亦不例外。前章提及：荀子仍然是在「天人關係」的架構中論「道」——禮法作為人類生活世界的倫理統類，它被提高到「與天地同理，與萬世同久」的位階，禮法作為人生道德實踐的規範法則，道德實踐的最高精神活動被表述為「通於神明，參於天地」。因此，荀子的「禮」就不僅是一般的行為規範，它還是一種「世界觀」或「宇宙觀」，藉此「覺解」宇宙事物、人生行為的意義，形成主體性自我的「道德境界」或「天地境界」。〔註1〕然而，荀子的「禮宇宙觀」係以「天生人成」的思想型態為其特徵，這對於傳統的「天人關係」視野有所開拓，因此，本章先作相關的思想史的溯源以顯示荀子的某些理論新意，再進一步從荀子的名言論、心術論探討這一獨特的思想型態如何建構其「主體哲學」。

一、巫史的天道觀與神聖性

　　「哲學」的宇宙觀，可以上溯到「宗教」的宇宙觀；先秦諸子的「天人

〔註1〕 這裡所用「覺解」「道德境界」「天地境界」的意義，據馮友蘭《貞元六書・新原人》（上海：華東師範大學出版社，1996年），頁517～532，552～567。

合一」宇宙觀，可以上溯巫史宗教的「天（神）人交感（通）」宇宙觀。透過
《國語・楚語》所記觀射父對楚昭王「絕地天通」神話之問的一番話，大致
可以理解巫術的「天人交通」之道：

> 古者民神不雜。民之精爽不攜貳者，而又能齊肅衷正，其智能上下比
> 義，其聖能光遠宣朗，其明能光照之，其聰能聽徹之，如是則明神降
> 之，在男曰覡，在女曰巫。……於是乎有天地神民類物之官，是謂五
> 官，各司其序，不相亂也。民是以能有忠信，神是以能有明德，民神
> 異業，敬而不瀆，故神降之嘉生，民以物享，禍災不至，求用不匱。
> 及少皥之衰也，九黎亂德，民神雜糅，不可方物。夫人作享，家為巫
> 史，無有要質。民匱於祀，而不知其福。烝享無度，民神同位。民瀆
> 齊盟，無有嚴威；神狎民則，不蠲其為。嘉生不降，無物以享。禍災
> 薦臻，莫盡其氣。顓頊受之，乃命南正重司天以屬神，命火正黎司地
> 以屬民，使復舊常，無相侵瀆，是謂絕地天通。〔註2〕

這是初民社會的原始宗教所建立的「天人合一」，觸及的「天人關係」乃是神
帝與人的關係。這是一個神道設教的社會，相信「巫」「覡」這類具有特殊能
力之民透過齋敬祭祀能使「明神降之」，只要透過巫術的適當操作，世界即能
有序運行，民神即能各安其位而有道德（「民是以能有忠信，神是以能有明德，
民神異業，敬而不瀆」），神即為民帶來福祉。換言之，透過以巫者為中介的
神人交通的祭祀祝禱活動，世界秩序被建立起來，社會生活的價值體系也被
塑造出來。正如美國人類學家格爾茨（Clifford Geertz）所言：「對一個人所擁
有的價值觀和存在的一般秩序間的意義關係的揭示，是所有宗教的根本因
素，無論這些價值觀和秩序被想像成什麼樣。……宗教在某種程度上仍是一
種努力，試圖儲備普遍的意義，人們借此解釋自己的經驗，組織自己的行為。」
〔註3〕這就肯定宗教的基本功能乃是通過價值觀與世界觀的融合，賦予一套社
會價值，因此這套社會價值「所描繪的不是一個主觀性的人類偏好，而是在
一個有著特別結構的世界中隱含的強加於生活的條件。」〔註4〕就在這一套世
界觀與價值觀的指導之下，人的生活經驗獲得了特定的意義，也開啟了主體

〔註2〕 （周）左丘明撰，（吳）韋昭注：《國語》（臺北：漢京文化公司，1983 年），
　　　　頁 559～562。
〔註3〕 格爾茨（Clifford Geertz）著，韓莉譯：《文化的解釋》（南京：譯林出版社，
　　　　1999 年），頁 156。
〔註4〕 同上，頁 161。

性自我的發展。

　　在觀射父的解說中，「絕地天通」是一次爲了恢復原有「民神異業，敬而不瀆」的世界秩序而進行的宗教整頓行動。這一行動源自當時社會巫術泛濫「家爲巫史，無有要質」，導致「地」（民）、「天」（神）同位無別的失序情形，因此所謂「絕地天通」的本義乃是禁止巫術的泛濫，使天地各就其位，神民異業，不相淆亂。〔註5〕「絕地天通」的「絕」不是「斷絕」之意，而是「絕限」之意，爲了恢復宗教秩序的舊有常態，建立一個有序有德的神人交通管道，維持人與天有一個普遍而恆定的關係。〔註6〕然則這一作用，不可能在「家爲巫史，無有要質」的情形下達成，它必須設定神人溝通的「心志」條件：「民之精爽不攜貳者，而又能齊肅衷正，其智能上下比義，其聖能光遠宣朗，其明能光照之，其聰能聽徹之，如是則明神降之」換言之，巫者的精神智能必須異於常人而有某種神聖性，才能確保「神民異業」，也才能確保巫術宗教的世界觀與價值觀。這一精神智能的神聖性，在後續「天人合一」的精神追求歷史中被保留了下來，雖然這一精神追求已經逐漸從神道設教轉向人文的實踐理性活動，但是「這種人文實踐的理性化，並不企圖消解一切神聖性，禮樂文化在理性化的脫巫的同時，珍視地保留著神聖性與神聖感，使人對神聖性的需要在文明、教養、禮儀中仍得到體現。」〔註7〕因此，在荀子的思想論述中，對於「聖王」的品性依然強調其「聖」「智」「聰」「明」的完備，不乏「兼聽齊明」「通於神明，參於天地」狀態的描述，並爲此作出新解（詳見第四節）。

二、春秋時期的兩種天道觀：「宇宙法則」

　　關於某種帶有必然性的自然規律與人事法則逐漸形成「天道」（宇宙秩序）的觀念。春秋時期「天道」觀念的發展與史官掌星歷的職能關係密切，史官的目的是要從觀察天象規律與異常現象，尋求對人事禍福的預測，強調天象、人事之間的交感對應。由此可知，史官的「天道」之學，雖然是以他們關於

〔註5〕　參見饒宗頤：〈巫的新認識〉一文，鄭志明主編：《宗教與文化》（臺北：臺灣學生書局，1990 年），頁 1～11。

〔註6〕　參見林安梧：《道的錯置——中國政治思想的根本困結》（臺北：臺灣學生書局，2003 年），頁 40～43。

〔註7〕　陳來：《古代宗教與倫理：儒家思想的根源》（北京：生活・讀書・新知三聯書店，1996 年），頁 12。

天文星象的知識爲基礎，但是其學術本質不是一種自然學說，而是依據「聯繫性宇宙論」（correlative cosmology）的觀點理解涵蓋整個宇宙之命運與秩序的「宇宙法則」，〔註 8〕將自然與人事現象都納入這一法則的制約之中，藉此預測吉凶禍福。因此這套學理的「天人合一」就是強調一切人事現象都是「天道」的符應——所謂「天事恆象」。例如：

> 冬，有星孛于大辰，西及漢。申須曰：「彗所以除舊布新也。天事恆象，今除于火，火出必布焉，諸侯其有火災乎！」梓慎曰：「往年吾見之，是其徵也。……若火作，其四國當之，在宋、衛、陳、鄭乎！……」鄭裨灶言于子產曰：「宋、衛、陳、鄭將同日火，若我用瓘斝玉瓚，鄭必不火。」子產弗與。〔註9〕

> 夏五月，火始昏見。丙子，風。梓慎曰：「是謂融風，火之始也；七日，其火作乎！」戊寅，風甚。壬午，大甚。宋、衛、陳、鄭皆火。……裨灶曰：「不用吾言，鄭又將火。」鄭人請用之，子產不可。……子產曰：「天道遠，人道邇，非所及也，何以知之？灶焉知天道？是亦多言矣，豈不或信？」〔註10〕

梓慎、裨灶爲魯、鄭史官，他們從星象推測火災，進而以祭祀禳除火災。觀察日月星象、風雨水旱等自然異象，聯結人事的吉凶禍福，這是史官以「天道」爲主的「宇宙法則」思維。史官對於「天道」與「人道」關係的認知，是強調兩者共同受某一「宇宙法則」制約，這一宇宙法則的實質內容是從「天事恆象」的「天道」方面被認識的，相對地，子產則強調作爲「人道」之核心內容的「禮」本身就是宇宙法則的體現。

> （子大叔）對曰：「吉也聞諸先大夫子產曰：『夫禮，天之經也，地之義也，民之行也。』天地之經，而民實則之。則天之明，因地之性，生其六氣，用其五行。氣爲五味，發爲五色，章爲五聲。淫則紛亂，民失其性。是故爲禮以奉之：爲六畜、五牲、三犧，以奉五

〔註 8〕 「聯繫性宇宙論」的說法，見史華慈（Benjamin I. Schwartz）著，程鋼譯：《古代中國的思想世界》（南京：江蘇人民出版社，2004 年）第九章；「宇宙法則」的說法，見陳來：《古代思想文化的世界——春秋時代的宗教、倫理與社會思想》，頁 67～70。

〔註 9〕 楊伯峻：《春秋左傳注・昭公十七年》（臺北：漢京文化公司，1987 年），頁 1390～1392。

〔註10〕 〈昭公十八年〉，頁 1394～5。

味；爲九文、六采、五章，以奉五色；爲九歌、八風、七音、六律，
以奉五聲。爲君臣上下，以則地義；爲夫婦外內，以經二物；爲父
子、兄弟、姑姊、甥舅、昏媾、姻亞，以象天明；爲政事、庸力、
行務，以從四時；爲刑罰威獄，使民畏忌，以類其震曜殺戮；爲溫
慈惠和，以效天之生殖長育。民有好惡、喜怒、哀樂，生于六氣，
是故審則宜類，以制六志。……哀樂不失，乃能協于天地之性，是
以長久。」簡子曰：「甚哉，禮之大也。」對曰：「禮，上下之紀，
天地之經緯也，民之所以生也，是以先王尚之。故人之能自曲直以
赴禮者，謂之成人。大，不亦宜乎！」〔註11〕

相對於史官以「天道」爲主的思維，子產和子大叔則是以「人道」爲主的思
維，所以強調「禮之大也」。「人之能自曲直以赴禮者，謂之成人」，由此可見
「禮之大也」，同時還因爲禮是道德性的宇宙法則的表徵：一方面，「天地之
經，民實則之」，宇宙法則的內容（如「六氣」「五行」）決定了禮的內容；一
方面，因爲赴禮而行，意謂著「審則宜類，以制六志」，「乃能協于天地之性」，
亦即《左傳》另一處所謂的「禮」以「定命」——「民受天地之中以生，所
謂命也。是以有動作禮義威儀之則，以定命也。能者養之以福，不能者敗以
取禍。」〔註12〕又如：

其行也文，能文則得天地。天地所胙，小而後國。夫敬，文之恭也；
忠，文之實也；信，文之孚也；仁，文之愛也；義，文之制也；智，
文之輿也；勇，文之帥也；教，文之施也；孝，文之本也；惠，文
之慈也；讓，文之材也。……此十一者，夫子皆有焉。天六地五，
數之常也。經之以天，緯之以地，經緯不爽，文之象也。〔註13〕

度之天神，則非祥也；比之地物，則非義也；類之民則，則非仁也；
方之時動，則非順也；咨之前訓，則非正也；觀之詩書、與民之憲
言，則皆亡王之爲也。上下議之，無所比度，王其圖之！夫事大不
從象，小不從文。上非天刑，下非地德，中非民則，方非時動而作
之者，必不節矣。〔註14〕

〔註11〕〈昭公二十五年〉，頁1457～1459。
〔註12〕〈成公十三年〉，頁860～861。
〔註13〕《國語・周語下篇》（臺北：漢京文化公司，1983年），頁96～98。
〔註14〕《國語・周語下篇》，頁112。

「文」涵蓋了社會生活的道德秩序，諸如敬、忠、信、仁、義、智、勇、教、孝、惠、讓等德行皆是由禮文所衍生出來；「象」（或「數」）則是宇宙的自然法則。從「經之以天，緯之以地，經緯不爽，文之象也」「夫事大不從象，小不從文。上非天刑，下非地德，中非民則，方非時動而作之者，必不節矣」，大略可見在春秋時期的士大夫觀念中，社會生活的道德秩序與宇宙的自然法則是不可分的，人的道德生活一方面是接受社會規範的制約，一方面則是體現自然法則的道德要求。

上述春秋時期兩種天人關係的模式，一是「天事恆象」的「自然宇宙觀」，一是「（人）文之象」的「禮宇宙觀」。從共同面來看，兩者其實都預設著「宇宙法則」的存在，主宰著人事的吉凶禍福。從差異面來看，前者重天人之間的神祕交感關係，以祈禳災異的神道方式趨吉避凶；後者重天人之間道德秩序的一致性，以符應自然秩序的道德努力養福去禍。春秋時人對「宇宙法則」的探求，雖然開啓了人類理智對宇宙時空之規律的認知，但「仍然是一種對宇宙的神話式解釋」「人感到了他自己的世界是被無數可見和不可見的鈕帶而與宇宙的普遍秩序緊密聯繫著的——他力圖洞察這種神祕的聯繫」。〔註15〕因此可說，春秋時期以「宇宙法則」作爲道德秩序之理據的思維，對於生命價值的意識與道德主體的自覺尚未達到高度的人文理性。徐復觀先生指出：

在春秋時代，雖然由道德地人文精神之伸展，而將天地投射爲道德法則之天地；但在長期的宗教傳統習性中，依然是倒轉來在天地的道德法則中，求道德的根源；而尚未落下來在人的自身求道德的根源。……他們只能說有人文的教養，而不能說有從內向外、從下向上的自覺的工夫。〔註16〕

春秋時期的「禮宇宙觀」，張亨先生亦認爲：「以『禮』作爲根本連繫的『天人合一』，要比申須、梓慎等以曆象推算的渺遠的天道切近多了。不過他以氣化的自然秩序與禮相配，不免於獨斷；人也是以氣爲性，並沒有行禮的必然保證。」〔註17〕荀子也有類似「禮宇宙觀」的信念，這一信念雖然和春秋時期的「禮宇宙觀」有相承之跡，但思想內涵已有不同。〔註18〕〈禮論篇〉：

〔註15〕恩斯特・卡西勒（Ernst Cassirer）著，甘陽譯：《人論—人類文化哲學導引》（臺北：桂冠圖書公司，1990 年），頁 72。
〔註16〕徐復觀：《中國人性論史・先秦篇》，頁 59～60。
〔註17〕張亨：《思文之際論集——儒道思想的現代詮釋》，頁 258。
〔註18〕張亨：《思文之際論集——儒道思想的現代詮釋》，頁 150～191。

天地以合，日月以明，四時以序，星辰以行，江河以流，萬物以昌，
好惡以節，喜怒以當，以爲下則順，以爲上則明，萬物變而不亂，
貳之則喪也。禮豈不至矣哉！立隆以爲極，而天下莫之能損益也。
本末相順，終始相應，至文以有別，至察以有說。（頁355～356）

荀子基於「天人合一」的傳統信念，仍然相信宇宙和諧有序，自然秩序和人
事秩序必然同時達成，而「禮」正是造就宇宙秩序的「至道」「極則」，它具
有「天下莫之能損益」的權威性。「禮」是構成宇宙秩序、而且是「足以爲萬
世則」的倫理原則，這一觀點或可稱爲「禮宇宙觀」。〔註19〕然而荀子的「禮
宇宙觀」強調「禮」是人文世界的自足法則。〔註20〕關於禮法的創始，「天生
人成」的思想型態排除了「天生禮」一途，因此「禮義者，聖人之所生也」，
〔註21〕聖人之「生」禮義並不是「發現」（discovery）某種自然法的禮；而且
由於荀子的人性論並未賦予人的「知能材性」具有道德創造性，因此此「生」
亦不是從「無」生「有」的「創造」（creation）；「禮」出自人爲（「僞」），是
在人類歷史的時間序列當中，透過先聖後聖的輾轉「發明」（invention），從各
種生活經驗的素材，「積思慮，習僞故」，組織營構出一套有道德目的的秩序
法則。〔註22〕因此，「禮之理」不是反映超越的「宇宙法則」，也不是體現人
的「心性法則」，而是人文理性的「大理」。據此，荀子的「禮宇宙觀」對於

〔註19〕 參見龍宇純：〈荀子思想研究〉，《荀子論集》（臺北：臺灣學生書局，1987年），
頁55～85。
〔註20〕 美國學者史華慈（Benjamin I. Schwartz）據此段文字認定這意謂荀子的禮不
僅是社會功能的產物，它還被提升到「既能統治宇宙秩序，又能統治人事
秩序」的「宇宙論秩序」地位；又進一步推論：「就其實質而言，『禮』相
當於斯多葛派和中世紀意義上的『自然法』。和自然法一樣，它並不能自動
地付諸實施。然而它似乎是這樣的：在使得社會秩序得以生成的時候，古
代聖人們所做的不是"發明"一套主觀的『禮』的體系，而是通過艱巨的
反思過程來"發現"它。」史華慈（Benjamin I. Schwartz）著，程鋼譯：《古
代中國的思想世界》，頁311。這一推論，其實違背了荀子「天生人成」思
想——「天能生物，不能辨物也」（辨，猶治也）的基本意旨。對荀子而言，
「天行」的秩序不是道德秩序，禮也不是內在於自然事物的本性或作爲自
然運化的目的，他是以「反目的論的自然哲學以及人性向惡論入手，證成
了《左傳》所持禮可以『經國家，定社稷，序民人』的意旨」，由此可知荀
子的禮並不是一種「自然法」。參見蔣年豐：〈荀子與霍布斯的公道世界之
形成〉，《文本與實踐（一）——儒家思想的當代詮釋》（臺北：桂冠圖書公
司，2000年），頁279～310。
〔註21〕 〈性惡篇〉，頁435。
〔註22〕 參見朱曉海：《荀子之心性論》，頁160～167。

人類「生活世界」的理解就有了新意（詳見第三節）。

三、「哲學的突破」、「人文的轉向」與荀子「天人之分」的觀念

先秦諸子學的宗教觀，基本上是強調主體化（根植於人的道德心性或精神智能）及人文化（表現爲一種文化形式）的宗教觀。宗教觀的主體化發展，形成的宇宙觀具有「超越的突破」的意義。雅斯培（Karl Jaspers）以「超越的突破」（transcendent breakthrough）描述文化從原始階段躍昇到高級階段的意識覺醒，主要就是意識到人類自身的有限性，因而要透過對超越存有的探詢中體驗絕對。在中國，孔子以後的諸子之學被雅斯培視爲具有「超越的突破」的意義。〔註23〕《莊子・天下篇》有言：

> 古之人其備乎！配神明，醇天地，育萬物，和天下，澤及百姓。明於本數，係於末度，六通四闢，小大精粗，其運無乎不在。其明而在數度者，舊法世傳之史尚多有之。其在於《詩》《書》《禮》《樂》者，鄒魯之士、搢紳先生多能明之。……其數散於天下而設於中國者，百家之學時或稱而道之。……後世之學者，不幸不見天地之純，古人之大體，道術將爲天下裂。（頁 1067～1069）〔註24〕

以〈天下篇〉作者的立場來看，先秦學術發展的態勢是對全體大用之「道術」的割裂，是一種「不幸」的演變趨勢；但從「哲學的突破」的眼光來看，這一趨勢透過反思「道術」建立「學說」，賦予「道術」豐富的眞理內容。余英時先生非常巧妙地使用美國社會學家派森思（Talcott Parsons）「哲學的突破」（philosophical breakthrough）的觀念，〔註25〕轉譯《莊子・天下篇》所謂「道術將爲天下裂」的思想史意義，「所謂『哲學的突破』即對構成人類處境之宇宙的本質發生了一種理性的認識，而這種認識所達到的層次之高，則是從來都未曾有的。與這種認識隨而俱來的是對人類處境的本身及其基本意義有了新的解釋。」〔註26〕

〔註23〕 雅斯培稱這一時期爲「軸心時期」，意謂這一時期的哲思成爲人類理解歷史意義的普遍典範與精神動力。雅斯培（Karl Jaspers）著，魏楚雄、俞新天譯：《歷史的起源與目標》（北京：華夏出版社，1989 年），頁 7～29。

〔註24〕 《莊子》引文，據郭慶藩：《莊子集釋》（臺北：河洛出版社，1980）

〔註25〕 派森思（Talcott Parsons）著，章英華譯：《社會的演化》（臺北：遠流出版社，1991 年），頁 89～122。

〔註26〕 余英時：《中國知識階層史論（古代篇）》（臺北：聯經出版公司，1980 年），

「哲學的突破」，也表現在對周代傳統筮占活動的新理解。關於《周易》之筮占體系的形成，陳來先生認爲「《周易》的成書意義，最重要的莫過于類型化和形式化。……在這樣一種系統中，每一卦的卦辭及每一爻的爻辭，已不代表某一個別的原初經驗，而代表一種類型，一種原理。……類型化的規則使得《周易》的卦爻話語取得了一種超越性，即吉凶雖然寄寓于特定的物象或話語，卻具有超越具體物象的普遍意義。」因此「從整個占卜傳統的發展演變來看，《周易》的體系和實踐，其意義不應從原始思維的意義上來理解，而應當把它視爲周文化"袪除巫魅"過程的一部分。……《周易》的卦爻辭體系正好與周人的"天命"思想相配合……由此才導致神格的淡化，逐漸發展起天數、天道的哲學觀念。」「《周易》是以數爲基礎的，這使得擺脫神鬼觀念而向某種宇宙法則轉化成爲可能。」〔註27〕今本《易傳》闡發《周易》所蘊含的「數」的原理，如：

> 大衍之數五十，其用四十有九。……天數五，地數五，五位相合而各有合，天數二十有五，地數三十，凡天地之數，五十有五，此所以成變化，而行鬼神也。（〈繫辭上篇〉）

> 極數知來之謂占，通變之謂事。……參伍以變，錯綜其數：通其變，遂成天下之文；極其數，遂定天下之象。非天下之至變，其孰能與於此。（〈繫辭上篇〉）

據《易傳》所見，《周易》的「變化」原理就在「數」，作爲變化原理的「數」乃是一種深不可測的「天地之數」，因此占筮行爲最重要的就是「極數」「通變」。〔註28〕然而，從作爲筮占之書的《周易》，到賦予《周易》價值原理之意義的《易傳》，強調的卻是透過「幽贊」「明數」的沉思，將人的道德理性參贊到宇宙創生的總體法則──「昔者聖人之作易也，幽贊於神明而生蓍，參天兩地而倚數，觀變於陰陽而立卦，發揮於剛柔而生爻，和順於道德而理於義，窮理盡性以至於命。」〔註29〕由此也肯定人文創作的「生活世界」與宇宙創生的「自然世界」同一律動，「夫大人者，與天地合其德，與日月合其明，與四時合其序，與鬼神合其吉凶。」〔註30〕──可見儒者之「幽贊」與

頁30～38。
〔註27〕陳來：《古代宗教與倫理：儒家思想的根源》，頁82～94。
〔註28〕《易傳·繫辭上篇》：「通其變，遂成天下之文；極其數，遂定天下之象。」
〔註29〕《易傳·說卦》
〔註30〕《易傳·文言》

巫者之「贊」的差異不是程度上的差異，而是精神本質的差異。馬王堆帛書《要》篇：

> 子贛（貢）曰：夫子它日教此弟子曰：德行亡者，神靈之趨；智謀遠者，卜筮之蔡……
>
> 子曰：《易》，我複其祝卜矣，我觀其德義耳也。幽贊而達乎數，明數而達乎德，又仁【守】者而義行之耳。贊而不達于數，則其爲之巫；數而不達于德，則其爲之史。史巫之筮，鄉之而未也，好之而非也。……吾求其德而已，吾與史巫同途而殊歸者也。君子德行焉求福，故祭祀而寡也；仁義焉求吉，故卜筮而希也。祝巫卜筮其後乎？〔註31〕

據《要》「贊而不達于數，則其爲之巫；數而不達于德，則其爲之史」的說法，巫、史的區別爲「贊」與「數」——「贊」乃是透過對神靈的祭祀祝禱，〔註32〕而達到神人溝通的效果以知吉凶，此爲巫者的道德智能；「數」則是透過人對「天地之數」的發現，而預知宇宙法則以知吉凶，此爲史官的道德智能。儒者異於史巫的卜筮之道，正是強調先「德義」而後「祝卜」，「吾求其德而已，吾與史巫同途而殊歸者也」，其道德智能乃是所謂「幽贊而達乎數，明數而達乎德」，當中的深層意義就是透過道德主體的人文自覺，參贊天地化育的意義——「天」不再是神性的天，而是創造道德意義的超越實體。儒者透過幽贊、明數的道德智能所深觀的宇宙命運與秩序，自然不同於巫史所預知的宇宙命運與秩序。荀子的思想仍然屬於「幽贊而達乎數，明數而達乎德」一路，肯認人可以透過道德理性參贊天地。但關於自然世界的「常道」「常數」、〔註33〕人文世界的「法之數」「法之義」〔註34〕以及「壹於道而以贊稽物」、〔註35〕「守仁」「行義」的「天德」，〔註36〕荀子均賦予其獨特的新意——這和他針對史官之學而提出「天人之分」的觀念有關。

近年陳來先生對於「哲學的突破」提出另外的想法，他從考察春秋時期

〔註31〕趙建偉：《出土簡帛《周易》疏證》（臺北：萬卷樓圖書公司，2000 年），頁269～270。

〔註32〕《說文・示部》：「祝，祭主贊詞者。」

〔註33〕〈天論篇〉，頁311。

〔註34〕〈君道篇〉，頁230。

〔註35〕〈解蔽篇〉，頁399。

〔註36〕〈不苟篇〉，頁46。

思想文化的發展情形，認爲「春秋時代神——人關係的發展，決定了孔子及諸子時代不是以"超越的突破"爲趨向，而是以人文的轉向爲依歸，批判和反思的思想不是到了孔子以後才出現，而是在這一過程當中不斷發展著對神性的懷疑和對現實的批判反思。因此，如果把中國的軸心時代定在孔子以後，那麼很顯然的，這個時代的精神發展並不是與它之前的時代相斷裂，而是與它之前的思想文化有著密切的關聯。」〔註37〕「人文的轉向」基本上強調的是人類文化的獨立價值，「人類社會的秩序被當作自足自爲的概念來思考，擺脫祝史的神話思維成爲時代精神的趨勢，而禮越來越成爲一種內在於世界、外在於宗教的組織法則」「宗教性和非宗教性的儀典形式逐步讓位於德性精神的強調，禮儀文化漸漸轉化，形式化的儀典文明漸漸轉變爲理性的政治思考和道德思考」〔註38〕

本文認爲「人文的轉向」和「超越的突破」其實是不同層面，不相衝突的兩個詮釋概念。因爲就在人文轉向的過程中，隨著思想的發展，原始宗教被深刻地反思，進一步就可能達到「超越的突破」，從原始宗教的「神人交通」以及「天命」的思維，到諸子時期的「天人合德」「天人爲一」「天人感應」等理論型態，就有這樣的意義。〔註39〕從文化精神的角度看，主要脈絡正是由神道向人文的轉向；從思想內涵來看，諸子時期各種「天人合一」的理論型態，其理據不同，體驗的向度也不同，但基本上「是對原始宗教信仰的轉化。在天人物我一體的境界中，超越與內在合而不分；人的終極關懷可以在人的自身期望完成。」〔註40〕

據上引〈天下篇〉之文所勾勒出來的戰國時期學術生態，大別有三：史官之學、師儒之學、百家之學。史官之學屬於周代王官之學——「舊法世傳之史」，其學術特徵在於明「數度」，殆屬天文學的領域；「師儒」之學亦有王官學的遠源，〔註41〕並在鄒魯之地發揚光大，學術特徵在於明「詩書禮樂」，屬人文學的

〔註37〕陳來：《古代思想文化的世界——春秋時代的宗教、倫理與社會思想》（北京：生活・讀書・新知三聯書店，2002年），頁16。

〔註38〕同上，頁13，10～11。

〔註39〕張亨先生區分諸子的「天人合一」思想爲「天人合德」「天人爲一」「天人感應」等三種主要型態，下文還將引述，此處從略。張亨：〈「天人合一」的原始及其轉化〉，《思文之際論集——儒道思想的現代詮釋》（臺北：允晨文化公司，1997年），頁249～284。

〔註40〕同上，頁281～2。

〔註41〕「師儒」一詞出自《周禮・大司徒》。「師儒」之職反映的是西周以降的教化

領域。從戰國以後的學術家派來說，前者或許是「陰陽家」的前身，後者則是「儒家」所自出。「百家之學」則爲戰國新起之學。〔註42〕從後人的眼光來看，荀子的學術思想本當屬於「百家之學」的範圍，但是他的自我定位則是「師儒之學」：依據《詩》《書》《禮》《樂》的古代文本闡發「周道」，〔註43〕延續由周公以下、仲尼、子弓等「大儒」「先君子」所建立的「儒效」典範。這一自我定位，正是將自己的學術思想與當時的「百家之學」作了本質上的區分：「周道」是毫無蔽塞、「大清明」、「體常而盡變」的「大理」；「百家異說」則是破碎大道，「觀於道之一隅」「蔽於一曲」的「小理」。〔註44〕

依循「人文的轉向」，師儒之學與史官之學的歧異亦大。荀子的「天論」，揭出「天人之分」的觀點，就是直接針對「巫史」的「天事恒象」觀點而發。在周朝王官的職能體系當中，祝、宗、卜、史的職掌是相通的，或稱爲「巫祝」「巫史」「祝史」。依據戴君仁先生的考證，到了春秋時代史官的職掌包括司祭祀、掌卜筮、管星歷、司冊命、記事等。「史知天道，故其原始職務掌祭祀而包括卜筮星歷，都屬於天道神事。降而兼及人事，乃有冊命封爵和記事的職務，甚至管及政務。」戴先生並且認爲：史與巫本是一類人，巫之知書者別謂之史。〔註45〕史官的知識層次當高於巫祝，《莊子・天下篇》就以「數度」之學概括史官之學。〔註46〕荀子雖然不廢巫覡的職能，「相陰陽，占祲兆，鑽龜陳卦，主攘擇五卜，知其吉凶妖祥，傴巫跛擊（覡）之事也」，〔註47〕但

傳統，陳來先生認爲這一教化傳統正是儒家思想的文化根源。陳來：《古代宗教與倫理：儒家思想的根源》，頁328～354。

〔註42〕戴君仁：〈讀莊子天下篇〉，《梅園論學續集》，頁242～250。

〔註43〕「周道」有二義，一是指周朝文、武之道，一是和「蔽於一曲」之道相對立的至道、備道。參見朱曉海：《荀子之心性論》，頁168～175。

〔註44〕〈解蔽篇〉，頁386～397。另外，〈天下篇〉亦曰：「萬物爲道一偏，一物爲萬物一偏，愚者爲一物一偏，而自以爲知道，無知也。愼子有見於後，無見於先；老子有見於詘，無見於信；墨子有見於齊，無見於畸；宋子有見於少，無見於多。」頁319。

〔註45〕戴君仁：〈釋史〉，收在《梅園論學集》（臺北：臺灣開明書店，1970年），頁118～131。

〔註46〕戴君仁先生認爲史官的「數度」之學大抵即是掌握天地之數、律歷之數、五行之數等「本數」，並推之於民生日用的度量衡等，並及一切制度，這是「末度」。戴君仁先生認爲這套史官的「數度」之學就是陰陽家之學的淵源。見〈讀莊子天下篇〉一文，收在《梅園論學續集》（臺北：藝文印書館，1974年），頁242～250。

〔註47〕〈王制篇〉，頁169。楊倞《注》曰：「擊，讀爲覡，男巫也。」

卻認為這是「官人使吏之事也，不足數於大君子之前。」〔註48〕

如前所述，巫史的「天道觀」強調自然現象和人事現象共同被一「宇宙法則」所制約，因此「天道」與「人事」是交感的關係，「天道」的「祆怪」現象制約著人事的災禍結果。荀子則認為「天行有常……應之以治則吉，應之以亂則凶」「天有其時，地有其財，人有其治」「天人之分」等說法，突顯「天道」與「人道」是分立的：「天道」有「天行有常」的常態，當然也有「天地之變」的變態，如水旱寒暑之災、「日月之有蝕，風雨之不時、怪星之黨見」的「祆怪」現象；「人道」則是指人事現象治亂禍福的規律，「應之以治則吉，應之以亂則凶」，人事的各種亂象即謂之「人祆」。自然與人事各有規律，重要的是以「人道」"回應"「天道」，而不是如巫史之學強調「天人"感應"」。

巫史以天象、地宜、四時、陰陽的自然知識，以及「天人感應」的神祕學理，作為遂行「日月食而救之，天旱而雩，卜筮然後決大事」的理論依據。〈天論篇〉曰：

> 星隊、木鳴，國人皆恐。曰：是何也？曰：無何也，是天地之變，陰陽之化，物之罕至者也，怪之可也，而畏之非也。夫日月之有蝕，風雨之不時，怪星之黨見，是無世而不常有之。……雩而雨，何也？曰：無何也，猶不雩而雨也。日月食而救之，天旱而雩，卜筮然後決大事，非以為得求也，以文之也。故君子以為文，而百姓以為神。以為文則吉，以為神則凶也。（頁 313、316）

由於荀子將禮法視為人文的理性創作，因此這段文獻和〈禮論篇〉論祭祀之禮的一段文字，〔註49〕都對原屬於巫術「神道」加以理性化的解釋，將宗教儀式轉化為一種人文活動。〔註50〕在荀子對巫史的批評中，觸及了人在面對天象異常時的兩種心態：「畏之」和「怪之」。「畏之」的心態所面對的「天」其實是神鬼之天，天象異常是神鬼對人的警懲預兆，因此要使用宗教巫術來消除災禍，所謂「得求」。在荀子看來，「得求」的心態是功利的，「君子道其常而小人計其功」，小人所重是一時功利，因此要以巫術來應對異象災變，君

〔註48〕 〈王霸篇〉，頁 222。

〔註49〕 〈禮論篇〉：「祭者，志意思慕之情也，忠信愛敬之至矣，禮節文貌之盛矣，苟非聖人，莫之能知也。……其在君子，以為人道也；其在百姓；以為鬼事也。」，頁 376。

〔註50〕 參見張亨先生：〈荀子的禮法思想試論〉，《思文之際論集——儒道思想的現代詮釋》，頁 165～167。

子則自有「敬其在己」的「常體」，因而「不慕其在天者」。〔註51〕巫史「畏之」的心態則是無知，「今世俗之爲說者，以桀紂爲有天下而臣湯武，豈不過甚矣哉！譬之是猶傴巫跛匡而自以爲有知也」；〔註52〕相對的，君子「怪之」的心態，則是顯示君子具備人文統類之知，能以「常體」「應變」——「倚物怪變，所未嘗聞也，所未嘗見也，卒然起一方，則舉統類而應之」。〔註53〕

孔、孟吸取周初「天命觀」的精神資源，轉化成以「天人合德」的途徑——內在的道德主體性（「仁德」和純善心性的體證）上契超越的道德人格實體（「天命」），作爲道德秩序的價值根基。〔註54〕荀子對於「天」的認知則是延續春秋時期以來的觀念發展趨勢，〔註55〕一方面承認「人之命在天」，因此人要「知命」，〔註56〕但是其所謂「知命」僅是認知一種「節遇謂之命」的「適然性」命運；另一方面則將「必然性」的存有狀態與規律，視爲「天數」「天道」。由「怪之」與「體常應變」之說，可見荀子的「天道」以自然義爲主，只有透過「敬其在己者」以知人文統類之道，才能使「天地官而萬物役」。因此不但鄙視巫史對天神的「畏懼」之心，也剝落了孔門「知天命」「畏天命」之教——此「天命」並非一至高無上的外在律令或上帝主宰，因此「畏」也不同於巫術心靈的畏懼之感，而是一種透過對於人之存在的有限性所作的深

〔註51〕〈天論篇〉，頁311，312。

〔註52〕〈正論篇〉，頁325～326。

〔註53〕「志意修，德行厚，知慮明，生乎今而志乎古」「百王之無變，足以爲道貫。……不知貫，不知應變」（〈天論篇〉，頁312，318。）「法先王，統禮義，一制度，以淺持博，以古持今，以一持萬。苟仁義之類也，雖在鳥獸之中，若別白黑；倚物怪變，所未嘗聞也，所未嘗見也，卒然起一方，則舉統類而應之，無所僻作，張法而度之，則晻然若合符節」（〈儒效篇〉，頁140。）

〔註54〕唐君毅先生謂周初天命觀的特色爲：由「天命靡常」的觀念以見「天命之周遍義」、由「敬德先於天命」的觀念以見「天命與人德之互相回應義」、由「人修德而求永命」的觀念以見「天命之不已義」。孔、孟吸收此一思想資源，更開「義命合一」的「知命」義與「立命」義。見《中國哲學原論·導論篇》（臺北：臺灣學生書局，1986年全集校訂本），頁520～559。徐復觀先生認爲周人的「天命論」是對原始宗教的轉化，其特色是「宗教與人生價值的結合，與道德價值的結合，亦即是宗教與人文的結合，信仰的神與人的主體性的結合。徐復觀：《中國人性論史·先秦篇》（臺北：臺灣商務印書館，1969年），頁37。

〔註55〕東周春秋時期，早期「天命」的觀念逐漸弱化，「命運」之「命」相對成爲關切的焦點——「天命與命運不同之點，在於天命有意志，有目的性；而命運的後面，並無明顯的意志，更無什麼目的，而只是一股爲人自身所無可奈何的盲目性的力量。徐復觀：《中國人性論史·先秦篇》頁39。

〔註56〕〈非十二子篇〉頁101。

沉自覺，從而產生理性化、倫理化的宗教情懷，亦即對於「天命」實體的「敬畏」之感。〔註57〕在荀子的觀念中，「天命」「天道」無法作為人文世界之道德秩序的價值源頭，因此他轉以「天生人成」的思想型態，提出他獨特的「禮宇宙觀」，作為道德秩序的根基。

第二節 「天人之分」的歧解與荀子主體哲學的詮釋問題

一、「以人治天」與知性主體

牟宗三先生的荀學詮釋是當今學界的重要典範，他以「天生人成」的原則概括荀子的思想特徵。〔註58〕「天生人成」一詞，係從荀子的文句化約而得：「天地生之，聖人成之」〔註59〕「天地者，生之始也；禮義者，治之始也」〔註60〕「天地合而萬物生，陰陽接而變化起，性偽合而天下治。天能生物，不能辨物也；地能載人，不能治人也；宇中萬物、生人之屬，待聖人然後分也。」〔註61〕何謂「天生人成」的基本原則？牟先生詮解〈天論篇〉「聖人清其天君，正其天官，備其天養，順其天政，養其天情，以全其天功……夫是之謂知天。」〔註62〕時申論如下：

> 天職，天功，天情，天官，天養，天政，是天生而自然者也。自暗其天君以至喪其天功，是毀其生者也。自清其天君以至全其天功，是成其生者也。天君之暗不暗，乃成毀之關鍵。禮義法度皆自天君之不暗發，由天君之不暗辨。故天君之為心，雖其本為認識的，（即智的），而有道德之涵義。……故必逆之以而以道德形式（即禮義法度）節制之。節制之而後能生生，而後能成其生。生而能成其生，則人成也。是則生之保其生而不毀，必待人成。而人成即屬于理想

〔註57〕 參見李澤厚：《論語今讀》（臺北：允晨文化公司，2000 年），頁 52～3，384～5。
〔註58〕 牟宗三：《名家與荀子》（臺北：臺灣學生書局，1979 年），「荀學大略」篇之第二章，頁 213～228。
〔註59〕 〈大略篇〉，頁 494。
〔註60〕 〈王制篇〉，頁 163。
〔註61〕 〈禮論篇〉，頁 366。
〔註62〕 〈天論篇〉，頁 310。

的。〔註63〕

大意是：天生其「有」，人成其「道」，「道」成就一切「有」；自然世界之成全有賴於人的清明心智，以及透過清明心智而制作之理想的道德形式。此即「以人之理想價值治其天」「以人爲之禮義之統而化成天，而治正天也。故曰人文化成。」牟先生因此扣緊作爲人身之「天君」的「心」以言「禮義之統」「道德形式」之所成，乃從「以人治天」「以心治性」的角度詮釋荀子「人文化成」思想的意義，亦即強調天／人、心／性範疇之間的「對治」關係，天與性是負面的、被治的，人與心則是正面的、能治的。

> 有天道，有人道。荀子只言人道以治天，而天卻無所謂道。即有道，亦只自然之道也。人以禮義法度而行其治，則能參。參者治己而遂以治天也。……孔孟言與天合德，其天乃形上的天，德化的天。……孔孟之天是正面的，荀子之天是負面的。因是負面的故在被治之列，（荀子之參只是治，此與參贊不同）亦如性之被治然。性惡之性亦是負面的。天生人成，自天生方面言，皆是被治的，皆是負面的。此無可云善也。自人成方面言，皆是能治的，正面的。此方可說善。而其所以善則在禮義法度。自孔孟言，禮義法度皆由天出，即皆自性分中出，而氣質人欲非所謂天也。自荀子言，禮義法度皆由人爲，返而治諸天，氣質人欲皆天也。彼所見于天者惟是此，故禮義法度無處安頓，只好歸之于人爲。此其所以不見本源也。荀子惟是從對治上著眼。一面剌出去爲被治，一面造出來爲能治，人造能治者，正所以治被治，則能治者之功用全在相對而見。相對而見，則能治之禮義法度亦唯是工具之價值，而無內在之價值。此則終不免于功利之窠臼。〔註64〕

此段文字係牟先生對《荀子‧天論篇》「天行有常」至「舍其所以參，而願其所參，則惑矣」段落的詮解，但詮解內容顯然概括了牟先生對於荀子思想之基本性格的理解。牟先生於此強調天、人的「對治」關係，以此闡發荀子文本所謂「明于天人之分」「天有其時，地有其財，人有其治，夫是之謂能參」的意義。

如第一節所述，荀子「天人之分」之說，既在破除巫史的「天人感應」之說，因此主張自然規律、人事規律互不相涉——由此即突顯「天道」的自

〔註63〕牟宗三：《名家與荀子》，頁216～7。
〔註64〕同上，頁214～215。

然義；另一方面，荀子仍然接受「人之命在天」的傳統信念，也肯定「萬物同宇而異體，無宜而有用為人，數也」〔註65〕的自然法則，主張人應當「清其天君，正其天官，備其天養，順其天政，養其天情，以全其天功」「其行曲治，其養曲適，其生不傷，夫是之謂知天」〔註66〕——凡此，「天道」和「人道」仍是交通關聯的，只是特別強調人要有「知其所為，知其所不為」的自知之明。〔註67〕如此看來，荀子所謂的「分」「治」本來並非「對分」「對治」之義，而是天、人各有「分職」「人以禮義法度而行其治」。此則牟先生所知，不過，他仍進一步引申，謂「參者治己而遂以治天也」，增添了人「對治」天之義。牟先生強調天、人「對治」關係的用意，和他對荀子在整體儒學中應當如何評價的問題意識有關，他要藉此區分荀學與孔孟儒學的歧異。

牟宗三先生從他對「宋明儒學」的理解，強調儒學的特質就是「道德哲學」（Moral philosophy），且進一步函「道德的形上學」（Moral metaphysics）：關係道德實踐所以可能的先天根據，儒學重在道德的本心與道德創造的性能，此即是「心性之學」；關係道德實踐的工夫，儒學重在自覺地作聖賢工夫以發展完成其德性人格，此即是「內聖之學」；關係道德實踐的宗教精神，儒學重在于個人有限的生命中取得無限而圓滿的意義，此即是「成德之教」。〔註68〕因此，「自宋明儒觀之，就道德論道德，其中心問題首在討論道德實踐所以可能之先驗根據（或超越的根據），此即心性問題是也。由此進而復討論實踐之下手問題，此即工夫入路問題是也。前者是道德實踐所以可能之客觀根據，後者是道德實踐所以可能之主觀根據。宋明儒心性之學之全部即是此兩問題。以宋明儒詞語說，前者是本體問題，後者是工夫問題。」〔註69〕牟先生所謂儒學的「成德之教」，是以孔、孟、易傳、中庸之學為正宗，亦即強調儒學在「道德的形上學」方面

〔註65〕〈富國篇〉，頁175。

〔註66〕〈天論篇〉，頁310。

〔註67〕池田知久因此不同意馮友蘭和內山俊彥將荀子「天人之分」的「天」理解為自然、物質、客觀世界，強調『「天人之分」是包括「自然和社會、物質和精神、客觀和主觀」或「自然、人類、社會」等諸領域的整個世界，在此世界中，人類的「其所為」，即在人為、人工能為或該為的範圍內的性質之事象為「人」；相反地，人類的「其所不為」，即在其範圍外，人為、人工不能為或不該為的性質之事象為「天」。』見〈郭店楚簡〈窮達以時〉研究〉（下），《古今論衡》第五期（臺北：中央研究院歷史語言研究所，2001年1月），頁71。

〔註68〕牟宗三：《心體與性體（一）》（臺北：正中書局，1968年），頁1～7。

〔註69〕同上，頁8。

的勝義──透過道德實踐之澈至、盡心盡性之聖證，以形上學或「本體宇宙論的陳述」（Onto-cosmological statements），構成其道德哲學的特色。〔註70〕

牟先生的治學旨趣既在於建構儒家的「道德的形上學」，這一「道德的形上學」的核心命題即是宋明儒學的「心性──天道論」，強調作為道德主體的本心良知與超越的天道性體相通為一，因此內在的道德實踐可以帶出超越的精神境界。〔註71〕因此，牟先生詮解荀學的問題意識，集中在對「道德主體」的反省。當他以這一理路檢視荀子的論述架構，就只有「心」的部分堪為「道德主體」，因而認定荀子是以正面的「心」去對治負面的「性」，而且進一步論定，相對於孟子心、性、天本質同一的理路所建立的道德主體是「直至達道之本，大化之原」，荀子以心治性的理路所建立的道德主體乃是「大本不立」，雖表現出思想與知性能力的「知性主體」，卻未能觸及道德主體的「本源」（既超越又內在的道德心靈〔天心〕）。

他對比孟、荀：「孟子由四端之心而悟良知良能，而主仁義內在，正由具體的俳惻之情而深悟天心天理之為宇宙人生之大本也。」「荀子於此不能深切把握也。故大本不立矣。大本不立……其所隆之禮義繫于師法，成于積習，而非性分中之所具，故性與天全成被治之形下的自然的天與性，而禮義亦成空頭的無安頓的外在物。」〔註72〕「（荀子）自人欲之私與生物生理之本能而言性，是即等于自人之動物性而言性。……然荀子畢竟未順動物性而滾下去以成虛無主義。他于『動物性之自然』一層外，又見到有高一層者在。此層即心（天君）。故荀子于動物性處翻上來而以心治性。惟其所謂心非孟子『由心見性』之心。孟子之心乃『道德的天心』，而荀子于心則只認識其思辨之用，故其心是『認識的心』，非道德的心也；是智的，非仁義禮智合一之心也。可總之曰以智識心，不以仁識心也。……以仁識心，表現道德主體，使人成為道德的存在。以智識心，表現思想主體（或知性主體），使人成為理智的存在。」

〔註70〕同上，頁8～9。
〔註71〕鄭家棟認為牟先生「其全部理論都是圍繞一個核心問題展開的，這就是：主觀的、具有活潑潑的創造功能的、作為道德情感和實踐體驗的道德主體（本心、良知）何以即是超越的天道性體？天道性命何以內在地就是"通而為一而無隔"的？換句話說：儒家的道德哲學何以能涵一"道德的形上學"，由內在的道德實踐出發何以能開出超越的形上義理和精神境界？這也就是所謂內在與超越、存有與活動、心與理、心性天的關係問題。」見《斷裂中的傳統──信念與理性之間》（北京：中國社會科學出版社，2001年），頁104。
〔註72〕牟宗三：《名家與荀子》，頁198～199。

〔註73〕因爲道德主體的大本不立,「以心治性」就無法保證人的道德必然性,所以牟先生進而說:「荀子以智心之明辨治性,實非以智心本身治性,乃通過禮義而治性也。明辨之心能明禮義,能爲禮義,而禮義卻不在人性中有根,卻不在惻隱之心羞惡之心辭讓之心中表現,是則禮義純是外在的,而由人之積習以成,由人之天君(智心)以辨。由天君以辨,是外在的發明義;由積習以成,是經驗義。……是則『禮義之統』雖是道德的,而其外在之底子卻是自然主義的。……此亦即經驗論與實在論的也。」〔註74〕

　　總之,牟先生上述「以人治天」「以心治性」「以禮義治性」的荀學詮釋,顯示的是他所以強調荀子思想天／人、心／性的「對治」關係,是要藉此標識出荀子在以「道德的形上學」爲特徵的主流儒學中的「別支」地位。牟先生的論述乃是以體證既超越又內在的「道德主體」而成立的「道德的形上學」爲據。在這一理解模式中,沒有以良心善性爲本,沒有把握道德的天心,沒有達到絕對精神、絕對理性,則道德就是無本的、外在的。價值世界的根源決不在外而在內,經驗論與實在論無法提供價值的堅實基礎,甚至如果淪爲自然主義,將泯去人性價值。這就表現出當代新儒家重「超越主體」,而輕「經驗主體」的思想取向。〔註75〕因此,牟先生雖然認爲荀子亦有其「成德之教」,但是他依據「禮義是外在的」一義,強調荀子之「心」是「知性主體」,僅能「發明」禮義,而不是從心性之「大本」(道德主體)創造禮義,因而推斷荀子的道德哲學是「經驗論與實在論」,無法提供禮義法度之價值世界的堅實基礎。

二、「天人之分」與「天人合一」的糾結

　　唐君毅先生和牟先生一樣,亦認爲荀子思想的基本精神在於強調人文化

〔註73〕同上,頁223~225。
〔註74〕同上,頁226。
〔註75〕馮耀明曾對當代新儒家的「主體」概念加以分析,他指出新儒家一般區分經驗層面的「經驗主體」「感性自我」「形下心靈」,與超越層面的「超越主體」「絕對自我」「形上心靈」兩種「主體」概念;並傾向認爲「經驗主體」不足以作爲個人的眞實本質以及安身立命之所依,「超越主體」則才是個人的內在眞性、道德的潛在動力以及宇宙的精神實體、創生根基。他並指出新儒家的「超越主體」(熊十力「草木瓦石同此心」的「良知」;牟宗三「一體朗現唯智心」的「本心」;唐君毅「九境通靈繫一心」的「主體」)在學理的證立上有其困難。馮耀明:《「超越內在」的迷思——從分析哲學觀點看當代新儒學》(香港:中文大學出版社,2003年),頁45~73。

成——其論道的特色乃在「人文統類之道」，亦認為其成德之教乃在以智心對
治人性之惡，而關鍵就在成就「統類心」——「（心）知統類之道，而實行此
道，以轉而制性化性，以成善行者。」〔註 76〕但他對於「天人之分」的理解
卻比較扣緊荀子的原文：

> 荀子謂「天有其時，地有其財，人有其治，夫是之謂能參」。此要在
> 言人事與天地之事相配以成三。其言「天地生君子，君子理天地」，
> 即言人與天地之關係，為一對等交互的，以其事互相回應之關係。
> 此皆明不涵人之位在天地之上，控制萬物、征服自然之思想，如近
> 人之說也。觀荀子之禮論，明言天地為禮之三本之一。在荀子之禮
> 中，固有對天地之禮。唯以此是人所當有之人文中之一事，非以此
> 為人之希慕祈求于天之事耳。故荀子天論之旨，雖以天人分言，固
> 亦不與其他儒道思想言天人之和者，必然相衝突者也。〔註 77〕

從唐先生的分辨中，可以說荀學也有某種層面的「天人之和」。荀子所謂「知
天」雖然含具類似宰制自然的精神（「天地官而萬物役」），但是這是以「天人
連續體」的世界觀（人類的生活世界和自然世界是一有機的整體）為前提，「天
生人成」思想既強調人類是自然世界的一員，可以透過清明理性順應自然世
界的構造與規律而加以充分發展利用之（「聖人清其天君，正其天官，備其天
養，順其天政，養其天情，以全其天功」），也強調人類的自我節制與自然的
和諧（「其行曲治，其養曲適，其生不傷」）；這就不同於科學思想的世界觀，
強調透過知識的力量宰制自然世界，以人力對自然世界無限擴張。

　　此外，唐先生據荀子論「禮之三本」仍主「禮上事天，下事地」，〔註 78〕
因而認定「荀子天論之旨，雖以天人分言，固亦不與其他儒道思想言天人之
和者，必然相衝突」。然而，荀子何以批評莊子「蔽於天而不知人」，〔註 79〕
對於孟子「性善說」的批評也直指孟子不合於「善言天者必有徵於人」〔註 80〕
的思想原則，認為儒、道兩大思想家莊子、孟子都有偏向「天道」之蔽？因
此有必要釐清荀子「禮三本說」所涵的「天人合一」之道。〈禮論篇〉：

〔註 76〕 唐君毅：《中國哲學原論·導論篇》（臺北：臺灣學生書局，1986 年），頁 140。
〔註 77〕 唐君毅：《中國哲學原論·原道篇（一）》（臺北：臺灣學生書局，1986 全集校
　　　　訂本），頁 442。
〔註 78〕 〈禮論篇〉，頁 349。
〔註 79〕 〈解蔽篇〉，頁 393。
〔註 80〕 〈性惡篇〉，頁 440。

　　禮有三本：天地者，生之本也；先祖者，類之本也；君師者，治之本
　　也。無天地惡生？無先祖惡出？無君師惡治？三者偏亡，焉無安人。
　　故禮上事天，下事地，尊先祖而隆君師，是禮之三本也。（頁349）

荀子主「禮上事天，下事地」，理由是「天地者，生之本也」，是生命之所從
出或必須賴以維生的對象，故得爲禮之一本。另外「三本」之二，則是「先
祖者，類之本也；君師者，治之本也」一爲血緣族類之所出，一爲社會政治
共同體之所治。分述如下：

　　「天地者，生之本也」：此一層面所見的人爲自然界的物類之一，人的自
然生命出於「天功」，其性情、官能、心智稱爲「天情」「天官」「天君」，其
長養依賴於「天養」——自然資源的取用與分配，並順著自然法則從事——
是爲「天政」，〔註81〕因此要「上事天，下事地」。「萬物同宇而異體，無宜而
有用爲人，數也；人倫並處，同求而異道，同欲而異知，性也」〔註82〕身處
自然的界域，人不可能停留在「個體」的層面，而必然突顯人的「同類意識」
「社群意識」及有等差的倫理秩序有其必然性。

　　「先祖者，類之本也」：這一層面關係血緣性的「族類」意識。「人有氣、
有生、有知」，一般動物的生命情態也有類於此，因此也有某種程度的「族類」
意識，「凡生天地之間者，有血氣之屬必有知，有知之屬莫不愛其類」不過，
在程度上，人的「親親」意識最強，「故有血氣之屬莫知於人，故人之於其親
也，至死無窮。」〔註83〕人基於自然血緣而產生「親親」的情感意識以及族
類認同，「家族倫理」因而形成，「人道」的特質開始突顯，「尊先祖」的意義
亦在此。然而，眞正構成人之所以爲「最爲天下貴」的根本因，並非停留在
「家族倫理」，而是串連家族——社會——政治的倫理網絡，建構社群生活的
禮法制度，所有的個體在社群生活中各有「分義」，這才突顯了人文的價值。

　　「君師者，治之本也」：此一層面表現了人類的「社群意識」所形成的
制度化規範，規範的權威性與政治權力乃是繫屬於「君師」，故要「隆君師」。
人的社會性並不是先驗的本性，而是在整體環境的刺激下，人類趨向了社會
化的途徑，「能群」正是界定人類之異於禽獸的指標——禽獸也有「群居」
的現象，但缺乏「有分的群居」，亦即未能形成「社會」。基於「群居和一」

　　　　　　　　　　　　　　　　　　　

〔註81〕〈天論篇〉，頁309～310。
〔註82〕〈富國篇〉，頁175。
〔註83〕〈禮論篇〉，頁372～3。

的社會要求，荀子肯定了作爲政治核心「管分之樞要」〔註84〕的「君」位。「君者，善群也」的「君」乃是指向深明「群道」，可以使每個個體「皆得其宜」「皆得其長」「皆得其命」的「聖人」。〔註85〕因此，理想的「君」位除了政治學的義涵，是「盡制」之「王」，也有倫理學的義涵，是「盡倫」之「聖」，「君」同時具有「師」的身份，「君者，已能食之矣，又善教誨之者也」。〔註86〕「天能生物，不能辨物也；地能載人，不能治人也；宇中萬物、生人之屬，待聖人然後分也。」〔註87〕天地賦予人類自然生命，「盡制」「盡倫」的君師／聖王則建構人類社會的禮義情境，人類在禮義的情境裡逐漸脫離自然的樣態發展爲「有義」的文明樣態。

上述可知，「禮三本說」包含三個基本原則——事天地、尊先祖和隆君師，這三個原則可以視爲儒家敬天、親親、尊尊的一貫主張，但也蘊含荀子「天生人成」思想的獨特觀念：「禮之三本」所涉及的「天人合一」之道的層面，係指自然的倫理、族類的倫理、社群的倫理聯結爲一的整體秩序與倫理構成人類的生活世界。這一層面的「天人合一」之道，雖然不與孟子、莊子等儒道思想家的「天人合一」之道必然衝突，但其思想實質差異頗大則是不可否認的事實。因此，相對於唐君毅先生的「不衝突」說，張亨先生則有「最激烈的挑戰」之說：

> 在中國古代從「天人交通」到「天人合一」的傳統中，唯一提出不同的主張而獨樹一幟的是荀子。他的「天人分職」之說可謂是對這一傳統最激烈的挑戰。……只是問題在於，第一，荀子「不求知天」這種實用的態度阻塞了對「不見其事」無形之天解讀的可能。從而無法對探索自然界的奧秘產生動力，也就無緣發展出科學來。第二，荀子完全不考慮超越義的天的意義，也不重視儒道在轉化神性之天上所作的努力，使人的精神世界受到相當的侷限。……而人的道德基礎也無法牢固。〔註88〕

從唐君毅先生的「不衝突」說，到張亨先生的「最激烈的挑戰」說，當中的牽

〔註84〕〈富國篇〉，頁179。
〔註85〕〈王制篇〉，頁164～5。
〔註86〕〈禮論篇〉，頁374。
〔註87〕〈禮論篇〉，頁366。
〔註88〕張亨：〈「天人合一」的原始及其轉化〉，《思文之際論集——儒道思想的現代詮釋》，頁249～284。

扯糾結,恐怕和「天人合一」如何界定有關。唐先生所謂的「天人合一」係指中國古代社會天人連續體關係的信念與情懷,這一信念與情懷是古代思想家在發展其思維活動時的文化基礎與背景,思想家的獨特想法必然受到這一文化背景的制約。從文化基礎的層面看,荀子的「天生人成」確實不與「天人合一」的傳統信念衝突。然而從思想內容的層面來看,思想家基於學派或個人的思想視野與問題意識,將會從共享的文化規範中衍生不同的思想詮釋。張亨先生的立論當是針對思想內容的差異而發,因此他注意到「天人合一」觀念的思想內涵其實相當複雜:「天」與「人」的關係至少有三個不同的面向——帝神與人的關係、自然與人的關係、道(價值的超越實體)與人的關係;由於不同面向的天人關係,「天人合一」的思想內涵也各不相同。〔註89〕荀子的「天人合一」乃是就自然與人的和諧關係、人的自然資質與人文價值的統合關係而立說;相對地,孟、莊的「天人合一」則主要是就人的內在德性與超越實體合一的精神境界而立說。

張亨先生對於荀子「天人分職」一說的義理有兩項主要的批評。第一項批評恰是唐君毅先生所言荀子思想不同於科學思想的世界觀,只是賦予了負面的評價。第二項批評則恰是扭轉唐君毅先生所言荀子「天人之分」思想不與孟子、莊子等儒道思想家的「天人合一」之道必然衝突的說法,而從負面的角度來評價荀子思想,亦即從儒家「天人合德」、道家「天人為一」義理的主流脈絡審視荀子「天人分職」說的理論弱點:荀子「天人分職」的思想「使人的精神世界受到相當的侷限」「人的道德基礎也無法牢固」。張亨先生對儒、道義理的理解,大體類似牟宗三先生對儒、道主體哲學(「心性形上學」「精神形上學」)的闡釋,他所謂「天人合德」「天人為一」思想模式的義理為:

> 天人合德:儒家基於個人道德主體的自覺,實踐擴充至於無限的境界。天被轉化為超越實體,是由人的內在德性的呈顯來證成的,同時也參與和體證了宇宙萬物的究竟意義。

> 天人為一:道家以為人致虛守靜到極篤處,解消我執,與物無對,就是渾然與天地萬物為一的絕對境界。天是通過道所見的自然義。
> 〔註90〕

儒、道「天人合德」「天人為一」的義理,涵具主體哲學的勝義:一方面以心

性或精神的道德主體作為成德的基礎，實踐工夫所至的境界真實有據；一方面主體的境界所至，證成天道的無限義，實現人的超越關懷。在心性、天道相通，內在、超越合一的圓融理境的映照之下，荀子思想的義理弱點無所遁形：人性價值的根基不立、超越天道的境界闕如。

三、「心、道二分」與行為主體

再回到唐君毅先生的荀學詮釋。如同牟宗三先生並非不知荀子所謂「天人之分」的本義乃是「天人分職」，卻又強調其「天人對分」的義涵，最終是要揭出荀子所重者為人文統類之客觀精神（禮義法度是義道的客觀化），而未能觸及「心性之本」的主體精神與「天人合德」的絕對精神；唐君毅先生亦並非不知荀子思想與孟、莊的分歧，卻又強調荀子的「天人之分」不與孟、莊之「天人合一」必然衝突，最終正是要提出荀子之道涵括「心之道」與「人文統類之道」兩端，此兩端並非主客內外二分的關係，而是「曲折」地通內外合一——因此，荀子之道不與「孟子之即心性之流行以言道」完全對反。

牟、唐兩位先生的荀學詮釋均有「意識哲學」的色彩，因而側重「心與道之關係」論題。如上所說，牟先生透過強調「天人對分」的義涵，意在突出荀子未能證立「心、道一本」，因此道德主體與禮義之道的價值根源乃是「大本不立」。在「心」之一面，牟先生認為荀子是以智識心、表現知性主體，從主體方面說，是理智的理性主義；在「道」之一面，禮義之道出自理智之發明與經驗之積習、表現客觀精神，從客體方面說，是實在論的理性主義。牟先生的荀學詮釋在於突出荀學是在「心、道一本」的儒學主流之外的「別支」，唐先生的荀學詮釋則在為這一「別支」的儒學尋求可以自圓其說的論據，其詮釋策略則是標舉荀學中「心術」與「道術」的關聯性，亦即「內在主觀之心」與「外在客觀之道」如何合一的課題上面，因此他的出發點是對「心」「道」二分之理解模式的省思：

> 吾人似可謂荀子所謂道，即在人文歷史之事物中，所發現之普遍法則或規律。此即可用以解釋荀子之何以重百王之統，何以重法後王之禮制之粲然者，又何以重聖王之師法；並見荀子之學之標準，純然在外。即與孟子之學，重心性所在，即道之所在者，全相對反矣。然吾人循上述之思路，以解釋荀子，雖似順而易行，卻可引起更多

之問題。〔註91〕

唐先生舉出「心」「道」二分的理解模式引出的問題，可以歸納爲兩方面：一是屬於「心」的活動問題，包括：荀子之「道」不僅是外在客觀的人文統類之道，也有內在的「心之道」；荀子的「知道」是爲了「行道」，既然兼有所知與所行，則道並非只是一知識對象，「心」與「道」之關係不僅是「知」與「道」之關係，亦含「意志行爲」與「道」之關係。一是屬於「道」的理據問題：如僅將荀子之道理解爲外在之人文歷史事實或經驗世界的事實，則荀子必以聖王之道爲法的主張即缺乏必然的理據。〔註92〕經由前述的省思，唐君毅修正了「心」「道」二分的詮釋模式：

> 荀子之言心與道之關係，固不同於孟子之即心性之流行以言道者。
> 然荀子亦非以道爲外在於心之客觀對象，由心之知種種人文歷史之
> 事實而發現者。此道初在此主客內外之中間，而爲人心循之以通達
> 於外，以使人心免於蔽塞之禍者。故此道在第一義，初當爲心之道，
> 在第二義方爲心所知之人文歷史之道。……唯此心之道，初爲一知
> 物之道。既知物，然後有此心所行之道，以合爲心之能知能行之道，
> 更有此知所接之人文事物、行所成之人文事物之道。此中則有曲折
> 之義。〔註93〕

唐先生之說的重點在於以「此道初在此主客內外之中間，而爲人心循之以通達於外」的說法取代「以道爲外在於心之客觀對象」的說法，而以聯結「心之道」與「人文統類之道」、「知道」與「行道」兩端爲其旨趣。前一端的道爲「心之道」，「荀子之所謂道，即始于一由虛壹而靜、以養其大清明之心，而成其道心之道。知此道，行此道，養得此道心，即能一方知萬物之治亂之所以然，亦一方有存其治而去其亂之行。……此中知道必連于行道。」〔註94〕後一端的道爲「人文統類之道」，「荀子所謂道，爲貫于有人倫禮文政治之社會之聖王之道，即貫于此人文社會之歷史之道。此所謂貫，是貫此歷史之治亂，而爲其當然之道，亦爲此歷史之所以存在之實然之道。爲當然之道故可行，爲實然之道故可知。」〔註95〕這兩端之道，唐先生認爲非主客、內外截

〔註91〕《中國哲學原論·原道篇一》，頁445～446。
〔註92〕同上，頁446。
〔註93〕同上，頁446～447。
〔註94〕同上，頁469。
〔註95〕同上，頁476。

然對分的關係，而是「循之以通達於外」。唐先生揭出「心道關係」的「曲折之義」，其目的一方面強調「知道」與「行道」爲「一心之二面」，「知道之心即連於行道之心……此道之全體之意義，即亦應爲兼通於吾人之知之事與行之事者之全，不可說其祇是一知識之對象者也」；〔註96〕一方面則是由「心之道」之貫通於外，必求一「可知」「可行」之道，以證成荀子論道限定於「人文統類之道」、必以聖王爲師乃是必然之結論。〔註97〕

唐先生省思荀學「心」「道」二分的兩個問題，一般評述荀子思想的學者多直接將其視爲荀子學說本身的弱點，未若唐先生將其視爲可能是評述者的問題。關於「心」的活動問題。唐先生之省思正視荀子的「依智觀心」，此一智心的作用對象其實不在外在的知識，不當限定於心的「知道」能力，亦有「意志行爲之心」，「此意志行爲之心，乃能上體道而使之下貫於性，以矯性化性者」的「行道」之心。〔註98〕因此他就不像牟先生將「知性主體」（以智識心）與「道德主體」（以仁識心）作明確區隔以指出荀學對於創造價值世界的主體性乃是「大本不立」，唐先生則是藉著聯結「知道」與「行道」兩種心靈作用，試圖爲「知性主體」與價值世界的接合提出一可能的合理解釋。不過，他的出發點仍是「依智觀心」一義，因此將「知道」「行道」視爲「一心之二面」，「意志行爲之心」仍是附屬於「知性主體」的意識作用，與牟先生的「知性主體」一說並無本質上的差異，只是突顯了「意志」層面的意識作用。

關於「道」的理據問題。牟先生的「知性主體」之說，強調：「由天君以辨，是外在的發明義；由積習以成，是經驗義」「禮義卻不在人性中有根……禮義純是外在的」「其根據必在事爲變化之自然之理，是則禮義之統雖是道德的，而其外在之底子卻是自然主義的。」〔註99〕依此一理路，禮義之統既無涉「價值根源」，則其成德之教亦必歸於「權威主義」。如勞思光先生就因此審斷荀學乃是「儒學之歧途」，「儒者皆欲肯定價值，荀子不能見心性之眞，故立說終失敗，而被迫歸於權威主義。」「荀子倡性惡而言師法，盤旋衝突，終墮入權威主義，遂生法家，大悖儒學之義。」〔註100〕其意認爲荀子所論價值根源既不歸於「心」（內在的道德主體），又不歸於「天」（超越的道德實體），乃只能歸於「崇君尊

〔註96〕同上，頁 465～466。

〔註97〕同上，頁 469～476。

〔註98〕唐君毅：《中國哲學原論・導論篇》頁 140。

〔註99〕牟宗三：《名家與荀子》，頁 226。

〔註100〕　勞思光：《新編中國哲學史》（臺北：三民書局，1984 年），頁 343，330。

禮」（權威規範），遂有以「外在權威秩序」代「內在道德秩序」之趨向。〔註101〕唐先生則試圖要消弭這一「義外」之說，他依據荀子的「大清明心」的能知、能行，便可以此一「心之道」貫通於外，以求一「可知」「可行」之道，因而證成「人文統類之道」為可知的實然之道、可行的當然之道。

　　牟先生的荀學詮釋依據「道德的形上學」的理路，認定作為價值根源的「道德主體」必然是「心性——天道」相貫通（「心、道一本」），其所謂「道德主體」乃是某種絕對的道德精神的人格化，因此「道德主體」與「知性主體」的區分是異質的斷層，且斷定荀子之「心」為「知性主體」，「心」的「知道」不能創造價值世界，在實踐層面也會產生「行道」的不確定性。唐先生的荀學詮釋則嘗試貼近荀學作為「實踐哲學」的基本性格，其策略則大體是在「知性主體」一義上擴大「智心」的意識活動範圍，藉著「能知、能行」之心與「可知、可行」之道的內外相通，在「心、道一本」與「心、道二分」的兩極對立中尋求第三條路。

　　對於「心、道一本」的預設，以及關注「知性主體」、忽略具有言語和行為能力之「行為主體」亦是道德主體的一個側面，這似乎是從意識層面切入討論道德的形上學或價值哲學的基本傾向。然則在既有的荀學詮釋當中，因為未脫意識哲學的色彩，道德主體的「行為」層面尚未被充分關注，未能真正彰顯「實踐哲學」的第一義並非「知性主體」，而是「行為主體」。「行為主體」的「知性」非在「心」之「徵知」的知能，而是「行之，明也」〔註102〕的「齊明」。〔註103〕「榮辱之來，必象其德。……故言有召禍也，行有招辱也。」〔註104〕「德」是在「言行」中呈現出來——「君子之學也，入乎耳，箸乎心，布乎四體，形乎動靜，端而言，蝡而動，一可以為法則。」〔註105〕荀子就以這一言行皆有法則的「主體性自我」，參與「天地精神」的造化流行——當然，關於「天地精神」，他仍是取徑於人文化成之道，「《禮》之敬文也，《樂》之

〔註101〕同上，頁336～344。另外，陳大齊先生亦認為「荀子以聖人為權秤，此一主張，頗有類於因明所說的聖教量。……不免是其學說上的一個缺點。」但又說「今荀子既依據道以衡定聖否，故雖有聖教量的嫌疑，實已有所補救，至少已經不是十足的聖教量了。」陳大齊：《荀子學說》（臺北：中國文化大學出版社，1989年），頁94～95。
〔註102〕〈儒效篇〉，頁142。
〔註103〕〈修身篇〉，頁33。
〔註104〕〈勸學篇〉，頁6～7。
〔註105〕〈勸學篇〉，頁12。

中和也,《詩》《書》之博也,《春秋》之微也,在天地之間者畢矣。」〔註106〕

　　然而,弔詭的是:當主體哲學的焦點轉向「行為」的面向,「心靈」的地位依然重要,且逼使我們正視更加完整的「心靈結構」——唐先生將心的「知性」擴延到「意志」層,在「行為主體」的視野中,還應擴延到「血氣」層。意識哲學關注於認知、意志之心,然而荀子論心還有出自「性情」的「好利」之心一義,他將「心」視為人身活動的「天君」,賦予「心」作為選擇與價值裁斷的中樞地位,但是價值裁斷的功能並不等同於「認知」功能。朱曉海先生辨析荀子的「天君」說特別區辨:

> 認知活動止於提供、分析、評估資訊,它本身並無任何引發欲求或抑制欲求的性向,真正和欲求與否有因果關係的是對認知所得進行的價值裁斷,而價值裁斷所據乃是心的本質傾向——好利。……就心而言,知慮活動乃是在血氣所欲——利這更高原則下進行。……周道或禮義系統所以被希求,乃是因為它們係牟大利或真利的最佳工具,這種希求雖合乎道德,卻非為道德而道德,整個希求本質是非道德的(amoral)。〔註107〕

「行為主體」的人格核心仍在「心靈」,但是它的活動乃是合「血氣、志意、思慮」〔註108〕三者為一的活動整體。荀子所用「心術」一詞,顯示荀子所認知的「心」與「術」是析分為二的;〔註109〕且心靈活動乃是依利而動,在這一前提之下,唯有攝受外部更周全的價值標準(禮義法度)來「治心養氣」,它才可能成為「志意修,德行厚,知慮明」的「行為主體」。由此可知,認定荀子的道德哲學預設「心、道二分」是「持之有故,言而成理」的,只是不必因此就以「心、道一本」的主體哲學為典範而強調其「大本不立」。如果轉向以「行為主體」為焦點的實踐哲學,或許正可以揭出「心、道二分」理路所開創出的另一種道德主體的典範——本文認為理解荀子的主體哲學,當從他的「名言論」與「心術論」同時入手。

〔註106〕〈勸學篇〉,頁12。

〔註107〕朱曉海:《荀子之心性論》,頁178,180～1。

〔註108〕〈修身篇〉,頁22。

〔註109〕〈非相篇〉:「故相形不如論心,論心不如擇術。形不勝心,心不勝術。術正而心順之,則形相雖惡而心術善,無害為君子也。……從者將論志意、比類文學邪?直將差長短、辨美惡而相欺傲邪?」,頁72～76。

第三節 荀子的名言論與「禮宇宙觀」

中國傳統學術的內容，按《莊子·天下篇》的說法，即是關於「內聖外王之道」的「道術」。從莊學的角度看，先秦諸子的「百家之學」對於「道術」各有偏見，其所論述的「內聖外王之道」只是得其「一察」而未見全體，反而使「內聖外王之道，闇而不明，鬱而不發」。但若從「哲學的突破」的角度看，百家之學的論述則是突破原始文化的思維方式，而進步到以理性思辨的思維方式建構一套「內聖外王之道」（參見第一節）。荀子的學術當然亦在建構「內聖外王之道」，他透過理性思辨對於「周道」（禮義之道）作爲「內聖外王之道」的精神骨幹反覆論證，並著重爲他的主張建立一套「理論基礎」。

分析《荀子》一書的文獻，大略可見從〈天論〉至〈性惡〉七篇可以視爲構成荀子之主張的理論基礎：〈禮論〉〈樂論〉直接闡述「周道」的核心就在於以禮樂所構成的人文世界，而揭出由「神道」轉向「人文」的文化觀點；〈天論〉則是從天道觀的面向闡述人文世界的意義與價值，而揭出「天人分」的自然規律原則；〈正名〉〈正論〉則是從語言觀的面向闡述人文世界的意義與價值，而揭出「名言正」的社會倫理原則；〈解蔽〉〈性惡〉則是從人性觀的面向闡述人文世界的意義與價值，而揭出「性僞合」的人性價值原則。依據這一文獻分析，天道觀、語言觀、人性觀構成荀子論述「內聖外王之道」之理論基礎的三個面向，當然也是構成荀子主體哲學的三個面向。以「天人分」的自然規律原則爲前提，「天道」缺乏超越實體之義，「天命」與道德人格的聯繫也無從建立，轉而強調聯繫屬於「人道」的禮義之道與道德人格的關係，而這一聯繫又是以「名言正」的社會倫理原則和「性僞合」的人性價值原則爲基礎。

《荀子·正名篇》一文，是儒家「正名論」的重要篇章。荀子承繼孔子的正名觀念而加以創造性闡釋，在儒學思想史上具有承先啓後的重大意義。孔子的正名觀念，主要的文獻依據在《論語·子路篇》第三章：

> 子路曰：「衛君待子而爲政，子將奚先？」子曰：「必也正名乎！」
> 子路曰：「有是哉，子之迂也！奚其正？」子曰：「野哉由也！君子
> 於其所不知，蓋闕如也。名不正，則言不順；言不順，則事不成；
> 事不成，則禮樂不興；禮樂不興，則刑罰不中；刑罰不中，則民無
> 所措手足。故君子名之必可言也，言之必可行也。君子於其言，無

所苟而已矣。」〔註110〕

孔子爲政以「正名」爲先，被子路視爲迂遠，實因孔子的遠見：「正名」之事係政教措施的基礎工程──禮樂興、刑罰中爲政教措施的理想，其基礎則爲「名──言──事」（據名，發言，行事）的正順，以確保政教的權威。孔子的正名論主要有兩種理解方式：一是強調這裡所謂的「正名」即是「正名分」，與另一處孔子對「齊景公問政」的回答：「君君，臣臣，父父，子子」〔註111〕是一致的，「正名」乃是依據政治社會關係的禮制「名分」而要求「名」「實」相符。「名分說」強調的是社會群體的倫理秩序，「名」代表的是對個體身份的規範與義務，如此理解的「正名」就帶有「教條主義」或「權威主義」的色彩。另一種理解則強調孔子的「正名」不僅是針對社會倫理秩序的「名分」，還在於「正名言」：「孔子把名與言聯繫起來，把言與行聯繫起來。正名的作用在於言之不苟。」〔註112〕因此，「正名」其實是一種語言哲學。陳啓雲先生認爲孔子的主要論點不在「正名」，而是「言」「行」對照和「愼言」。陳先生並從「正名」、「名」與「言」、「言」與「行」、「知」與「行」、「知、言」和「德、行」的一連串討論中強調孔子的正名論和語言觀包含著對思想、知識、眞理的追求，不宜視爲泛道德化的權威主義。〔註113〕

從「正名言」的角度論述「正名」的意義，並以「正名言」爲實現國家政教功能之基礎，在《荀子‧正名篇》得到更嚴整的論述：此文先從「正名」即「正道」開始，鋪陳其「壹於道法」的政教見解；再由「正名」進而延伸到「正言」，鋪陳其「心之象道」的語言行爲觀點。荀子和孔子的「名言論」有相似的問題意識：政教危機的基本問題在於「言」不通之「名」以及「行」不通之「言」，因而強調「正名」是「正言」的前提、「正言」是「正行」的前提，「正名」「正言」「正行」的一體完成乃能「名定而實辨，道行而志通」，這是解決政教危機的基礎工程。「正名」既聯結「名──言──行」，則自然延伸到語言行爲，而且強調語言行爲所具有的道德實踐的意義。當然，孔子、

〔註110〕（宋）朱熹：《四書章句集注》（北京：中華書局，1983年），頁141～142。
〔註111〕〈論語集注‧顏淵篇〉，頁136。
〔註112〕張岱年：〈孔子哲學解析〉，收在龐樸等主編：《先秦儒家研究》（武漢：湖北教育出版社，2003年），頁503～504。
〔註113〕陳啓雲：〈孔子的正名論、眞理觀和語言哲學〉，《中國古代思想文化的歷史論析》（北京：北京大學出版社，2001年），頁126～154。陳先生此文的重點乃是反駁西方學者認爲中國的語言哲學缺乏思想、知識、眞理的內涵。

荀子所處的政教背景、論述的對象已大有差別，對於政教危機、語言危機的
理解自然有異；再加上他們的思想本非一致，因此展示出來的「名言」觀念
以及道德實踐的理念也就不同。

一、《荀子‧正名篇》的旨趣：邏輯學→語意學→語用學

荀子的「名言論」和「心術論」本是其主體哲學兩個平行的論述面向，
但在「知性主體」的詮釋取向之下，「心術論」成為學者關注的焦點，「名言
論」亦被強調作為「知性現象」（表現於名實理論或知識論的邏輯心靈）的義
涵。如牟宗三先生認為：

> 荀子言名，賅典章制度之名而言之，即示其心靈之網羅萬有，綜綰
> 百代，兼攝自然與人事，而出之以正名之態度，則在名之指謂下，
> 一切皆為一「客體之有」（Objective being），而其心靈即為一「理智
> 的認識之心」也。〔註114〕

依據此一理智心靈所推闡的「名理之學」則屬於關於概念之分析及概念之形
成的「邏輯分析」。牟先生故謂荀子的名理之學有三義：

> （一）剋就經驗事物而為言，經驗事物不可離也。……
> （二）心智必運用于經驗事物而彰其明悟之用。……
> （三）必將有循于舊名，有作于新名。……此為名理之文化來歷及
> 文化意義。〔註115〕

當然，此一「邏輯分析」的名理之學，實際是運用於經驗事物而定名辨實，
而條理萬物，乃體用合一之學，「故能見諸事業，形諸文化，而且有關于世道
之汙隆，人心之正邪，此荀子之所深切著明者也。」〔註116〕

唐君毅先生對於學者偏向從邏輯心靈、知識理論詮解〈正名篇〉旨趣有
所辨正。他說：

> 吾人觀荀子之作正名篇，見其不重命題之構造與相涵關係之討論，
> 不重推理之原則規律之提出；而重論名言與其所表之意及事物之
> 狀，與所指之實之關係之討論，及如何成就人與人之相喻；則其名
> 學思想，與其說為屬於西方所謂邏輯，實不如說為更近於今所謂語

〔註114〕牟宗三：《名家與荀子》，頁255。
〔註115〕同上，頁257～258。
〔註116〕同上，頁260。

意學者。至求人與人之名言之相喻或語意之相喻，其目標又在成就
治道，則又超乎今所謂語意學之目標之上。……故荀子言正名，亦
可謂在「諸個人之主觀精神求相喻相結，以樹立一社會之客觀精神」
處。〔註117〕

唐先生指出：邏輯學所重之名理的邏輯構造非荀子所重，荀子係從「名定而
實辨」以言「道行而志通」，其所重者在於「人之志意相喻以成事」，此則屬
於語意學的範圍。而且因為荀子所謂「道行而志通」，乃在成就治道，「道也
者，治之經理也」，因此是指向「諸個人之主觀精神求相喻相結，以樹立一社
會之客觀精神」處，此又超過語意學之上。

　　唐先生所謂超過「語意學之目標之上」究竟為何？以現代語言學的分類
來看，唐先生所言「人之志意相喻以成事」或「諸個人之主觀精神求相喻相
結」的「表意行為」，既牽涉「語意學」（Semantics）的層面（著重語詞、句
法與所要表達之語意的關係），也牽涉「語用學」（Pragmatics）的層面（著重
表意行為中「語境」（context）對語意理解的影響以及藉語意表達而達成某些
功能的「語言行為」（speech acts））。〔註118〕從荀子以「社會之客觀精神」為
語意表達的目標來看，他強調個人「言──志」的表意行為不可避免受到「樹
立一社會之客觀精神」（名──道）之「意義語境」的制約，而且「語言行為」
的目的是為了達成「樹立一社會之客觀精神」（「以正道而辨姦」）──其實就
是透過「語用學」的側面，表現其重「社會之客觀精神」的實踐哲學。再從
〈正名篇〉的寫作動機與旨趣來看，荀子主要針對的是「邪說辟言之離正道
而擅作」的「語言行為」而發，為了辨正三種語言行為之「惑」（惑於用名以
亂名、用實以亂名、用名以亂實），乃追本溯源「語言符號」之創制原理（「所
為有名」「所緣以同異」「制名之樞要」），藉此導正「語言行為」以完成其「道
行而志通」（以「社會之客觀精神」為語意表達的目標）的功能。正因荀子著
眼於「語言行為」，所以〈正名篇〉在辨正「三惑」之後，就正面分析了「語
言行為」的語意結構（名辭、辨說、治道三層）以及「語言行為」的品性，
最後再以一個具體的論題範例（情欲與治道）說明「語言行為」的本質。由
此可見，〈正名篇〉不僅關於「名理」或「語意」，而是在於綜合語詞的使用、
語意的表達、正道的認識的「語言行為」。以下即本著上述的理解，嘗試從「語

────────────

〔註117〕唐君毅：《中國哲學原論・導論篇》頁162。
〔註118〕參見謝國平：《語言學概論》（臺北：三民書局，2004年），頁243～289。

用學」的角度來解析〈正名篇〉的理論意義。

二、「名──言──道」的語意結構

對荀子而言，「道」不是某種抽象的精神理念，而是蘊含於歷史積累相傳而下的具體制度，因此，他將「法後王而一制度」標舉為正統儒學的特徵之一，〔註119〕他的「正名論」也首先強調依循「後王之成名」。

> 後王之成名：刑名從商；爵名從周；文名從禮；散名之加於萬物者，
> 則從諸夏之成俗曲期，遠方異俗之鄉則因之而為通；散名之在人
> 者……。是後王之成名也。（〈正名篇〉，頁411～414）

舉凡刑政制度的「刑名」、社會貴賤等級的「爵名」、禮儀節度的「文名」和辨別同異以溝通思想觀念的「散名」等符號系統（「名」），是社會生活的總體規則（法），也是引導社會發展的總體精神（「道」）的載體。「名」與「道法」互為表裏，「名定而實辨，道行而志通」。因此，「正名」的目的就在「壹於道法」的情況下完成政教的功能。

就完成政教的功能而言，基本途徑就是「循於舊名」，但是荀子亦認為在「舊名」已經淆亂的情況下，「若有王者起」，「作於新名」就有其必要，此時就要了解「後王之成名」的制名原則而加以遵循。不論是「循於舊名」或依循「舊名」的制名原則而「作於新名」，「正名」的目的都是要彰顯「聖王」的政教權威，使民「壹於道法而謹於循令」。「民易一以道而不可與共故」聖王的「道」具有「權威」，是只被遵行而不必闡釋理由的「大理」，「明君臨之以勢，道之以道，申之以命，章之以論，禁之以刑。故其民之化道也如神，辨說惡用矣哉！」「勢──道──命──論──刑」的政教措施就在申張此「道法」的權威。〔註120〕

荀子將「後王之成名」視為傳統的權威典制，或是在傳統的權威典制淪喪之後，由新王或「循於舊名」、或「作於新名」，另立一新的權威典制。由此而言，荀子的「正名論」確實具有「權威主義」的傾向。因此，他必須考慮新立之權威典制的社會基礎，並對挑戰權威典制、動搖其社會基礎的「邪說辟言」予以辨正。這就涉及荀子「名學」的核心論述：「所為有名」「所緣

〔註119〕〈儒效篇〉，頁138。
〔註120〕楊倞以「論，謂先聖格言」為注，即是辨明此「論」只是權威性的言說，與闡釋義理，進而是是非非、取得理解共識的「辨說」不同。

以同異」「制名之樞要」等制名三原理。

「所爲有名」：荀子將「名」視爲「貴賤明、同異別」的符號系統，他首先從名的社會功能論「制名」的源起，「名」的功能在於「分別」，即是將雜多的事物現象予以秩序化，藉著區別自然人事現象的貴賤、同異，如此才能利於社會生活的運作——「志無不喻之患，事無困廢之禍」（個人的意志行事，必然是在社會生活中實現）。荀子就依據這一社會功能原則，辨正諸如「見侮不辱」「聖人不愛己」「殺盜非殺人」等主張，視之爲「惑於用名以亂名」的邪說辟言（違背名的社會功能）。

「所緣以同異」：荀子進而論及區別「同異」的經驗基礎（荀子似乎認爲「貴賤」和「同異」可以類推）。符號化的前提必須通過事物（實）和名稱（名）連結關係的形成，而這一連結關係的形成，乃是以人類共通的生理、心理經驗爲基礎——亦即透過共通的感覺判斷（五官簿之）以至概念形成（心的徵知）的過程，即能區別事物之「同異」，形成對現實事物的知識，擁有符號化的能力。荀子就依據這一經驗原則，辨正諸如「山淵平」「情欲寡」「芻豢不加甘，大鍾不加樂」等主張，視之爲「惑於用實以亂名」的邪說辟言（違背對經驗事實的知識）。

「制名之樞要」：依據區別「同異」的經驗，然後進入「同則同之，異則異之」的「命名」程序——爲了達成「使異實者莫不異名」「同實者莫不同名」的表意功能，可以運用「單名」「兼名」「共名」「別名」的命名形式以及深入事物變異而能「稽實定數」。荀子強調這一「命名」過程是社會成員的集體創作而謂之「名約」：「名無固宜，約之以命」。既然是出自社會約定，並非個人意志所能隨意更動，它就有相當的普遍性與規範性，故謂「約定俗成謂之宜，異於約則謂之不宜」；同時它有某種任意性，是不可論證的，故謂「名無固實，約之以命實，約定俗成謂之實名」；然而這種任意性也會衍生所命之「名」的恰當與否問題，所謂「名有固善，徑易而不拂，謂之善名」這大體即是考慮大眾對於所命之名的接受程度，因此必須合於「慮之易知也，行之易安也，持之易立也」的簡易原則，並且不能違背前述區辨同異的經驗知識與社會功能。〔註121〕荀子就依據這一社會約定原則，辨正諸如「非而謁楹有牛」「（白）

〔註121〕關於「名有固善」的解釋，唐君毅先生認爲是不違背荀子前述所謂「所爲有名」
　　　　「所緣以同異」「制名之樞要」等要求，如此名言才能滿足「志無不喻之患，
　　　　事無困廢之禍」的社會大用。此說爲是。見《中國哲學原論・導論篇》，頁179

馬非馬」等主張，視之爲「惑於用名以亂實」的邪說辟言（違背社會所共同接受的「名約」，因而淆亂名稱所對的經驗事實。）

上述制名三原則，學者在詮釋時各有所見，尤其是對「制名之樞要」一項的解讀，各有側重。語言學家所見在語言學（「名」）的層面，如王力先生就著重闡發當中涵具的三個語言學原理：語言是社會的產物；語言具有民族的特點，而思維則具有人類的共性；語言具穩定性，又是發展的。〔註122〕對於「制名之樞要」，顯然側重「名無固宜，約之以命」一義，藉以揭出語言是社會產物的語言學原理。哲學家所見或在其邏輯學（「名理」）的層面，如牟宗三先生強調荀子的「正名論」作爲「知性主體」之表現形式的意義，指出其「邏輯分析」三義：剋就經驗事物而爲言；心智必運用于經驗事物而彰其明悟之用；名理之文化來歷及文化意義。對於「制名之樞要」，重在「稽名定數」一義，以此爲磨練認識主體、成就知性活動的建構活動。〔註123〕如唐君毅先生所見則在語意學（「名言」）的層面，指出這三項制名原理乃是針對當時名學三宗（墨者、惠施及道家、公孫龍）而破其「三惑」，藉以導正語言行爲，「成就人與人之相喻」。對於「制名之樞要」，重在「名有固善」一義，認爲據「名有固善」一義，乃有「諸個人之主觀精神之求相喻相結，以成爲一社會之客觀精神」的大用。〔註124〕

如前所述，荀子的寫作動機是針對偏離「正道」的「語言行爲」而發，他的策略則是追本溯源「語言符號」之創制原理以辨正語言行爲之「三惑」，藉此恢復「語言符號」本來具有的「名定而實辨，道行而志通」的政教功能。就「語言符號」本身的功能而言，「所爲有名」是把握語詞使用的社會整合目

～181。另外，龍宇純先生從「語源學」的角度解釋：「名無固宜」說明名稱與事物之間完全出於隨意的約定；「名有固善」則是依循「聲訓」的觀點認定部分名稱有必然的道理可言。荀子將兩種本來互不相容的觀點並存互補，是因爲當時「名無固宜」的新說興起，荀子不得不加以接受，但眞正荀子所重爲延續儒家聲訓的「名有固善」舊說。見〈荀子正名篇重要語理論闡述〉一文，收在氏著《荀子論集》（臺北：臺灣學生書局，1987 年），頁 107～126。按：本文從語用學角度所見，荀子的正名論所重者爲社會意識的整合，「名約說」正是體現社會意識的整合過程，當是荀子的根本主張。「名無固宜」「名無固實」與「名有固善」都是依據名約的觀念而來的進一步說明，不必將「名有固善」與「名無固宜」視爲不相容的觀點，且「名有固善」與聲訓說亦無必然關連。

〔註122〕王力：《中國語言學史》（臺北：谷風出版社，1987 年），頁 4～6。
〔註123〕牟宗三：《名家與荀子》，頁 264～267。
〔註124〕唐君毅：《中國哲學原論・導論篇》，頁 179～181。

標，「所緣以同異」是把握語詞內在的經驗知識，「制名之樞要」是把握語詞「稽實定數」的社會集體智慧。然而，〈正名篇〉的論述旨趣其實在於綜合語詞的使用、語意的表達、正道的認識的「語言行為」，回歸「語言符號」的制作規範固然是「名定而實辨，道行而志通」的基礎工程，進一步則是要透過導正語詞的使用、語意的表達、正道的認識以表現合於「正道」的語言行為。由此言之，「所為有名」「所緣以同異」「制名之樞要」等制名三原理的提出，固然是荀子「名學」的重要觀點，但學者對〈正名篇〉的詮釋大多以此為焦點則恐有失全面，〈正名篇〉接下來對於語言行為的語意分析（「期命」「辨說」「治道」），若從「語意學」或「語用學」的觀點來看，或許更是〈正名篇〉的重要論點。

　　荀子雖然認為在一個全體都能「壹於道法而謹於循令」的社會，個人的語言行為將失去其功能──「故其民之化道也如神，辨說惡用矣哉！」然而，這一「神化」之世憑藉的是聖王「勢」與「道」的結合，無其「勢」則「語言」不行、「道法」不彰，個人的語言行為勢必蜂起，「道術將為天下裂」，不再能「一以道」，且將明其「故」──於是「喻動靜（是非）之道」〔註 125〕的「辨說」紛紛興起，各人將以其「聖智」闡發「道法」之所在。荀子並不像莊子一樣要「絕聖棄智」「齊是非」，在「無言」中感應原始樂園才存在的非語言性的「天道」，而是肯定「期、命、辨、說也者，用之大文也，而王業之始也」──「辨說」時代的來臨，它不是歷史的退化，而是歷史再次向前發展的開始。然而荀子也正視了當時的「百家異說」乃是「蔽於一曲而闇於大理」，內有「心術之蔽」，外有「語言之蔽」。為了破除百家異說的語言之蔽，他除了說明「語言符號」的制作原理，也分析了「語言行為」的語意結構，強調語言行為的功能在於將「名──言──道」的語意結構聯結起來。

> 故期、命、辨、說也者，用之大文也，而王業之始也。……名也者，
> 所以期累實也；辭也者，兼異實之名以論一意也；辨說也者，不異
> 實名以喻動靜之道也。期命也者，辨說之用也；辨說也者，心之象
> 道也；心也者，道之工宰也；道也者，治之經理也。心合於道，說
> 合於心，辭合於說。正名而期，質請而喻；辨異而不過，推類而不
> 悖；聽則合文，辨則盡故。以正道而辨姦，猶引繩以持曲直，是故
> 邪說不能亂，百家無所竄。（〈正名篇〉，頁 422～423）

〔註 125〕楊倞注：「動靜，是非也」，頁 423。

荀子對語言行為的討論，聚焦在「辨說」的語言行為，並預設「辨說」乃是以「正名」為前提、以實現「治道」為目標，因此關於語言行為的語意分析，就包含「期命」、「辨說」、「治道」三個層面。這段關於語言行為的敘述，可以析分三個層面，表列如下：

道（治道）	心也者，道之工宰也；道也者，治之經理也。	心合於道	聽則合文，辨則盡故。
言（辨說）	辨說也者，心之象道也。	說合於心	辨異而不過，推類而不悖。
名（期命）	期命也者，辨說之用也。	辭合於說	正名而期，質請而喻。

「期命也者，辨說之用也」，可見「期命」是初階的表意行為，透過「名辭」的功能而具有語言行為的意義。「名辭」具有「志義之使也」的表意功能，「名」與「辭」的功能可以細分為「名也者，所以期異實也。辭也者，兼異實之名以論（諭）一意也」，亦即「名足以指實，辭足以見極」——透過「名辭」指謂個體的經驗事實與表達言語者的意圖。如果透過「名辭」的命名與期約就能達到「志無不喻之患，事無困廢之禍」，這樣的語言行為相對單純，故屬於初階的表意行為。當語言行為已經進入「辨說」階段，仍然以發揮「名辭」的表意功能為基礎，故曰「期命也者，辨說之用也」。「辨說」為「不異實名以喻動靜之道也」的表意行為，「以喻動靜之道」的表意內容，不再只是指謂事實對象與表達言語者的意圖，而是涉及言語者對世界之事項的認識。「辨說也者，心之象道也」，「心」是語言行為的內在中樞，透過「辨異」「推類」的心智活動而形成一種思想觀念與價值判斷，這就突顯「心」在人身中的「天君」位階。然而從語言的應用層面來看，語言行為不僅是一種「以言表意」行為，同時是關於「治道」的「以言行事」行為。「心也者，道之工宰也；道也者，治之經理也」對個體而言，「心」雖然是主導語言行為的「天君」；對社會而言，「心」卻是透過語言執行社會正理平治之「道」的「工宰」。

顯然荀子認為語言行為的本質乃是具有社會整合功能的交往行為，他透過對辨說的三層語意分析，提出理想的語言行為模式：「心合於道，說合於心，辭合於說。」這一理想模式，主要是要達到「以正道而辨姦，猶引繩以持曲直，是故邪說不能亂，百家無所竄」的效用，因此首先要求具有正確思想觀念與價值判斷（「心合於道」），透過辨說表現正確「辨異」「推類」的心智活動（「說合於心」），以及使用正確的「名辭」來表達辨說的內容（「辭合於說」）。在語言行

為的理想狀態，「正名」「正言」「正道」一體實現：「正名而期，質請（情）而喻」，發揮「名辭」指實喻志的功能；「辨異而不過，推類而不悖」，形成正確的思想觀念。〔註126〕「辨說」既然重心不在指謂事實對象與表達言語者的意圖，則所謂「說合於心」的「心」也就不是「命名」時「所緣以同異」的「徵知」之「心」，也不是「說、故、喜、怒、哀、樂、愛、惡、欲以心異」〔註127〕的「情意」之「心」，而是「心合於道」的「象道」之「心」。〔註128〕在「心合於道」的知性活動當中，辨說的重點是透過「推類」「辨異」的思想活動，進而接受、理解人類共同的生活方式，「君子位尊而志恭，心小而道大，所聽視者近而所聞見者遠。是何邪？其操術然也。……君子審後王之道……推禮義之統。」〔註129〕支持「後王之成名」的社會權威，正是人類社會輾轉形成的生活方式（「後王之道」「禮義之統」），「合文」「盡故」就是能夠理解這一生活方式的人文理性。

荀子認為透過這一語言行為的理想模式，才能將代表人類文明發展的社會意識與價值系統開顯出來，進而達成社會的「正理平治」。因此「合文」「盡故」「通治」就成為荀子評判諸子語言行為的標準。〈非十二子篇〉非難子思、孟子以外的「十子」，一律評判他們的論說是「持之有故，言之成理」，然而實質卻是「欺惑愚眾」，因而視此諸說為「邪說」「姦言」。陳啟雲先生從荀子批評十子的說詞，如「梟亂天下」「使天下混然不知是非治亂之所存」「不足以合文通治」「不足以合大眾、明大分」「不知壹天下、建國家之權稱」「不可以經國定分」「多事而寡功，不可以為治綱紀」，認為荀子的批評都是從現實事功著眼，以後效成敗為標準。據此，陳先生強調荀子的「功用主義」其實正是戰國晚期由「義理思想」的「真理關注」轉型為「經史之學」的「文化關懷」、以「義理之學」為核心的「哲學思維」轉為以「事理之學」為核心的「歷史思維」的思想文化發展定向的一個轉折環節。〔註130〕誠然，「合文」與

〔註126〕〈非相篇〉：「彼眾人者，愚而無說，陋而無度者也。……聖人者，以己度者也。故以人度人，以情度情，以類度類，以說度功，以道觀盡，古今一度也，類不悖，雖久同理，故鄉乎邪曲而不迷，觀乎雜物而不惑，以此度之。」頁81～82。

〔註127〕〈正名篇〉，頁417。

〔註128〕「象道」之「象」非如楊倞以「想象」為注，而是如〈勸學篇〉：「榮辱之來，必象其德」之「象」，乃應合之義，「心之象道」與「心合於道」意同。

〔註129〕〈不苟篇〉，頁48～49。

〔註130〕陳啟雲：〈漢初「子學沒落、儒學獨尊」的思想史底蘊〉，《中國文哲研究集刊》第二十二期（2003年3月）

「盡故」的言說標準，就是強調言說行為必須暢發人類社會的文化精神，諸
子僅見偏狹的事理，沒有觸及人文精神的深刻理性，就不足以揭出人類總體
的社會生活和文化經驗。〈解蔽篇〉對百家之說亦有類似的批評：「蔽於一曲
而闇於大理」，其所揭出的「大清明心」則是「壹於道」、「盡其故」、「制割大
理」、掌握「聖王統類」——人類社會總體經驗蘊含的深刻理性。

　　〈正名篇〉最後的部分透過討論「情欲與治道之關係」論題的「辨說」，
為「辭合於說，說合於心，心合於道」的理想模式提供了範例。〈正名篇〉前
文在論及用名之「三惑」，以「情欲寡」為「惑於用實以亂名」之一例，而以
「驗之所緣以同異而觀其孰調」來導正它——具體的說法即是如〈正論篇〉
所言，訴諸人的實際情欲需求即可證驗「情欲寡」之違背人情。〔註131〕這是
從「名辭」向度，辨說「情欲寡」的概念乃是「誘其名，眩其辭，而無深於
其志義者也」。〈正名篇〉最後這段「情欲與治道之關係」的「辨說」，仍然是
以「以所欲為可得而求之也，情之所必不免也」的經驗事實為基礎，即見「去
欲」「寡欲」之說，在「名辭」向度的語意是不能「正名而期，質請而喻」；
再證以「辨異而不過，推類而不悖」的推論過程——分辨「情之所欲」和「心
之所可」分屬「天性」與「人道」兩個不同的範疇，進而推論「治亂在於心
之所可，亡於情之所欲」。不過，此段的重心更在於以「期命」「辨說」的確
當語意為基礎，論證「道」的價值——「道者，古今之正權也，離道而內自
擇，則不知禍福之所託」，不但是滿足「好利」之心（「從道而出，猶以一易
兩也，奚喪！」），而且藉以建立「重己役物」的主體性自我（「無萬物之美而
可以養樂，無勢列之位而可以養名」）。

　　依據德國哲學家哈伯瑪斯（Jürgen Habermas）對於語意學三種意義理論
的分析，由於語言行為是涵蓋言語者、世界及聽眾之間關係的表意行為，因
此語意也包含三種向度——表達言語者的經驗或意圖、表現言語者在世界中
遭遇的某種事態、確立言語者與接受者的互動關係；因此發展出三種意義理
論——一是意向主義語意學，認為語言的本質乃是表達言說者之立場或意圖
的工具，語言行為乃是以言說者的意圖為語意的基礎；一是形式語意學，著
眼於斷言命題與事態之間的關係，不再關注言語者與聽眾之間的語用學關
係，語言行為乃是以命題的真實性為語意的基礎；一是意義應用理論，突顯
語言表達的「行為」特徵，而且認為語言行為不是孤立的行為主體所行使的

〔註131〕〈正論篇〉，頁 344～345。

個別目的行爲，因此語言行爲的互動語境（主體間共享的生活方式）構成語意的基礎。哈伯瑪斯本人則是從「語意學」的視角轉向「語用學」的視角，因而強調表達的「有效性」，相應於表達言語者的意圖、表現世界的事態、確立互動關係等語意三向度，表達的有效性亦包含表達的眞誠性、命題的眞實性、規範的正確性三種有效性的總體。〔註132〕

荀子論述語言行爲的語意結構包含「期命」「辨說」「治道」三個語意向度，並指出「辭合於說，說合於心，心合於道」是理想的語言行爲。從「語用學」視角的表達「有效性」來看，荀子所提理想的語言行爲模式，包括三種有效性的總體：「治道」涉及規範的正確性、「辨說」涉及命題的眞實性、「期命」涉及表達的眞誠性。爲了達到這三種表達的有效性，對於語言行爲的品性自有要求，〈正名篇〉：

> 有兼聽之明而無奮矜之容，有兼覆之厚而無伐德之色。說行則天下正，說不行則白道而冥窮，是聖人之辨說也。……以仁心說，以學心聽，以公心辨。……故能處道而不貳，吐而不奪，利而不流，貴公正而賤鄙爭，是士君子之辨說也。（頁424～425）

語言行爲的品性，主要有三：一是「以仁心說」，「有兼覆之厚而無伐德之色」則是仁心的極至，這關係言語者「守道」的表達眞誠性，「凡人莫不好言其所善……言而仁之中也，則好言者上矣，不好言者下矣。故仁言大矣。……故君子之行仁也無厭，志好之，行安之，樂言之，故君子必辯」〔註133〕才稱得上是「誠心守仁」。〔註134〕一是「以學心聽」，「有兼聽之明而無奮矜之容」則是學心的極至，這關係言語者「知道」的命題眞實性，「法先王，統禮義，一制度，以淺持博，以古持今，以一持萬。苟仁義之類也，雖在鳥獸之中，若別白黑；倚物怪變，所未嘗聞也，所未嘗見也，卒然起一方，則舉統類而應之，無所儗怍，張法而度之，則晻然若合符節」。〔註135〕一是「以公心辨」，「說行則天下正，說不行則白道而冥窮」則是公心的極至，這關係言語者「行道」的規範正確性，「公生明，偏生闇」，〔註136〕能「明白其道而幽隱其身」，〔註137〕才稱得

〔註132〕于爾根・哈貝馬斯（Jürgen Habermas）著，曹衛東、付德根譯：《後形而上學思想》（南京：譯林出版社，2001年），頁90～119。
〔註133〕〈非相篇〉，頁87。
〔註134〕〈不苟篇〉，頁46。
〔註135〕〈儒效篇〉，頁140。
〔註136〕〈不苟篇〉，頁51。

上「以公義勝私欲」。〔註138〕

　　參照語意學的三種意義理論，可見荀子論述語言行為所論及的「辭合於說，說合於心，心合於道」，意謂：「辭合於說」，乃是使用恰當的「名辭」，表達言語者的經驗或意圖；「說合於心」，則是使用「辨異」「推類」的思維方式，對於世界中某一事項作出正確的論說；「心合於道」，則必須透過適應、理解人類共同的生活方式（「合文」「盡故」），「以言行事」，透過語言行為聯結人類歷史的普遍經驗，完成「生活世界」的再生。

>　　多言則文而類，終日議其所以，言之千舉萬變，其統類一也，是聖
>　　人之知也。少言則徑而省，論而法，若佚之以繩，是士君子之知也。
>　　（〈性惡篇〉，頁445）

>　　多言而類，聖人也；少言而法，君子也；多言無法，而流湎然，雖
>　　辯，小人也。（〈非十二子篇〉，頁97）

荀子以「文而類」概括「聖人之言」的特質，高於「徑而省，論而法」的「士君子之言」。依「法」而言，乃是遵從具體的行為規範，而尚未深入這些行為規範的「志義」，因此僅能「少言」，往往在「無法」可循的情況下陷入困境，或者「法雖具，失先後之施，不能應事之變，足以亂矣。」〔註139〕聖智的特質則在能「齊明而不竭」「依乎法而又深其類」：〔註140〕這一「聰明」能力就是能從具體的行為規範當中發展出「辨異而不過，推類而不悖」的推理能力，意謂著他能從紛雜的現象中看出普遍的原則，也就深知行為規範的整體意義，所以能「多言」、「言之千舉萬變」，就有創造新語言的活力。這一創造新語言的能力乃是與人類歷史普遍經驗（禮義之中、人道之極）聯結而有所創造，其高明博大就不同於那些標新立異、無所凝止，背離人類歷史普遍經驗的「小辯而察」。

三、「禮宇宙觀」的勝意

　　承上所論，在「辭合於說」的語言行為規範當中，可見「道」並不是抽

〔註137〕「白道而冥窮」句下，俞樾語。頁424。
〔註138〕〈修身篇〉，頁36。
〔註139〕〈君道篇〉，頁230。
〔註140〕〈修身篇〉：「好法而行，士也；篤志而體，君子也；齊明而不竭，聖人也。
　　　　人無法，則伥伥然；有法而無志其義，則渠渠然；依乎法而又深其類，然後
　　　　溫溫然。」頁33。

象的精神理念，而是落實在「後王之成名」當中，因此荀子認為儒學應當植根於「法後王而一制度」；在「說合於心，心合於道」的語言行為規範當中，可見「後王之成名」有其內在的精神理念，語言行為可以藉著以言行事，理解人文世界的深刻理性（「大理」），而表現「合文」「盡故」的精神意識，因此荀子也認為儒學應當「隆禮義而殺詩書」。因為荀子所謂人文世界的「大理」，正是指「禮義文理」。

如本章第一節所言，春秋時期的「禮宇宙觀」認為「禮」是宇宙法則的體現，人的道德生活一方面是接受社會規範的約束，一方面則是受制於自然法則的道德要求。春秋時人對「宇宙法則」的探求，雖然開啟了人類理智對宇宙時空之規律的認知，但「仍然是一種對宇宙的神話式解釋」。荀子的「禮宇宙觀」則認為「禮」是「人文世界」的自足法則，「禮之理」不是反映超越的「宇宙法則」，也不是體現人的「心性法則」，而是人文理性的「大理」。經由「禮」的建構，人類世界從「萬物一體」的「生存世界」轉成「貴賤明，同異別」的「生活世界」，人類世界有了屬於自己的「語言」與「名分」。〈禮論篇〉：

> ……禮之理誠深矣，堅白同異之察入焉而溺；其理誠大矣，擅作典制辟陋之說入焉而喪；其理誠高矣，暴慢恣睢輕俗以為高之屬入焉而隊。……故繩者，直之至；衡者，平之至；規矩者，方員之至；禮者，人道之極也。（頁356）

荀子批評「堅白同異之察」「擅作典制辟陋之說」「暴慢恣睢輕俗以為高之屬」，相對於「禮之理」的深、大、高之理，是淺、小、低之理。透過這一批評，揭露出「禮之理」的「語言世界」蘊含三方面的要素：理智（人的智能發展）、典制（文化傳統）、群道（社會規範）。分述如下：

「禮之理」表現「聖人之知」，〔註141〕「堅白同異之察」表現「役夫之知」。〔註142〕荀子認為「禮義」是一種「中道」，是建立在人的感性、知性經驗所產生的「理智」，「堅白同異之察」，則是背離經驗知識的抽象思考，進行似是而非的詭辯，因此只具有狹義的「理性」（reason 指抽象及推理的思想官能），而不具有「理智」（intellect 指能夠思考事物的存有及關係，進而洞察事物的價值意義以指導人的行動的思想官能）。〔註143〕荀子分辨三種不同的語言

〔註141〕〈性惡篇〉，頁445。
〔註142〕〈性惡篇〉，頁446。
〔註143〕〈儒效篇〉：「先王之道，仁之隆也，比中而行之。曷謂中？曰：禮義是也。……

表現與智能狀態：一是「小辯而察」，言辭齊給便敏但「多言無法」且不通「禮義之統」；一是「見端而明」，言辭「徑而省，論而法」，所見爲禮法一端，雖合於禮法規範，但無法「應變不窮」；一是「本分而理」，其言語「多言則文而類」，推本禮義，故能表現通於禮義之統的「理智」，「理」與「明」的智能並非本質的差異，而是程度的差異，荀子或爲了強調其智能完備而用「齊明」稱之，或爲了強調其體常應變、神妙莫測而用「神明」稱之。〔註144〕荀子批判「堅白同異之察」「淺」而不「深」的理由在於「小辯而察」的智能不及「本分而理」的智能。

「禮之理」的具體制度就在「後王之成名」的「典制」，它具有「名定而實辨，道行而志通」的功能；「擅作典制辟陋之說」則是「亂正名」「離正道」。〔註145〕人類社會透過聖王相續而形成語言制度：「刑名從商，爵名從周，文名從禮」（政治支配、社會結構、禮儀規範等語言符號）作爲營造「社會生活」的語言規則；「散名之加於萬物者，則從諸夏之成俗曲期」作爲「天地官而萬物役」的語言規則；「散名之在人者」作爲成就「化性起偽」之人性價值的語言規則。從「禮之理」的抽象原理看，「先王之道」「後王之道」乃是前後相承的「道貫」，顯示聖王的「理智」乃是「古今一也」；從「禮之理」的具體制度看，「後王之成名」才有其粲然之跡，憑藉這些具體制度，對於社會生活、自然規律、人性價值才能「至文以有別，至察以有說」。在這一文化傳統的「典制」之前，「擅作典制辟陋之說」也就顯得「小」而不「大」。

「禮之理」是聖人的「盡倫」「盡制」，〔註146〕彰顯「能群」的人性特質；「暴慢恣睢輕俗以爲高之屬」則是不能「合群」，近於「禽獸行」。〔註147〕「上

凡事行，有益於理者立之，無益於理者廢之，夫是之謂中事。凡知說，有益於理者爲之，無益於理者舍之，夫是之謂中說。……若夫充虛之相施易也，堅白同異之分隔也，是聰耳之所不能聽也，明目之所不能見也，辯士之所不能言也，雖有聖人之知，未能僂指也。」頁 121～124。

〔註144〕〈非相篇〉：「小辯不如見端，見端不如本分。小辯而察，見端而明，本分而理。」頁 87～88。〈性惡篇〉：「多言則文而類，終日議其所以，言之千舉萬變，其統類一也，是聖人之知也。少言則徑而省，論而法，若佚之以繩，是士君子之知也。其言也詔，其行也悖，其舉事多悔，是小人之知也。齊給便敏而無類，雜能旁魄而無用，析速粹孰而不急，不恤是非、不論曲直，以期勝人爲意，是役夫之知也。」頁 445～6。

〔註145〕〈正名篇〉，頁 414、422。

〔註146〕〈解蔽篇〉，頁 407。

〔註147〕荀子曾批評當時士人「今之所謂士仕者，汙漫者也，賊亂者也，恣睢者也，

取象於天，下取象於地，中取則於人，人所以群居和一之理盡矣。……是百王之所同，古今之所一也。」〔註148〕社群意識的基本原則就是「明分」，這一「明分」的原則的合理性，首先來自對人對自然資源的掌握與分享，「萬物同宇而異體，無宜而有用爲人，數也；人倫並處，同求而異道，同欲而異知，生也。」〔註149〕社群當中必須「分割而等異之」才能「兼足天下」。〔註150〕其次，「異道」「異知」則關乎不同個體的人格差異與自我實現，「明分」可以滿足社群中每個個體對「義」的要求與感受，「群道當則萬物皆得其宜，六畜皆得其長，群生皆得其命」「善生養人者也，善班治人者也，善顯設人者也，善藩飾人者也」。〔註151〕「禮之理」作爲社會生活的「群道」，它是基於「名分」而能創造人性意義的倫理規範，相對於此，「暴慢恣睢輕俗以爲高之屬」反而不見人性的高度。

　　承上所述可知，相較於春秋時期的「禮宇宙觀」，荀子的「禮宇宙觀」其實蘊涵一個新的時間與空間的觀念，他不再以仰向天空尋找宇宙法則來解釋人類世界的意義，而是體認人心內在屬於時間向度的「歷史意識」與空間向度的「社會意識」來解釋人類世界的價值與意義。〈儒效篇〉：

> 聖人也者，道之管也。天下之道管是矣，百王之道一是矣。故《詩》、《書》、《禮》、《樂》之歸是矣，《詩》言是其志也，《書》言是其事也，《禮》言是其行也，《樂》言是其和也，《春秋》言是其微也。（頁133～4）

「聖人，道之管也」，是「道」之「樞要」，〔註152〕他具備最完善的歷史意識和社會意識，所以能將「天下之道」、「百王之道」統合於一身。這意謂著他對於人類社會的歷史經驗有所「記憶」，因而能理解人類世界的意義與價值。

貪利者也，觸抵者也，無禮義而唯權勢之嗜者也。……今之所謂處士者，無能而云能者也，無知而云知者也，利心無足而佯無欲者也，行偽險穢而彊高言謹愨者也，以不俗爲俗，離縱而跂訾者也。」與此近之。〈非十二子篇〉，頁100，91。

〔註148〕〈禮論篇〉，頁373～4。

〔註149〕〈富國篇〉，頁175。

〔註150〕〈富國篇〉，頁179、183。

〔註151〕〈君道篇〉，頁237。

〔註152〕〈儒效篇〉：「聖人也者，道之管也。天下之道管是矣，百王之道一是矣。」楊倞《注》：「管，樞要也。」〈富國篇〉：「而人君者，所以管分之樞要也。」楊注概本此。同篇「知夫爲人主上者不美不飾之不足以一民也，不富不厚之不足以管下也。」楊注：「管，猶包也。」另〈樂論篇〉：「禮樂之統，管乎人心矣。」

這裡所謂「記憶」，我們是採取卡西勒用來突顯人類特性的「符號的記憶」的用法——「我們不能把記憶說成是一個事件的簡單再現，說成是以往印象的微弱映象或摹本。它與其說只是在重複，不如說是往事的新生；它包含著一個創造性和構造性的過程」。〔註153〕《詩》《書》《禮》《樂》《春秋》等古典正是聖人對於人類歷史經驗之「記憶」的符號載體，透過這些符號載體的記憶，人才可能理解人類世界的價值與意義。

荀子「禮宇宙觀」關於「生活世界與道德主體」論題的勝意，在於強調人類社會是一個由語言構成的「生活世界」。高度的理智發展、永續的文化傳統、成熟的社會規範構成「生活世界」的核心精神。「生活世界」的各項要素，諸如文化模式、社會制度、個性人格，構成相互關連的意義語境，透過語言行為的實踐，文化得以傳遞、社會獲得整合、社會化主體也有個體化的意義，這個由語言構成的生活世界不斷地再生。〔註154〕因此，荀子的「聖人」概念乃是在人類歷史序列當中闡發人文理性的聖人（「文學化」的聖人），荀子從不刻意追溯禮法制度的最初創始者，這一文化成果不可能出於「獨知之慮」，或是從無到有的創造，而是前聖後聖在融入歷史和社會生活的過程中，理解了「禮義之統」的真正意義，既發展了自我的心靈與人格，同時參與禮法制度的更新創化。〔註155〕

第四節　荀子的心術論與「足禮」的心靈世界

一、「文學」與「修身」：從「法禮」到「足禮」

〔註153〕恩斯特‧卡西勒（Ernst Cassirer）著，甘陽譯：《人論—人類文化哲學導引》，頁74～78。

〔註154〕參見于爾根‧哈貝馬斯（Jürgen Habermas）著，曹衛東、付德根譯：《後形而上學思想》〈論行為、言語行為、以語言為中介的互動以及生活世界〉一文，頁53～89。哈貝馬斯係透過詮釋語言行為的「交往理性」，證立「社會作為由符號建構起來的生活世界」，進而用來解釋「社會秩序之可能」與「個人與社會之關係」的社會學課題。「生活世界的各個部分，如文化模式、合法制度以及個性結構等，是貫穿在交往行為當中的理解過程、協調行為過程以及社會化過程的濃縮和積澱。」頁82。「生活世界是日常交往實踐的核心，它是由扎根在日常交往踐中的文化再生產、社會整合以及社會化（個體）相互作用的產物。」頁86。

〔註155〕另詳拙著：〈荀子的「身禮一體」觀——從「自然的身體」到「禮義的身體」〉，中央研究院中國文哲研究所《中國文哲研究集刊》第十九期（2001年9月）。

如第二節所述，依「知性主體」的詮釋取向，對於荀子的實踐哲學，一般聚焦於他對「心」的認知與「心術論」，荀子的「名言論」被強調是「知性心」表現的知性現象，因此〈正名篇〉的旨趣亦被強調其知識論與邏輯心靈的意涵。但如果轉向「行為主體」的詮釋取向，〈正名篇〉是一篇「名言論」，闡述語言行為的「名——言——道」語意結構與「心合於道，說合於心，辭合於說」理想模式才是主旨。語言行為的語意結構與理想模式，建構了「行之，明也」的道德主體，也反映了言語者「心合於道」的心靈狀態。這一心靈自然可以視之為「知性心」的表現，但荀子更重在「名——言——道」的語意結構中，以「仁心」「學心」「公心」的開放心態，發展成為「正名而期，質請而喻；辨異而不過，推類而不悖；聽則合文，辨則盡故」的行為主體。據此推論，荀子所認知的主體，在道德認識的能力方面是透過文化符號、社會制度、個性人格相互關連的意義語境而建構的經驗性知性主體，而不是具備天生知性能力的先驗性知性主體；在道德實踐的能力方面，一個具有道德本質的自律意志、能夠自我反思的個體存在亦是在文化模式、社會規範、個性結構的同步發展中逐漸完善的經驗性行為主體，而不是超越精神之主體化的先驗性行為主體。

因此，當他面對人性價值的問題，首先認知的就是文化學習和人性價值有本質性的關連。〈勸學篇〉：

> 學惡乎始？惡乎終？曰：其數則始乎誦經，終乎讀禮；其義則始乎為士，終乎為聖人。真積力久則入，學至乎沒而後止也。故學數有終，若其義則不可須臾舍也。為之，人也；舍之，禽獸也。故《書》者，政事之紀也；《詩》者，中聲之所止也；《禮》者，法之大分，類之綱紀也，故學至乎《禮》而止矣。夫是之謂道德之極。……君子之學也，入乎耳，箸乎心，布乎四體，形乎動靜，端而言，蝡而動，一可以為法則。……君子之學也，以美其身。（頁11～12）

「為之，人也；舍之，禽獸也」，可見文化學習與「人之所以為人」的意義與價值有其本質性的關聯。眾所周知，荀子曾提出「性惡」的觀點，強調人類的自然行為不可避免受到「本能控制」，文化學習的功能就是要透過「文化控制」來轉化「本能控制」，藉以表現出人性的價值。雖然他也肯定人有某種「知仁義法正之質」「能仁義法正之具」〔註156〕的內在資質，但這一資質的表現卻有「小辯

〔註156〕〈性惡篇〉，頁443。

而察」「見端而明」「本分而理」的差別，缺乏「禮義文理」的積澱，就無法閃耀真正的人性之光。荀子的看法似乎類似美國人類學家格爾茨（Clifford Geertz）將「文化」視為對人類行為的「控制機制」。格爾茨在探討「文化」概念對於「人」概念的影響的一篇論文中，把「文化」界定為總管人的行為的控制機制，人的思想、價值、行動、情感都是文化的產物，人依賴這一文化機制來控制自己的行為使自己完善。人的思想不是「心智」內部的活動，而是在有意義的象徵符號所進行的社會交流中形成的，「文化模式是歷史地創立的有意義的系統，據此我們將形式、秩序、意義、方向賦予我們的生活」「人是如此需要這一類的符號源（symbolic sources）啓示他去發現自己在世界上的位置，因為本來就滲透在他體內的非符號類的資源只能散射一種微弱的光。……不受人的文化模式指引的人的行為最終會不可駕馭，成為一個純粹的無意義的行動和突發性情感的混亂物，他的經驗最終也會成為無形的。」〔註157〕

不過，格爾茨的立論旨趣是在突顯不同的社會生活，其文化模式亦不相同，文化模式既不是普遍性的，而文化模式又是人存在的基本條件，因而人性在其本質和表達都各有不同。〔註158〕荀子則是要彰顯文化學習對於人性價值的普遍影響，因此提示學習的步驟——「其數則始乎誦經，終乎讀禮」，隱約表現荀子「隆禮義而殺詩書」的經典束擇態度，這是因為荀子認為學習的意義在於對人格改造——「其義則始乎為士，終乎為聖人」，為了成為聖人，就必須進行「積善成德」的艱辛歷程——「眞積力久則入，學至乎沒而後止也。故學數有終，若其義則不可須臾舍也」。

從經典閱讀的角度來看，由誦讀「文學」（「數」）到深入「文學」之「義」的困難在於對「聖人之道」的「理解」。荀子將歷史流傳的經典視為「聖人之言」，

〔註157〕格爾茨（Clifford Geertz）著，韓莉譯：《文化的解釋》，頁43～68。

〔註158〕格爾茨強調他所理解的人乃是一個經驗實體、小寫的「人」，不同於啓蒙主義與古典人類學所尋求的形而上實體、大寫的「人」。啓蒙主義的觀點：人的信仰和價值觀以及生活的習慣和習俗等文化方面的差異，對於人的自然的、普遍的、永恆不變的眞正本性基本上沒有意義，因此在剝除文化習俗的外衣之後，人的形象乃是一個赤裸裸的理性主義者。人類學家強調「文化」概念對於「人」之概念的影響，古典人類學傾向認為文化的特殊形式僅是歷史偶然的結果，文化實際是根植於某種普遍的人性力量，因此對文化的探討重在發覺各種差異文化所呈現出來的普遍模式，並以這種經驗的一致性來界定人的共同形象：人是生物學進化的產物，再加上文化習俗的影響，但仍然是有共同感知的人。見上註引書。

重點不在考據學的用意（經典確是古代某個聖人的權威作品），而是一種詮釋學的心態（經典是一種「範例和借鑑」），有助於「自身的重新認識」，對於讀者深具教化意義。具體地說，經典之中的人情事物、一言一行，在或顯或隱之間皆充滿著「道」，經由對經典的理解，讀者置身於過去和現在的歷史聯繫之中，人人皆得以親炙聖人的生命光環並參與「道貫」的開顯與存續，再次激起「歷史生命封閉電路中的一次閃光」。在理想的狀態下，「作者之謂聖，述者之謂明」，「述者」與「作者」的位階可以等同，共同參與一個永恒道統的創造活動。此一過程裡，讀者與經典相互對話，經典的世界與讀者的世界合而為一，經典因而呈現「無時間性」的特徵。〔註 159〕當然，詮釋學所謂的「理解」，不僅是成為一種「知識」（知），還包括「應用」的層面的行為之「明」，「知之若行之，學至於行之而止矣。行之，明也，明之為聖人。」〔註 160〕因此，理解文學之「義」，最終是要「美其身」——「入乎耳，箸乎心，布乎四體，形乎動靜，端而言，蝡而動，一可以為法則」，人身成為禮義的載體，表現為一言一行皆有法度可觀的道德主體。〔註 161〕

　　荀子的修身論，以完成士、君子、聖人的品性為不同階段的目標——「好法而行，士也；篤志而體，君子也；齊明而不竭，聖人也。」〔註 162〕這就強調修身的目標在於將「禮之理」的人文理性內化為行為主體的「心之靈」。荀子提出了「治氣養心」的綱領：「凡治氣養心之術，莫徑由禮，莫要得師，莫神一好。」〔註 163〕「莫徑由禮」，遵禮法而行，意謂「學」是「思」的前提，〔註 167〕學而能思，則有「知慮明」之效；「莫要得師」，「夫師，以身為正儀而

〔註 159〕張隆溪先生曾扼要地討論迦達默爾《真理與方法》中關於「經典」之「無時間性」的意義，在於它的「規範性」，讀者「意識到現在與過去在文化傳統和思想意識上既連續又變化的關係」，並與經典相互對話。這不是基於普遍人性，而是基於人的歷史性而參與了傳統。見〈經典在詮釋學上的意義〉，《中國文哲研究通訊》第九卷第三期。

〔註 160〕〈儒效篇〉，頁 142。

〔註 161〕黃俊傑先生曾從「孟學詮釋史」說明中國詮釋學的基本性質是以「認知活動」為手段，以「實踐活動」為目的，是一種從「觀念世界」通往「行動世界」的「實踐活動」。在「內在領域」方面，經典詮釋和個人的精神體驗交織為一，「外在領域」方面，則將精神體驗落實於文化世界和政治世界之中。見《孟學思想史論（卷二）》（臺北：中研院文哲所，1997 年），頁 470～482。

〔註 162〕〈修身篇〉，頁 33。

〔註 163〕〈修身篇〉，頁 26。

〔註 167〕〈勸學篇〉：「吾嘗終日而思矣，不如須臾之所學也。」頁 4。

貴自安者也」，得其師法，乃能「正禮」且「情安禮」，〔註168〕不但「知慮明」
且有「志意修」之效；「莫神一好」，則是屬於實踐體證以求「化道」〔註169〕
的自家工夫，觸及「知慮明」「志意修」的「血氣」根柢，「思乃精，志之榮，
好而壹之神以成。精神相及，一而不貳爲聖人也。」〔註170〕血氣精神化，正是
「德行厚」的心靈樣態。〈禮論篇〉：

> 禮者，人道之極也。然而不法禮、不足禮，謂之無方之民；法禮、
> 足禮，謂之有方之士。禮之中焉能思索，謂之能慮；禮之中焉能勿
> 易，謂之能固；能慮能固，加好之者焉，斯聖人矣……於是其中焉，
> 方皇周挾，曲得其次序，是聖人也。（頁356～8）

「法禮」一詞，顯示被認定爲「人道之極」的「禮」，對行爲者而言，原本屬
於一套外部規範。然而「足禮」一詞則值得玩味：楊倞以「無闕失」釋「足」；
王念孫對楊說不以爲然，舉〈儒效篇〉「縱性情而不足問學，則爲小人矣」、〈樂
論篇〉「百姓不安其處，不樂其鄉，不足其上」兩文句爲證，改以「足禮，重
禮也」釋之。〔註171〕依楊注，則「足禮」係指「法禮」至完滿之境地；依王
注，「足禮」意爲重禮，不同於楊注從客觀面的行禮程度爲釋，反以行爲者的
情感意向爲釋。在王念孫所舉文例中，「足」皆有心理意向的意涵（由「足」
與「縱」「安」「樂」並置可知），此爲楊注所忽略；然而王念孫以「重」爲釋，
並未充分揭出「足」之心理意向的質量——釋爲「滿足」最佳，「足禮」異於
「法禮」之處，在於突出行禮者在「法禮」的實踐體證當中產生滿足於禮法
的心理狀態，這種滿足於禮法的心理狀態，其理性根據正是接下來所言「禮
之中焉能思索，謂之能慮；禮之中焉能勿易，謂之能固；能慮能固，加好之
者焉，斯聖人矣」的心靈內容。

　　如上所說，「治氣養心」觸及「知慮」、「志意」、「血氣」三層：「禮之中
焉能思索，謂之能慮」乃是指陳「法禮」在「知慮」層所產生的效應；「禮之
中焉能勿易，謂之能固」則是指陳「法禮」在「志意」層所產生的效應；「能
慮能固，加好之者」則是指陳「法禮」從「知慮」、「志意」進到「血氣」層
的效應——「思乃精，志之榮，好而壹之神以成」。「好而壹之」更能顯示聖

〔註168〕〈修身篇〉，頁33～34。
〔註169〕〈勸學篇〉：「神莫大於化道」頁4。
〔註170〕〈成相篇〉，頁461。「精神相及」之「及」原作「反」，據王引之說改。
〔註171〕〈禮論篇〉，《集解》引，頁357。

人的「好之」具有由「血氣」通「神明」的工夫論意涵——「好之」的心理意向本是出自「情性」，〔註172〕因而不離「血氣」的作用，「好禮」則是經過人文化成，透過「知慮」的精微思索和「意志」的榮美修爲，「血氣」成爲「精神相及」，是爲「血氣之精也」。〔註173〕「好而壹之」顯示行禮者由「法禮」到「足禮」的心理意向，行禮一事不再是遵行一套外部規範的「法禮」，行禮者的血氣精神化了，乃能「盡善挾治」「備道全美」，楊注正是由此而說行禮之「無闕失」的完滿境地。可見楊注不誤，只是未將「足禮」的心理意向與「好而壹一」的精神曲折和盤托出。

二、心術論的三個層面

由上可知，透過文化學習以表現人性價值的困難在於它是屬於「修身」的課題，特別是在性惡論的前提之下，「積文學」的過程擔負著「安久移質」「化性起僞」的人性改造功能。因此，困難正在於此：人性既然是惡，它又如何啓動道德行爲的內在動能？「足禮」的心態如何形成？這就逼出一套「治氣養心」的工夫論。

在荀子對人性的認知當中，「心」的官能在人的道德行動當中殆屬首要，居於「出令」的地位，故謂之「天君」。將「心」視爲「知性主體」的詮解模式，因此認爲荀子的「積善成德」的過程相當於「以心治性」的意識活動。然而著眼於「行爲主體」，則「心」是一種人身活動的心理官能。在荀子對「心」的認知裡，「血氣、志意、思慮」可以說是心理官能的「一體三相」：「一體」者，「血氣、志意、思慮」是個體行爲的統合機制；「三相」者，「血氣」產生欲求的動機，「志意」滿足欲求化爲行動，「思慮」則提供志意選擇方案。「思慮」的心理官能必須在「性——情——慮——僞」〔註174〕的行動機制中發揮作用：「心」之異於其他官能之處，在於它具有認知、思維的功能，能「長慮顧後」，表現出選擇的智能（「情然而心爲之擇」），衡量利弊得失，判斷事物的價值，進而形成

〔註172〕〈勸學篇〉：「目好之五色，耳好之五聲，口好之五味，心利之有天下。」頁 19。〈性惡篇〉：「若夫目好色，耳好聲，口好味，心好利，骨體膚理好愉佚，是皆生於人之情性者也。」頁 437～8。

〔註173〕〈賦篇〉，頁 474。

〔註174〕〈正名篇〉：「生之所以然者謂之性；性之和所生，精合感應，不事而自然謂之性；性之好、惡、喜、怒、哀、樂謂之情；情然而心爲之擇謂之慮；心慮而能爲之動謂之僞；慮積焉、能習焉而後成謂之僞。」頁 412。

意志，決定行動；而其動機則是完成「情性」的欲求，「心好利」就是「情性」的欲求，這正是意志抉擇的基本動機。在合於道德的行為中，心靈追求的是「性偽合」（情欲與禮義的統合）；然而以「心好利」的天性來看，天性之中只有「利」的根性（認可性情欲求），而無「義」的根性（認可禮義法度），為了達到「性偽合」的完善目標，所以要開啓「化性起偽」的心理機制，修治人身的「血氣、志意、思慮」，以求成為一個「志意修，德行厚，知慮明」的「道德主體」。因此，荀子的心術工夫論，可以略分為三個層面：

首先，在「知慮」層面。「禮之中焉能思索，謂之能慮」，意謂「禮之理」作為一種出自聖人「長慮顧後」的「理智」創制成為他的意識內容，此即是「知慮明」。因此，「知慮明」係透過人文積習而形成的心靈智能：以天性之「聰明」為基礎（天官、天君之「知」、知物理、落實在「命名」之「知」），透過積習而成為「兼聽齊明」〔註175〕（人文統類之「知」、知道理、落實在「言行」之「明」）的心靈智能。〈正名篇〉：

> 心有徵知。徵知則緣耳而知聲可也，緣目而知形可也，然而徵知必
> 將待天官之當簿其類然後可也。五官簿之而不知，心徵之而無説，
> 則人莫不然謂之不知，此所緣以同異也。（頁417～418）

「五官」的感覺功能與「心」的認知功能是「天官」「天君」的自然能力，「知識」的形成從感官經驗開始，經由心的「徵知」（認知），分辨物理對象的性質——「目辨白黑美惡，耳辨音聲清濁，口辨酸鹹甘苦，鼻辨芬芳腥臊，骨體膚理辨寒暑疾養。」〔註176〕因此可以比較同異，形成「概念」，對於「物理」有了清楚的掌握，最後建構一套「貴賤明，同異別」的語言系統。這一「聰明」之知關係人的自然能力，雖然是人在自然界物種中的優越之處，但真正顯示人類生命之價值的獨特之處畢竟在於「亦且有義」之「知」，這就不僅要「知物理」，還要「知道理」。「精於物者以物物，精於道者兼物物。故君子壹於道而以贊稽物。壹於道則正，以贊稽物則察，以正志行察論，則萬物官矣。」〔註177〕「精於物」「以物物」涉及物理層次的「小理」，屬於技術層次的「知」；「精於道」「兼物物」則涉及「道」的層次的「大理」，屬於道術層次的「知」

〔註175〕 「兼聽齊明」一詞見〈君道篇〉，頁239。〈修身篇〉有「齊明」之説，頁33；
〈正名篇〉則謂之「兼聽之明」，頁424。
〔註176〕 〈榮辱篇〉，頁63。
〔註177〕 〈解蔽篇〉，頁399～400。

──乃能在語言行為當中，以「正名」為基礎，進而表現「心之象道」的言說內容。

「兼聽齊明」的心靈智能，「心小而道大，所聽視者近而所聞見者遠……君子不下室堂而海內之情舉積此者」，〔註178〕亦即一種「明達純粹而無疵」的「君子之知（智）」。荀子強調必須避免「心術公患」的「蔽」或「陋」，因此他襲用了道家慣用的語彙「虛」「壹」「靜」闡述其「解蔽」的工夫論。〈解蔽篇〉：

> 人何以知道？曰：心。心何以知？曰：虛壹而靜。……將須道者之
> 虛則入，將事道者之壹則盡，將思道者靜則察。……虛壹而靜，謂
> 之大清明。萬物莫形而不見，莫見而不論，莫論而失位。坐於室而
> 見四海，處於今而論久遠，疏觀萬物而知其情，參稽治亂而通其度，
> 經緯天地而材官萬物，制割大理而宇宙裏矣。（頁395～7）

荀子藉由「虛壹而靜」的工夫提高人心能「藏」、能「兩」、能「動」的認知量能：「虛」是不使前知成見妨害道的攝入；「壹」是排除各種相異的物理之知的彼此相妨，提昇心的「兼知」能力，全盡地把握整全之道；「靜」則是「不以夢劇亂知」，排除虛幻、躁動的負面意識干擾思慮，以明察道的真實。〔註179〕心在「虛壹而靜」的狀態下，無所蔽障──「無欲無惡，無始無終，無近無遠，無博無淺，無古無今，兼陳萬物而中縣衡焉，是故眾異不得相蔽以亂其倫也」──成為「大清明」之心，能夠「制割大理而宇宙裏矣」。

「虛壹而靜」的工夫，類似道家的修道工夫，特別與《管子》書中屬於道家的篇章為近，〔註180〕但是彼此在成道的心靈內容方面並不相同。荀子的「大清明心」乃是一種「學心」〔註181〕的理想狀態──「大清明心」即是「解

〔註178〕〈不苟篇〉，頁48～49。

〔註179〕這裡大體依據張亨先生的詮解：荀子的「虛」重在對已有知識的超越，以免為成見所圍；「壹」則是一種統攝之能，以把握道之全體，而非道之一隅；「靜」則是一種不受主觀意識之想像所干擾的客觀理智。張亨：〈荀子對人的認知及其問題〉，《文史哲學報》第20期（1971年6月）。

〔註180〕「《管子》四篇」屢言「心也者，智之舍也」，心要「虛」而「無藏」、「靜則精，精則獨立矣。獨則明，明則神矣。」（〈心術上篇〉，頁219～222。）、「四體既正，血氣既靜，一意摶心，耳目不淫，雖遠若近。」「能正能靜，然後能定。定心在中，耳目聰明，四枝堅固，可以為精舍。」「心靜氣理，道乃可止」（〈內業篇〉，頁268～273。）藉著虛、壹、靜培養智慧明達。（清）戴望：《管子校正》（臺北：世界書局，1990）

〔註181〕〈正名篇〉，頁424。

蔽」後的「學而能思」之心，亦即「全之盡之，然後學者也」〔註182〕、「積善
（禮義）而全盡」的聖心。〔註183〕有如他讚揚孔子「仁智且不蔽，故學亂術，
足以爲先王者也。一家得周道，舉而用之，不蔽於成積也。」〔註184〕相反地，
他非難子思、孟軻之儒「略法先王而不知其統」〔註185〕、「俗儒」「繆學雜舉」，
〔註186〕，誤傳孔子儒學的道統；也非難當時「諸侯異政，百家異說」乃是「蔽
於一曲而闇於大理」。〔註187〕進而可說，荀子的「大清明心」乃是能夠「知通
統類」〔註188〕、認知儒學道統（禮義之統）的「統類心」。〔註189〕

其次，在「志意」層面。「禮之中焉能勿易，謂之能固」意謂「禮之理」作
爲一種出自聖人創制的文化權威凝聚爲他的意識內容，此即是「志意修」。「知
慮明」是在認知層面理解正道（「知道」），它必須進一步化爲意志行動，在意志
中肯定正道，「心知道，然後可道；可道，然後能守道以禁非道」，〔註190〕意志
層「可道」的堅守不移謂之「能固」。眞正彰顯「心」作爲人身行動的「天君」，
就在意志層面見之。〈解蔽篇〉：

> 心者，形之君也，而神明之主也，出令而無所受令。自禁也，自使也，
> 自奪也，自取也，自行也，自止也。故口可劫而使墨云，形可劫而使
> 詘申，心不可劫而使易意，是之則受，非之則辭。（頁397～8）

這段話具有「自由意志」的意義，「人孰欲得恣而守其所不可，以禁其所可？」
〔註191〕「得恣」就是在自由意志的情況下，必然是遵行其「所可」、禁止其「所
不可」。但重要的是人有「自由意志」，不等於人是「自由」的（通向善的自
由意志才可能是自由的），關鍵在於「意志自由」善用與否，它可能「可道」，

〔註182〕〈勸學篇〉，頁18。
〔註183〕〈儒效篇〉，頁144。
〔註184〕〈解蔽篇〉，頁393。
〔註185〕〈非十二子篇〉，頁94～95。
〔註186〕〈儒效篇〉，頁138。
〔註187〕〈解蔽篇〉，頁386。
〔註188〕〈儒效篇〉，頁145。
〔註189〕唐君毅、韋政通先生俱以「知類明統」的「統類心」爲荀子論心的獨特創見，
並由此發展出「隆積習、知統類」的一套成德之學。且強調荀子的認知心或
理智心乃是與具體的歷史文化、人文倫理相應而合爲一體。見唐君毅：《中國
哲學原論‧導論篇》（臺北：臺灣學生書局，1986年），頁131～141。韋政通：
《荀子與古代哲學》（臺北：商務印書館，1992年二版），頁159～164。
〔註190〕〈解蔽篇〉，頁395。
〔註191〕〈解蔽篇〉，頁394。

也可能「可非道」。〔註 192〕荀子認爲「凡人莫不從其所可，其去其所不可。知道之莫之若也，而不從道者，無之有也」〔註 193〕因此，「可道」的前提是「知道」，意志才會接受「道」的規範。在「智慮明」的知性主體的引導之下，意志認可「禮之理」作爲開顯生活世界之意義的「文化權威」，在行動中遵行其具體的制度規範，就在這種「權威感」的行動情境中，個體成爲一個志意「規範化」的文化主體，因而不再「易意」。

論者多謂荀子思想有「權威主義」的傾向。對儒者而言，認可禮的權威乃是源自一種歷史文化的信念，論者也都肯定孔孟將此一文化權威轉爲具有「仁」「義」之德意義的「內在道德秩序」，在荀子的理論體系當中，終極目標亦是將「外在權威秩序」轉爲「內在道德秩序」，它的理性依據不像孟子是以內在本有的「良知」之「明」的開發爲主要依據，而是在於「行之，明也」。「行之，明也」的理路，牽涉客觀面的「知識」與「行爲」的接合，以及主觀面的「規範」與「情性」的接合。關乎此的實踐工夫，荀子分別藉「士」、「君子」「聖人」三等來說明從「法禮」到「足禮」的精神進程曲折。「君子」一格就特別強調「意志」層的修爲，「篤志而體，君子也」〔註 194〕「行法至堅……篤厚君子」，「好修正其所聞以橋（矯）飾其情性」，因而表現在知慮、言行的「多當」。〔註 195〕這就涉及兩方面的要求：一方面是聞見的「知識」未必正確，必須在「篤志而體」的過程中體驗「禮之爲是」，而能「好修正其所聞」；一方面是「知識」與「情性」的衝突，必須在「篤志而體」的過程中體驗「情安禮」，而能「矯飾其情性」。如此，伴隨而來的就是知慮、言行的「多當」。

再者，在「德行」層面。「能慮能固，加好之者焉」，提出了道德人格的精神要素，除了「禮之中焉能思索」的「知慮明」和「禮之中焉能勿易」的「志意修」，還包含「好禮」如「目好之五色，耳好之五聲，口好之五味，心利之有天下」，此之謂「德操」〔註 196〕──禮滲透「血氣」而成爲「德行厚」的行爲主體。「德行厚」爲「知慮明」「志意修」的根本保證。「知道」「可道」是以接受「道」是一種「思辨理智」「文化權威」爲前提，「道」仍然是外在

〔註 192〕〈解蔽篇〉，頁 394，395。
〔註 193〕〈正名篇〉，頁 429。
〔註 194〕〈修身篇〉，頁 33。
〔註 195〕〈儒效篇〉，頁 130。
〔註 196〕〈勸學篇〉，頁 19。

的價值標準。荀子認爲意志的動機，所主要的依據就是滿足「心好利」以及各種情性欲求，因此要將外在的權威內在化，就必須在「天性」「情欲」的動機層面「好道」，滿足「好榮惡辱，好利惡害」〔註197〕的心理需求。荀子的心術論邏輯乃是由「知道」「可道」到「好道」，最終訴諸「情性」欲求，因此「禮之理」作爲社會生活的「倫理」規範，也被強調爲是「以治情則利，以爲名則榮，以群則和，以獨則足樂」〔註198〕的「兼權」「長慮顧後」之「利」，在「天性」的「好利」根性中也才能自然嵌入「義」的內容，情性與禮義相合（「性僞合」），個體眞正成爲一個「好道」的道德主體。

> 聖人縱其欲，兼其情，而制焉者理矣。夫何彊，何忍，何危？故仁者之行道也，無爲也；聖人之行道也，無彊也。仁者之思也恭，聖人之思也樂。此治心之道也。（〈解蔽篇〉，頁404）

> 處一危之，其榮滿側；養一之微，榮矣而未知。故《道經》曰：「人心之危，道心之微。」危微之幾，惟明君子而後能知之。……好義者眾矣，而舜獨傳者，壹也。（〈解蔽篇〉，頁400～401）

「仁者之思也恭，聖人之思也樂」可謂「好之者」，「心好道」就像「心好利」一般，因此「縱其欲，兼其情」和以「理」制「情」的「行道」成爲一事。在荀子的理論體系之中，「心道合一」的精神追求，不可避免要面對「情性欲求」的根本因素，如上所見，在「意志」層的修爲工夫強調的是「矯飾情性」，這就隱含「性惡」的觀點；荀子既能正視此一情性欲求對於人之意志行爲的宰制而要將它導正修飾，但它卻不僅是將此一情性欲求簡單地視爲「心道合一」的負面因素，而是先肯定情性欲求的滿足爲行道的基本前提，〔註199〕「心道合一」的精神追求亦以此爲前提，「人心」與「道心」不存在本質的差異，分辨「人心」與「道心」的要點乃在是否能將「縱其欲，兼其情」的情欲滿足轉化或質變爲「好道」「足道」的精神滿足。爲了強調「好道」「足道」是

〔註197〕〈榮辱篇〉，頁61。

〔註198〕〈榮辱篇〉，頁69。

〔註199〕蔣年豐先生認爲論者對荀學的解釋一般只注意禮義法度對人之性情欲望的克制與調理，忽略荀子還強調人之性情欲望的滿足與安排對禮義法度的文明社會的促發作用，而這正是荀子能自覺地立外王格局，思孟學派則不能的主要關鍵。見〈從思孟後學與荀子對「內聖外王」的詮釋論形氣的角色與意涵〉，收在《文本與實踐（一）——儒家思想的當代詮釋》（臺北：桂冠圖書公司，2000年），頁151～175。

對「縱情性」的轉化質變，荀子屢言包括「好而壹之」「至誠」「慎獨」等工夫論語彙，亦屢言「參天地」「通神明」之精神境界語彙。

> 此其道出乎一。曷謂一？曰：執神而固。曷謂神？曰：盡善挾治之謂神。萬物莫足以傾之之謂固。神固之謂聖人。（〈儒效篇〉，頁133）

> 治之志，後勢富，君子誠之好以待，處之敦固，有深藏之能遠思。思乃精，志之榮，好而壹之神以成。精神相及（原作「反」，據王引之校改），一而不貳為聖人。（〈成相篇〉，頁461）

> 君子養心莫善於誠，致誠則無它事矣，唯仁之為守，唯義之為行。誠心守仁則形，形則神，神則能化矣；誠心行義則理，理則明，明則能變矣。變化代興，謂之天德。天不言而人推高焉，地不言而人推厚焉，四時不言而百姓期焉：夫此有常，以至其誠者也。君子至德，嘿然而喻，未施而親，不怒而威：夫此順命，以慎其獨者也。……夫誠者，君子之所守也，而政事之本也。唯所居以其類至，操之則得之，舍之則失之。操而得之則輕，輕則獨行，獨行而不舍則濟矣。濟而材盡，長遷而不反其初則化矣。（〈不苟篇〉，頁46～48）

「好而壹之」「至誠」「慎獨」等工夫論語彙與「參天地」「通神明」之精神境界語彙，是先秦時期就已通行的心靈修養法門，而非荀子所獨創。如「慎獨說」，除了此處的說解，《禮記》的〈禮器〉、〈中庸〉、〈大學〉三篇，以及近年出土的簡、帛《五行篇》亦多有關於「慎獨」的論述，此皆與儒家心學的發展有密切關係。戴璉璋先生指出漢、唐注家對「慎獨」的注解，偏重謹慎於閒居獨處、無愧於屋漏、不欺闇室的修養論，而忽略「慎獨」的心學指涉，楊倞關於〈不苟篇〉「慎其獨也」的注解即是一例。〔註200〕誠如戴先生所言：「戰國時期，儒者探求內聖外王之道，在心性方面有所體證。無論是主張性善的思孟學派，抑或倡言性惡的荀子，他們都一致重視心的操持存養。……這心，如能善自操存，它即成為一切形軀活動的主宰，成為種種道德行為的本源。……於是慎獨成為儒家內聖學的明確目標：『君子必慎其獨』成為儒門修養論的共識。」〔註201〕這一共識意謂著內聖義理的實踐體證要在「直探心源，而上契天道」，認知謹慎於內心的獨一自主是追求「與天合德」之道德人

〔註200〕戴璉璋：〈儒家慎獨說的解讀〉，《中國文哲研究集刊》第二十三期（2003年9月），頁211～234。

〔註201〕同上。

格的關鍵，因此發展出「愼獨」工夫的豐富意義。〔註202〕

〈不苟篇〉所謂天地的常道與君子的至德之相通處，就在「至其誠」「愼其獨」，「誠」與「獨」者，著明天地與君子相通之道德本心，有此道德本心，「神明」以成，「變化代興」。荀子此說自然是儒門內聖學「直探心源，而上契天道」的共識，不過亦有著屬於荀子獨特的思想脈絡而異於《禮記》、竹帛《五行篇》的義理內容，因此也就蘊含荀子獨特的「內聖外王之道」的意義。就荀子對「心」「性」的認知而言，荀子所論「誠心」「愼獨」，與其對「心」的認知、「虛壹而靜」「處一危之」「養一之微」等「治心之道」有關；由「誠」「獨」而「濟」「化」的工夫效果，亦隱含其「化性起僞」的觀念。〔註203〕因此荀子所論「誠心」「愼獨」，就涉及一種獨特的「心道合一」的心靈運作機制，他所認知的「與天合德」之道德人格也有獨特的心靈內容。

荀子在「心、道二分」的理路之下建構其「內聖外王之道」，「愼獨說」被強調爲具有「心道合一」的工夫歷程與精神境界的意義。「心知道，然後可道；可道，然後能守道以禁非道」〔註204〕就人身活動的自然機制而言，心的「知慮」功能引導「意志」，「意志」再化爲「行動」，因此「知道」是「可道」的前提，「可道」是「守道以禁非道」的前提。就人文化成的「成德之教」而言，心在「知慮」層面，可以透過「虛壹而靜」的修爲而「知道」或「禮之中焉能思索」，進而在「意志」層面「可道」，心成爲「出令而無所受令」「是之則受，非之則辭」的道德主宰，然而「血氣」層的情性欲求仍牽制著思慮與意志行動，因此是否「守道以禁非道」並無確然的保證，才逼顯「誠心守仁」「誠心行義」的工夫要求，以確保人的行動能「守道以禁非道」。在荀子的思想脈絡中，「誠心守仁」「誠心行義」並非虛蹈的思慮，而是一套實踐的「全盡之學」：由「好法而行」以至「倫類通」「仁義一」的「道德之極」。〈勸學篇〉：

> 君子知夫不全不粹之不足以爲美也，故誦數以貫之，思索以通之，
> 爲其人以處之，除其害者以持養之，使目非是無欲見也，使耳非是
> 無欲聞也，使口非是無欲言也，使心非是無欲慮也。及其致好之也，
> 目好之五色，耳好之五聲，口好之五味，心利之有天下。是故權利
> 不能傾也，群眾不能移也，天下不能蕩也。生乎由是，死乎由是：

〔註202〕同上。
〔註203〕同上。
〔註204〕〈解蔽篇〉，頁395。

夫是之謂德操。德操然後能定,能定然後能應。能定能應:夫是之
爲成人。天見其明,地見其光,君子貴其全也。

荀子的「學」以「禮法」之「數」爲準,學之全盡在於通徹「禮法」之「義」。
荀子就以「全盡之學」所成的「神明」而與天明、地廣相提並論,成爲三才
之一。因此「至誠」與「愼獨」之心,其實正關連著由「法禮」至於「足禮」
之精神歷程。「足禮」蘊含著對「禮」能夠「好」而「壹」之的心態,落實在
實踐體證的工夫,「好」以「至其誠」,「壹」以「愼其獨」,「好而壹之神以成」。
「至誠」與「愼獨」之心即是「道心」,「人心」從「血氣」的此岸,「長遷而
不反其初」,到達「神明」的彼岸。「不見其事而見其功」,是「天生之」的「神」;
〔註205〕人文化成的「心道合一」亦可以「莫神一好」〔註206〕「幷一而不二則
通於神明,參於天地矣。」〔註207〕「神明」這一延用自傳統的語詞,由位格
神、形上實體的意義,被用來描述「好禮」「足禮」的心靈世界:包括知慮、
意志、血氣的情性整體,在人文化成的極至之後,心靈表現爲從「徵知」到
「神明」的「知慮明」,從「法禮」到「足禮」的「志意修」,從「好利」到
「好道」的「德行厚」。

此節所述荀子的「修身論」以及「心術論」,可以視爲孔門「克己復禮」
之修身傳統的延續與發揮。〔註208〕這一修身傳統,李澤厚先生以「禮的文化
心理結構」加以說明:「禮」一方面是歷史形成的一組「控制機制」,統轄、
主宰人的行爲,人因而形成理性的內化(認識形式)、凝聚(道德意志)、積
澱(審美感受)三種文化心理結構;一方面又落實於人各不同的個體身心,
使人成爲眞正的個體,人因而具有自由直觀、自由意志和自由感受的個體三
自由。〔註209〕荀子的「修身論」標舉由「法禮」到「足禮」的進境,以及「心
術論」三層面所涉及的「化性起僞」的具體工夫與心靈世界,可以說是將孔
門修身論所蘊含的「禮的文化心理結構」作了最完整的呈現與論述。此外,
余英時先生曾就歷史背景考察修身論興起的意義:

〔註205〕〈天論篇〉,頁309。
〔註206〕「凡治氣養心之術,莫徑由禮,莫要得師,莫神一好。」〈修身篇〉,頁26。
〔註207〕〈儒效篇〉,頁144。
〔註208〕《論語・顏淵篇》:「顏淵問仁。子曰:『克己復禮爲仁。一日克己復禮,天
下歸仁焉。爲仁由己,而由人乎哉?』顏淵曰:『請問其目。』子曰:『非
禮勿視,非禮勿聽,非禮勿言,非禮勿動。』顏淵曰:『回雖不敏,請事斯
語矣。』」
〔註209〕李澤厚:《論語今讀》(臺北:允晨文化公司,2000年),頁269~273。

從孔子開始，「修身」即成為知識分子的一個必要條件。「修身」最
初源于古代「禮」的傳統，是外在的修飾，但孔子以後已轉化為一
種內在的道德實踐，其目的和效用則與重建政治社會秩序密不可
分。……在「勢」的重大壓力之下，知識分子只有轉而走「內聖」
一條路，以自己的內在道德修養來作「道」的保證。……從「修身」
轉至正心、誠意也有一個發展的過程，可以說明知識分子向自身尋
求「道」的保證之不易。荀子深斥當時處士「心無足而佯無欲」「行
偽險穢而強高言謹愨」（〈非十二子篇〉）。足證「修身」早已流于虛
偽了。所以戰國晚期講「修身」的人愈轉愈內向，《大學》所言「欲
修其身者，先正其心；欲正其心者，先誠其意；欲誠其意者，先致
其知」，即是這一內向發展的高峰。〔註210〕

余先生從「道」「勢」兩股力量的頡頏，定位「修身論」的現實意義，並且指
出荀子對於「修身」課題的深切感受，他也暗示荀子的修身論是修身論內向
發展的過度階段，可謂深具卓識。本文的討論涵蓋荀子的「修身論」與「心
術論」，正是見到荀子「修身論」的心學內涵；同時本文強調以「行為主體」
的視角來認識荀子的主體哲學，正是見到荀子的「心術論」乃是其「修身論」
的一個有機環節，荀子就藉著這般的身心修養，試圖實現他的「內聖外王之
道」。

〔註210〕余英時：《士與中國文化》（上海：上海人民出版社，2003 年），頁 110～114。

第三章 「化性起僞」說探義
——心性論外一章

　　上一章述及荀子的學術在於建構一套「內聖外王之道」，並爲他的主張建立一套「理論基礎」：天道觀、語言觀、人性觀構成這套理論基礎的三個面向。荀子強調聯繫禮義之道與內聖外王的關係，而這一聯繫又是以「名言正」的社會倫理原則和「性僞合」的人性價值原則爲基礎（第三節）。上一章的討論，從「名言論」延伸到「心術論」，著重對荀學基本性格與主體哲學的分析。此章則將針對荀學關於人性價值的思想予以論析，先對本文的討論視角略加說明。

　　荀子提出「性惡」說的同時，也提出「性僞之分」〔註1〕、「化性」「起僞」〔註2〕以及「性僞合」〔註3〕的論點。「性僞之分」可以視爲「化性起僞」說的前提，荀子藉此突顯「善」的表現出於「可學而能，可事而成」的人爲努力（「僞」）。〔註4〕「化性」「起僞」則是一個持續的「矯飾」「擾化」過程，〈榮辱篇〉：「起於變故，成乎修修之爲，待盡而後備者也」〔註5〕包括從「化性」、至「修修之爲」的小成、終至「全」「盡」〔註6〕「兼」「備」〔註7〕的「大成」——此即是「積善」「積僞」〔註8〕的過程。「積僞」的「盡」「備」處，將體現出「天性」

〔註1〕　《荀子‧性惡篇》，頁435，436。
〔註2〕　〈性惡篇〉，頁438，442。
〔註3〕　〈禮論篇〉，頁366。
〔註4〕　〈性惡篇〉，頁434～437。
〔註5〕　〈榮辱篇〉，頁63。
〔註6〕　〈勸學篇〉，頁18。
〔註7〕　〈君子篇〉，頁454。
〔註8〕　〈性惡篇〉，頁443，441，442。

之「本始材朴」與「人偽」之「文理隆盛」的完美結合，此即是「性偽合」的成德目標。〔註9〕「化性起偽」說的提出，不僅是在說明「善」（正理平治）的可能——亦即以「禮義之道」建立社會秩序為可能；還在說明「積善成德」的可能——亦即「偽起而生禮義」、被描述為「大參天地」〔註10〕「神明自得」的「聖心」〔註11〕為可能。顯然荀子的「化性起偽」說，關係著他如何建構內聖外王之道，然則荀子以「化性起偽」說建構內聖外王之道的理論脈絡為何？

　　荀子見於「目好色，耳好聲，口好味，心好利，骨體膚理好愉佚」乃是人的自然之資、情性之實，當中缺乏「禮義文理」的內容，因此順著自然之資、情性之實，個體將成為「縱性情，安恣睢」的「小人」，也導致社會秩序的解體。據此而言，荀子實在是從「情性」的表現之「狀」，而非「情性」之「實」，下了「性惡」的斷語。相對地，荀子也肯定人性有「化性起偽」的可能——「化」者，並非改變情性之「實」，而是轉化情性的表現之「狀」（「狀變而實無別而為異者，謂之化；有化而實無別，謂之一實。」）〔註12〕由此可知，所謂「起偽」乃是完善「知能材性」的表現之「狀」，而非「知能材性」之「實」為「善」。這將引發如下的問題：「化性」如果只是在化性之「狀」，情性之「實」會引發惡形惡狀的可能將一直存在，而且「起偽」後的善形善狀也欠缺可據的實體——亦即只有「善」而沒有「德」，如此則「成德之教」的「大本」何在呢？

　　荀子的「成德之教」，突顯了「心」的主導性格——荀子稱為「天君」。然而在荀子的理論當中，「心」其實並非獨立於「性惡」之外的「道德主體」，而是人身活動中的「主導性官能」。人身活動的統合機制，包含「血氣、志意、思慮」，〔註13〕「血氣」產生欲求的動機，「志意」滿足欲求化為行動，「思慮」則提供志意的選擇方案，而「心」正是在「血氣、志意、思慮」的人身活動過程發揮其「知」「慮」「擇」的主導性。因此，如牟宗三先生所說，荀子的「心」是一種「知性主體」，而不是「道德主體」；或徐復觀先生所說，荀子所重視的心是「認識性」一面，而非如孟子所見「道德性」一面；或朱曉海先生所說，荀子的「心」，本質上是「非道德性」的，因為荀子所謂「天君」

〔註 9〕　〈禮論篇〉，頁 366。
〔註 10〕　〈賦篇〉，頁 474。
〔註 11〕　〈勸學篇〉，頁 7。
〔註 12〕　〈正名篇〉，頁 420。
〔註 13〕　〈修身篇〉，頁 22。

的主導性，其實是根植於「心好利」的價值裁斷，本質上是「利」而不是「義」。
〔註 14〕

　　荀子的「心」既然是合「血氣、志意、思慮」三者爲一的主導性官能，它
是依利而動，在這一前提之下，唯有攝受外部更周全的價值標準來「治心養氣」，
它才可能成就「志意修，德行厚，知慮明」的道德人格。因此，荀子關於「成
德之教」的理論核心，就在他的「心術論」〔註 15〕——以「禮」來「治氣養心」
的修德途徑。所謂：「禮之中焉能思索，謂之能慮；禮之中焉能勿易，謂之能固；
能慮能固，加好之者焉，斯聖人矣……於是其中焉，方皇周挾，曲得其次序，
是聖人也。」〔註 16〕包括「知慮」面向的「知道」、「志意」面向的「可道」、「血
氣」層面的「好道」，形塑出知慮理智化、志意規範化、血氣精神化的道德人格
——這一道德人格體現了「好利惡害」的情性欲求與「禮義文理」的道德規範
之間的完美結合，此即是「性僞合」「天人一」的最高人格境界。

　　以上所述，粗略展示了荀子的「化性起僞」說的理論脈絡。根據這一理
論脈絡，目前學界詮釋「化性起僞」說之意義的主流，可以稱之爲「心性論」
的詮釋模式。或如徐復觀先生，析分荀子人性論中「性」與「心」各有兩個
方面，「荀子之所謂性，包括有兩方面的意義，一指的是官能的能力，二指的
是由官能所發生的欲望。」「荀子一面以心爲好利，乃就其欲望一方面而言；
一面以心爲能慮能擇，乃就其認識能力一方面而言。」進而凸顯「生而即有
的能力」，特別是「心知」能力在荀子人性論中的主導地位，「荀子通過心的
“知”，而使人由惡通向善；但站在荀子的立場，善是外在的、客觀的；而
惡是本性所具有的。……要以外在的善，代替本性所有的惡，則在知善之後，
必須有一套工夫。這一套工夫，荀子稱之爲“化性而起僞”。」因而必然強
調「積」「靡」工夫和「師法」在成德過程的重要性。〔註 17〕

　　或如牟宗三先生「以心治性」的詮釋，他從荀子「天人之分」「天生人成」
的思想型態入手，突顯荀子思想人／天、心／性範疇的「對分」「對治」關係，

〔註 14〕朱曉海：《荀子之心性論》（香港：香港大學博士論文，1993 年），頁 178，
　　　　180～1。
〔註 15〕「心術」一詞，分見〈非相篇〉，頁 73；〈解蔽篇〉，頁 388；〈成相篇〉，頁 461
　　　　等處。
〔註 16〕〈禮論篇〉，頁 357。
〔註 17〕徐復觀：《中國人性論史・先秦篇》（臺北：臺灣商務印書館，1969 年），頁
　　　　229～254。

因而從「以人治天」理解荀子的「天生人成」、從「以心治性」理解荀子的「化性起偽」。牟先生和徐復觀先生一樣強調荀子的人性論以「智心」爲重心，「以仁識心，表現道德主體，使人成爲道德的存在。以智識心，表現思想主體（或知性主體），使人成爲理智的存在。」〔註18〕因爲道德主體不立，「以心治性」就無法保證人的道德必然性，所以牟先生進而說：「荀子以智心之明辨治性，實非以智心本身治性，乃通過禮義而治性也。明辨之心能明禮義，能爲禮義，而禮義卻不在人性中有根，卻不在惻隱之心羞惡之心辭讓之心中表現，是則禮義純是外在的，而由人之積習以成，由人之天君（智心）以辨。由天君以辨，是外在的發明義；由積習以成，是經驗義。……是則『禮義之統』雖是道德的，而其外在之底子卻是自然主義的。……此亦即經驗論與實在論的也。」〔註19〕第二章第二節在評述牟先生此說時提到：牟先生以建構儒家的「道德形上學」爲論述旨趣，因此將焦點放在對「道德主體」之「大本」的反省，在「道德形上學」的詮釋典範中，沒有把握道德的天心（絕對精神、絕對理性），則道德就是無本的、外在的，因此經驗論與實在論事實上無法提供人性價值的堅實基礎。

「心性論」的詮釋模式，基本上是強調「內聖外王之道」的構成乃是以心性爲基礎。也可以說，這一詮釋模式是在建構一套以「主體」概念爲主的道德哲學或形上學，因而特別關注所謂「道德主體」的「大本」所在，以及用「心道是否合一」、是否「即心即道」的標準來臧否思想的理論價值。誠然，證成「心與道合」的「道德主體」本是荀子意識到的思想課題，〈解蔽篇〉對「心術」的思索即是明證，但是因爲他的「道」是外在客觀的價值系統，他所謂的「大清明心」是否能對「心與道合」（知道、可道、化道）的理論目標有效說明，卻仍受學者質疑。不過，本文仍然思索：荀子的「化性起偽」說，除了從「心性——主體哲學」理解其意義之外，是否還有其他的理解途徑？

〈正名篇〉「散名之在人者」一節，以「正名」的形式表達了他對於「人」的認知，當中可見「化性起偽」說的「語言基礎」——本文將此節視爲「語用學」形式的「化性起偽」說。此外，同篇「聖人之辨說」一節，荀子主張語言行爲的理想模式乃是「心合於道，說合於心，辭合於說」，〔註20〕意謂語

〔註18〕 牟宗三：《名家與荀子》（臺北：臺灣學生書局，1979年），頁225。
〔註19〕 同上，頁226。
〔註20〕 〈正名篇〉，頁423。

言行為乃是「正名「正說」「正道」一體呈現，而「心合於道」的心靈狀態乃是在「名——言——道」的語意結構中展現（詳見第二章第三節）。由此推論，「化性起偽」說的義涵，除了從心性轉化的主體面加以理解，或許也可以從名言規範的客體面加以理解。「心性論」的詮釋模式所揭出的理論意義偏於「主體哲學」的建構，本文則擬從「名言論」的面向切入，揭出一種轉向「語用學——社會學」的詮釋模式，藉此凸顯荀子的思想乃是對於一個語言性、社會性的生活世界的反思，也補足「心性——主體哲學」詮釋模式所留下的空白章節。

第一節　「化性起偽」說的語言基礎

荀子的「化性起偽」說，反映了他對人性的認知，而他對人性的認知又是以「人」的相關語言為知識背景。因此，對於「人」的語言群組的理解，形成了他「化性起偽」說的觀念架構。〈正名篇〉：

> 散名之在人者：生之所以然者謂之性；性之和所生，精合感應，不事而自然謂之性；性之好、惡、喜、怒、哀、樂謂之情；情然而心為之擇謂之慮；心慮而能為之動謂之偽；慮積焉、能習焉而後成謂之偽。正利而為謂之事，正義而為謂之行。所以知之在人者謂之知，知有所合謂之知。所以能之在人者謂之能，能有所合謂之能。性傷謂之病；節遇謂之命。（頁412～413）

在荀子對於當時社會的符號系統的理解當中，「散名」和「刑名」「爵名」「文名」共同組成一套「語言」系統，「刑名」「爵名」「文名」分別是關乎刑政制度、生活等級、禮儀節度的語言系統，「散名」則是溝通思想觀念的語言系統。這一套語言系統，是由歷史積累、構成社會生活的總體規則（「道法」）。這段對於「人」的語言群組的解釋，個別地看，是屬於「語意學」層面的「正名」——解說每個語詞與所指稱的實物實義之間的「名實關係」。但是整體地看，將這些語詞視為彼此連動的語言群組，這段語言解釋其實蘊含著解釋者的思想觀念，亦即屬於「語用學」層面的「言志」「行道」——藉由「正」語詞之「名」，表達解釋者的「志義」與他所認知的「正道」。〔註21〕這是

〔註21〕「君子之言，涉然而精，俛然而類，差差然而齊。彼正其名，當其辭，以務白其志義者也」君子所發「精」「類」「齊」的言說，「正其名」「當其辭」與

一段語用學形式的「化性起僞」說：透過對「性」「情」「慮」「僞」「事」「行」
「知」「能」「病」「命」諸語詞的解釋傳述「化性起僞」的觀念架構。

荀子對於「語言」的自覺思考，現代語言學者多認爲這些語言理論頗有
語言學的價值。〔註 22〕本文認爲這些思考，基本上都是強調語言制作與社會
生活的關連。荀子提出的語言制作三原理：「所爲有名」之說，強調語言制作
的社會功能──語言的功能在區別貴賤、同異，如此才能「志無不喻之患，
事無困廢之禍」，此「志」與「事」，基本上是社會生活中的「志」與「事」。
「所緣以同異」之說，強調語言作爲一個「同異別」的符號系統，必須通過
事物（實）和名稱（名）連結關係的形成，而這一連結關係的形成，乃是以
人類共通的生理、心理經驗爲基礎，然後才能進入集體的「命名」過程。「制
名之樞要」，則強調「命名」過程是社會成員的集體創作，基於「名約說」，
語言並非個人意志所能隨意更動而有相當的穩定性，同時它有某種任意性而
無法論證，因而衍生所命之「名」的善否問題──荀子所謂「名有固善，徑
易而不拂，謂之善名」大體即是考慮社會大眾對於所命之名的接受程度，是
否合於「慮之易知也，行之易安也，持之易立也」的原則。

「名」（語言）是一套符號系統，一種社會制度，體現社會的集體意志；
「言」（語言行爲）則基本上是個人意識的表現，它反應了言說者的意志、智
能和精神內容。荀子將個人語言行爲的價值設定爲對「道法」的理解與說明，
而「道法」的載體則是經由歷史積累、符應社會現實的語言系統。顯然地，
個人的語言行爲如果是有意義的言說（能表現思想、能促成交流……），不可
能是個體隨興的言說，而是在既有的社會文化脈絡之下言說。「語言」本身是
一個整體，它使語言行爲成爲統一體，個人的每一次言說其實都喚起「語言」
所承載的社會意識。荀子對於語言行爲的認知大抵偏重這一社會意識的面
向，因此他的語用學觀念，對於語言行爲就強調「名──言──道」語意結
構的緊密關係。〈正名篇〉：

> 期命也者，辨說之用也；辨說也者，心之象道也；心也者，道之工
> 宰也；道也者，治之經理也。心合於道，說合於心，辭合於說。正

君子的「白其志義」正是一體呈現的。
〔註 22〕如王力先生就認爲荀子所揭三個語言學原理（語言是社會的產物；語言具民
族特點，也具人類共性；語言具穩定性，又是發展的）是不可動搖的見解。
見《中國語言學史》（臺北：谷風出版社，1987 年），頁 4～6。

名而期，質請而喻；辨異而不過，推類而不悖；聽則合文，辨則盡故。（頁 423）

荀子將「正名」「正言」「正道」三個層面的效用縮結爲一：「名辭」的「期」「命」功能（「名也者，所以期異實也。辭也者，兼異實之名以論一意也。」）是發揮「辨說」效用的語意背景；「辨說」則是表現「心之象道」，意謂主導個體語言行爲的「心」（「天君」），成爲執行社會正理平治之「道」的「工宰」。「辭合於說」「說合於心」「心合於道」，則是「正名」「正言」「正道」一體實現：透過「正名而期，質請而喻」的「正名」效用、「辨異而不過，推類而不悖」的「正言」效用、「聽則合文，辨則盡故」的「正道」效用，將代表人類文明發展的社會意識與價值系統開顯出來，進而形成社會的「正理平治」。〔註23〕

荀子主張「法後王而一制度」，這是他和思孟學派儒者的主要差異所在，而強調依循「後王之成名」的關係正是一個具體的例證。本文認爲荀子和孟子人性論的差異，事實上和他們名言觀念的差異有關。孟子對於語言行爲的認知，不同於荀子強調個人性的「言」（心）與社會性的「名」（道）的緊密關係，他的語用學核心觀念在於他認爲道德主體的精神狀態，「集義之心」「浩然之氣」「知言的主體」的三位一體支配了語言的使用、開發了語言的完善意義。〔註24〕這一觀點接近威廉・馮・洪堡（Wilhelm Von Humboldt）的語言觀：

語言產生自人類的某種內在需要，而不僅僅是出自人類維持共同交往的外部需要，語言發生的眞正原因在於人類的本性之中。對於人類精神力量的發展，語言是必不可缺的；對於世界觀的形成，語言也是必不可缺的……人類的語言創造力量始終運行不息，直到它部分或是全部產出那些能夠最大限度和最完美地滿足上述內在需求的形式爲止。〔註25〕

〔註23〕 詳細的討論，參見第二章第三節第二小節。

〔註24〕 筆者將孟子所謂的浩然之氣/集義之心/知言的主體，視爲同一道德人格在不同背景下的異名。「集義之心」是道德人格的意識整體，「浩然之氣」則是突顯這一意識整體的自然背景，透過至大至剛的義氣擴充，對於人之爲天地一氣的存在意義有所覺察與創造；「知言的主體」則是突顯這一意識整體的社會背景，透過其帶著社會正義的言說辭氣，對於人之爲社會語言體的存在意義有所覺察與創造。孟子關於語言行爲的精神體驗，詳見第四章。

〔註25〕 （德）威廉・馮・洪堡（Wilhelm Von Humboldt）著、姚小平譯：《論人類語言結構的差異及其對人類精神發展的影響》（北京：商務印書館，1999 年），頁 25。

洪堡對語言認知的出發點是：語言是人類「精神力量」的產物，精神力量構成語言的「內在形式」，「語言的這一完全內在的、純智力的方面，決定了它的本質」「心靈的所有力量都投入了語言創造活動；人的內心世界中再精深廣博的東西，也都可以轉化為語言，在語言中得到表現。」〔註26〕這一語言觀的哲學預設，加達默爾認為不僅是強調主體作用的唯心主義哲學，且是一種個體性形上學：個體性的感覺總是對於某種全體性的預感。因此，深入到語言現象的個體性中，也就是通向對人類語言整體狀況的認識。〔註27〕

孟子基本上認為道德實踐的意義就在開發那股「由仁義行」的內在精神力量，它表現在舜的孝悌之實，表現在孔子的進退之實，也表現在孟子自身的好辯之實（詳見第四章）。「集義」體驗產生的「由仁義行」精神力量構成語言的「內在形式」，因此語言行為的價值就如洪堡所謂的是一股「語言創造力量」，這一精神力量的目標則是「力圖把語言完善化的理想變為現實。」孟子的「性善說」就可視為關於「人性」論述的新語法。雖然從精神發展的歷史宏觀角度來看，孟子的「性善說」可以視為中國古代精神文明長期發展的結果，誠如徐復觀先生所言「中國文化發展的性格，是從上向下落，從外向內收的性格。……從人格神的天命，到法則性的天命；由法則性的天命向人身上凝集而為人之性；由人之性而落實於人之心，由人心之善，以言性善：這是中國古代文化經過長期曲折發展，所得出的總結論。」〔註28〕但是從思想家對於人性問題的體驗與沉思以及他們的語用學來看，則如牟宗三先生所言，「性善說」可謂是一種「創闢性的突變」。對孟子而言，「性善」的主張乃是基於「盡心」「知性」「知天」的精神體驗，因而「當機指點」「當下呈現」人之本具的「良心」「良知」「良能」即是神聖的「天心」，就由這一「超越的洞見」貞定人的義理之性。因此在語用學方面，孟子賦予「性」全新的義涵，而異於傳統語言與一般認識所見的「事實概念」「分類概念」「知識概念」的「性」。它意謂著對人性的理解從傳統「生之謂性」的「感性的實然層」的「自然之質」，進到「超越的當然層」的「義理之性」，這才真正凸顯人性異於物性不僅是「事實概念」「分類概念」「知識概念」的相異，而是生命價值的異質異層。〔註29〕

〔註26〕 同上，頁102。
〔註27〕 加達默爾（Hans-Georg Gadamer）著，洪漢鼎譯：《真理與方法——哲學詮釋學的基本特徵》（臺北：時報出版公司，1993年），頁561～562。
〔註28〕 徐復觀：《中國人性論史・先秦篇》，頁163～164。
〔註29〕 參見牟宗三：《圓善論》（臺北：臺灣學生書局，1985年），頁1～58。

　　另一方面，荀子的語用學觀念強調「名——言——道」的一體關係，再加上他對於從「文學」進行「修身」的道德體驗，因此荀子強調主體行為的語言性、社會性、歷史性，個人不能隨意變更「約定俗成」的語言，因為「語言」是人類歷史經驗的載體，它本身就有「言說的能力」，它不是主體經驗的工具，而是一種文本，主體經由學習語言而開顯出一個生活世界。這一語言觀異於主體性、個體性形上學的語言觀，而與德國哲學家加達默爾（Hans-Georg Gadamer）所謂「詮釋學經驗」的歷史性、語言性頗有相通之處。加達默爾說：

　　偉大的歷史實在、社會和國家，實際上對於任何「體驗」總是具有先行決定性的。……其實歷史並不隸屬於我們，而是我們隸屬於歷史。早在我們通過自我反思理解我們自己之前，我們就以某種明顯的方式在我們所生活的家庭、社會和國家中理解了我們自己。主體性的焦點乃是哈哈鏡，個體的自我思考只是歷史生命封閉電路中的一次閃光。因此個人的前見比起個人的判斷來說，更是個人存在的歷史實在。〔註30〕

　　世界本身是在語言中得到表現。語言的世界經驗是「絕對的」。……我們世界經驗的語言性相對於被作為存在物所認識和看待的一切都是先行的。因此，語言和世界的基本關係並不意味著世界變成了語言的對象。一切認識和陳述的對象都總是已被語言的世界視域所包圍。這樣一種人類世界經驗的語言性並不意指世界的對象化。〔註31〕

加達默爾認為：語言的重要性不在於它是如卡西勒（Ernst Cassirer）所說的是一種「符號形式」（symbolic form），語言的言說能力、開顯出一個「生活世界」才是最具決定性的事實。「語言就是世界觀」，一切生物都生活在「環境」當中，但只有人類「擁有語言與世界」，「對人類來說，超越『環境』就是越向『世界』，它指的並不是離開環境，而是指用另外的態度對待環境，指一種自由的、保持距離的舉止，而這種態度或舉止的實現總是一種語言的過程。」〔註32〕

　　雖然從「語言即世界觀」的角度所見的人性特質，大體是孟、荀關於「人禽之辨」論旨共同之義。然而在歷史的、語言的客觀經驗與個體的主觀體驗

〔註30〕加達默爾（Hans-Georg Gadamer）著，洪漢鼎譯：《真理與方法——哲學詮釋學的基本特徵》，頁365。
〔註31〕同上，頁574。
〔註32〕同上，頁567。

的主從關係上面，孟、荀有了分歧：荀子強調歷史的、語言的客觀經驗，因而認為個體在隸屬於歷史、語言當中才得以認識他的生活世界以及人的真正價值，透過語言，個體通達其所從屬的世界，從而將個體帶往一個更高明博大的生活面向。當然，個體的語言經驗，並不是在複製一個現成既有的生活秩序，而是包含著以「思辨的開放性」理解語言經驗，否則就會淪為教條主義。〔註33〕透過語言，個體將被帶往一個更高明博大的生活世界，而這一目標的達成不是既成的事實，也不是如孟子所見的對先驗心性的開發覺察，而是包含一個「慮積焉、能習焉而後成謂之偽」的不斷思辨的過程。

荀子將「化性起偽」說的觀念架構，建立在「人」的相關語言的解釋上面，以及他對孟子人性論觀點的批判，可以透過上述兩人名言觀念的歧異加以索解。荀子認為這些關於「人」的語言群組，和「刑名」「爵名」「文名」等社會規範的概念一樣，都是人類社會逐漸積累形成的歷史經驗，它是基於人類共通的認知經驗以及透過約定俗成、形成社會共識的命名過程才成立的。荀子就藉由這些來自歷史經驗、具有社會共識的「語言」定義的確認，作為他演繹人性論與實踐哲學的觀念架構。而荀子對孟子「性善說」的批評：

> 故善言古者必有節於今，善言天者必有徵於人。凡論者，貴其有辨合，有符驗，故坐而言之，起而可設，張而可施行。今孟子曰『人之性善』，無辨合符驗，坐而言之，起而不可設，張而不可施行，豈不過甚矣哉！（〈性惡篇〉，頁440～1）

荀子強調「辨合符驗」的原則，不僅針對孟子未能正視「禮義法度」之效用的思想內容，也包括孟子的語用學觀念「無辨合符驗」。因此，荀子在批判孟子的「性善說」時，就指向孟子對於「性」「偽」「善」「惡」等語言的失察無辨：

> 孟子曰：「人之學者，其性善。」曰：是不然。是不及知人之性，而不察乎人之性、偽之分者也。凡性者，天之就也，不可學，不可事；禮義者，聖人之所生也，人之所學而能，所事而成者也。不可學、不可事而在天者謂之性，可學而能、可事而成之在人者謂之偽：是性偽之分也。
>
> 凡古今天下之所謂善者，正理平治也；所謂惡者，偏險悖亂也：是

〔註33〕參見帕瑪（Richard E. Palmer）著，嚴平譯：《詮釋學》（臺北：桂冠圖書公司，1992年），頁236～256。

善惡之分也已。(〈性惡篇〉，頁435～436，439)

荀子認為這些語言的傳統用法乃是出自人類社會的普遍經驗，因此由這些語言就可以達到「名定而實辨，道行而志通」的社會功能，自然也是建構人性論的基本規範。當然，隨著歷史發展的客觀情勢，或語言混亂的情形一旦發生，除了「循於舊名」，也有必要「作於新名」，但基本上要符合命名的三大原則(「所爲有名」「所緣以同異」「制名之樞要」)，而語言的混亂(「用名以亂名」「用實以亂名」「用名以亂實」等「三惑」)，也要透過這三大原則加以檢驗校正。因此，孟子的語言新解，現代大儒雖然稱許爲別開生面，但在荀子眼中，這一情形與那些「三惑」的「邪說辟言」[註34]已經相去不遠，也與那些「言議談說已無以異於墨子矣」的「俗儒」[註35]如出一轍。

荀子透過「人」的語言群組來理解人性的特質，印證他對人性的認知與「化性起偽」的主張有「辨合符驗」，因此他對「人」的認知乃是屬於經驗層次的認知，亦即屬於「事實概念」「分類概念」「知識概念」的「人」。果然，荀子對於「人」的獨特性有如下的描述：

水火有氣而無生，草木有生而無知，禽獸有知而無義，人有氣、有生、有知、亦且有義，故最爲天下貴也。(〈王制篇〉，頁164)

荀子從低級生物到高級生物的層級差異突顯人的尊貴，他所認知的人是一個多層面的存在物：有生理的層面、心理的層面，以及社會和文化的層面，所有這些層面都是「人性」的內涵。荀子運用「層累」的概念(「生」是「氣」的高一層發展，「知」是「生」的高一層發展，「義」是「知」的高一層發展)來彰顯人性的尊貴。本節開始所引用的那段「散名之在人者」的語言解釋，也蘊含「層累」的概念。「性」相當於人性「有氣、有生」的生理層次，「情」與「慮」則相當於人性「有知」的心理層次，「偽」則是相當於人性「亦且有義」的社會和文化層次。因此，「化性起偽」意謂：個體在生理基礎和心理動機的前提之下，他可以從社會生活與文化習俗中發展出有「義」之「知」。人禽之辨在於：「禽獸有知」的「知」僅止於「感知」的意義，人的有「義」之「知」則是「性偽合」的結果——以「感知」爲基礎，經由「心」的「徵知」(認知)過程而形成概念、語言，乃能攝入「義」的內容而成爲「知有所合謂之知(智)」的「理智」。簡言之，人性的特質在於擁有語言、發展理智、具備正義。

[註34] 〈正名篇〉，頁420～422。
[註35] 〈儒效篇〉，頁139。

「心性論──主體哲學」的詮釋模式，關於荀子的「化性起偽」說，往往將焦點放在「心（知）」與「性（情）」的本質能力上面，而忽略荀子人性論「性偽合」的「層累」特徵。因此，「心性論──主體哲學」的詮釋模式雖然也認知到荀子大體是從社會面向理解人的價值，如牟宗三先生曾說：「荀子說『人』，自始即爲位于『分位等級』中之客觀存在體，亦即位于客觀理性中之存在體。從未孤離其所牽連之群與夫其所依以立之禮（理）而空頭自其個之爲個之自足無待處言人也。」〔註36〕但是並未把社會性因素對個性發展的影響置於優先的地位。然而從「層累」的角度看，荀子人性論的獨特性，其實不在他的「性惡」說，也不在他對「心知」的強調，而是他強調個體的「心（知）」與「性（情）」的自然資質，與社會價值規範作完美的結合，表現「有義之知」才是人格的最高層次發展。荀子關於「散名之在人者」的語言解釋，就隱然強調從「自然人」向「社會人」轉化的人格發展機制。這一人格發展機制，我們有必要作「人類本性與社會秩序」關係的社會學考察。

第二節　選擇：社會過程中的智能與情感

荀子對於「性」的界定大抵以生命的自然之質爲說，果如此，就不必然得出「性惡」的論斷，荀子爲什麼要強調「性惡」呢？此外，荀子主張「性惡」乃是對應於孟子所主張的「性善」；學者也大多同意，兩人所認知的「性」以及對「善」「惡」的界定其實不在同一個層次上，荀子以「性惡」駁孟子的「性善」基本上是無效的。那麼，荀子提出一個與孟子相對應的主張，其意義何在呢？

上述疑問的解答方式之一，關鍵在於「中國哲學」的特質，乃是如勞思光先生所言基本上不屬於「認知的哲學」，而是「引導的哲學」，意謂著這一哲學反省思考的功能在於「自我轉化」與「世界轉化」。〔註37〕孟子和荀子對於轉化的前提、過程、目標差異頗大──轉化的人性論前提（孟子主張「性善」、荀子主張「性惡」）；轉化的工夫途徑（孟子主張「盡心、知性、知天」；荀子主張「化性起偽」）；轉化目標所涉及的「存有與價值的本體論」（孟子主張「天命」對「人的歷史」有其超越的影響；荀子主張「人的歷史」自有本

〔註36〕牟宗三：《名家與荀子》，頁210。
〔註37〕勞思光：〈對於如何理解中國哲學之探討及建議〉，《中國文哲研究集刊》創刊號。

身的規律法則。）簡言之，與其聚焦在他們對人性「認知」所主張的「眞理」，不如關注他們對人性「引導」所主張的「教義」。

從上節所引荀子對「性」「僞」「善」「惡」所作的定義，可見他使用「性惡」一詞的實際指謂。如上所說，對荀子而言，語義的界定要依據人類社會的普遍經驗，對於「善」「惡」概念的界定自然不能例外，他認爲「所謂善者，正理平治也；所謂惡者，偏險悖亂也」的定義爲「古今天下」所一致公認。「正理平治」「偏險悖亂」基本上是對社會秩序狀態的斷語，因此，如上的定義，事實上預設了一個前提：由於社會生活，才有「善」「惡」的價值判斷。

在〈性惡篇〉中，荀子對「性惡」所作的闡述，大抵是針對「好利、疾惡、耳目之欲」「飢而欲飽、寒而欲暖、勞而欲休」「目好色，耳好聲，口好味，心好利，骨體膚理好愉佚」等「自然人」的本性，這一本性在社會生活中即表現爲「爭奪、殘賊、淫亂」「縱性情、安恣睢、違禮義」「犯分亂理、偏險悖亂」。誠如朱曉海先生所說：「荀子以爭亂等現象作爲上闡人性本質，下推禮義源起的樞紐。」〔註38〕荀子似乎認爲個體在自然狀態下的行動總是不符一個「社會人」的標準，社會也必然因此失序。「義勝利者爲治世，利克義者爲亂世」，〔註39〕如果處於亂俗、亂世之中（也許是個人生活圈當中的師友之靡，也許是大時代的整體風俗），所謂「亂世惡善」，〔註40〕個體的人格發展就會缺乏正面價值的引導而導致退化墮落，其結果將是「人之生固小人，無師無法則唯利之見耳。……又以遇亂世，得亂俗，是以小重小也，以亂得亂也。」〔註41〕成爲「全惡」之徒，如「愚以重愚，闇以重闇成爲桀」〔註42〕「亂禮義之分，禽獸之行，積其凶，全其惡」「知慮至險、志意至闇、行爲至亂」〔註43〕的桀、紂即是。「積其凶，全其惡」的惡徒典型，與「志意致修，德行致厚，智慮致明」「備道全美」的聖人典型，正好相反———一是積惡成凶，一是積善成德，其原因不在「知能材性」，而在「注錯習俗之所積耳」。〔註44〕這一強調習俗積習之影響的看法，說明個體的人格發展將受到社會環境的影

〔註38〕 朱曉海：《荀子之心性論》，頁 43。
〔註39〕 〈大略篇〉，頁 502。
〔註40〕 〈樂論篇〉，頁 382。
〔註41〕 〈榮辱篇〉，頁 64。
〔註42〕 〈成相篇〉，頁 458。
〔註43〕 〈正論篇〉，頁 324～5。
〔註44〕 〈榮辱篇〉，頁 63。

響，並非認爲個體的行動只是依社會習慣而行，荀子認爲這種「以從俗爲善」的「民德」其實是低層次的人格，〔註45〕反之，個體的人格發展乃是要結合個性需求與社會環境，從社會習俗中吸取智能發展的養料以發展高層次的人格。

上節所引關於「人」的語言群組，包括「性」「僞」「知」「能」各有兩種解釋，以及「情」與「慮」、「事」與「行」、「病」與「命」兩兩並列呈現。除了「性」之外，在前的解釋或前面的語言，基本上關連著「自然狀態」的機能或個體性的價值；在後的解釋或後面的語言，則關連著「社會狀態」的機能或社會性的價值。可見「化性起僞」說的基本意義，就在將個體從「自然人」狀態轉化爲「社會人」狀態。

個體能從「自然人」轉化成「社會人」，憑靠個體面對外部世界時的「選擇」機制：「情然而心爲之擇」。「情然」是選擇的情感基礎，「心爲之擇」則是選擇的智能表現。兩者的關係，並非如主體哲學所強調的是以「心」（知能、理智）治「性」（情感、欲求）的關係。荀子的「心」是「血氣」「志意」「思慮」三個面向的統合體，它本身就是「性」的一部分，也就不能直接對治「性」「情」，而且嚴格說來，在荀子的人性論中並不存在眞正惡質的本性需要加以對治；反過來說，「性」「情」亦是作爲心之智能活動的前提，性情與理智並非對立的概念。「性」「情」是自然生成的生命實體，「性也者，吾所不能爲也，然而可化也」〔註46〕性情是非人爲的領域，其實體無法改變，「可化」者並非改變性情的實體，「化性起僞」的重點在於改變個體「情然而心爲之擇」的選擇機制：「變心易慮以化順之」。〔註47〕選擇機制的運作原屬自然機能，「變心易慮」則是賦予價值內容而改變自然機能的表現狀態，此即是「起僞」。

「心慮而能爲之動謂之僞」的「僞」偏於選擇的自然機能。「心」是掌控人類行爲的智能核心，「心者，形之君也，而神明之主也，出令而無所受令。自禁也，自使也，自奪也，自取也，自行也，自止也」或禁或使、或奪或取、或行或止，乃是出自心的自我作主，「心不可劫而使易意，是之則受，非之則辭」，〔註48〕心之所是、所非，有其選擇自主性，故名曰「天君」。「情然」或

〔註45〕〈儒效篇〉，頁129。
〔註46〕〈儒效篇〉，頁143〜4。
〔註47〕〈儒效篇〉，頁136〜7。
〔註48〕〈解蔽篇〉，頁397〜8。

「情之所欲」的心理活動接受「心之所可」的調節，因此行為之或治或亂就在「心之所可」。〔註49〕心之所是、所非的價值內容不同，所作的選擇也就不同，心本身並無法直接保證善的產生，他在自然狀態下所展現的行動，基本上只能說是「正利而為」的事件。荀子所肯定的自然人的才質之美（「可以知仁義法正之質、可以能仁義法正之具」「性質美而心辯知」），其異於孟子所謂「良知」「良能」之處，在於荀子的「良知」「良能」並不能直接導出社會價值意識，就連最容易經驗到的「孝子之道」，荀子也不認為它是純粹出自人的本然「孝心」，而是來自社會規範的價值意識（「禮義文理」）。

「慮積焉、能習焉而後成謂之偽」則是從社會人的面向定義「偽」，他透過選擇機制而展現的行動才稱得上是「正義而為」的德行。「知慮」「意志」的選擇機制與「德行」的聯結，「未成」者，「正利而為」「所以知之在人者謂之知」「所以能之在人者謂之能」，仍然是一個「自然人」；「成」者，「正義而為」「知有所合」「能有所合」，合於「仁義法正」，成為一個「社會人」。「性不知禮義，故思慮而求知之」，〔註50〕此一內在動機的產生，是指人在社會過程中思索社會規範的價值，啟動了智能的進一步成長，最終「變心易慮」而具備社會價值意識，作出一個「社會人」的正義行為。「積習」的過程成為相當關鍵之事。「積習」的主要意義即是個體在社會過程中使「知能材性」獲得進一步的組織與發展。個體智能的組織與發展是社會過程的一部分，它與「公眾智能」的組織與發展是同步的。「公眾智能」在人類的歷史過程裡不斷積累，並寄託在現存的社會規範當中，荀子所謂「法先王」或「法後王」就是要以既有的「公眾智能」為智能發展的資源。因此，個體智能的發展必須應合既有的公眾智能（「知有所合」「能有所合」），個體具備了「公眾智能」，因而他的行動才能從「正利而為」進到「正義而為」。〔註51〕這就意謂著個體經過「社會化」而具備「擇善」的智能，他理解了社會秩序的價值而願意遵行社會規範，社會政治共同體也因而達成「正理平治」的目標。

個體的智能程度表現在「情然而心為之擇」的思慮活動，不同的選擇，或能「長慮顧後」，因而「以治情則利，以為名則榮，以群則和，以獨則足樂」，

〔註49〕 〈正名篇〉，頁 428。

〔註50〕 〈性惡篇〉，頁 439。

〔註51〕 關於社會活動中的智能發展以及「公眾智能」的說法，參見（美）查爾斯·庫利（Charles H. Cooley）著，洪小良等譯，《社會過程》（北京：華夏出版社，2000），頁 295～304。

或者「其慮之不深，其擇之不謹，其定取舍楛僈」，因而「取危辱死刑」。〔註52〕思慮活動以「情然」為前提，可見智能與情感、正義與利益並不衝突。因此，「化性起偽」也不是要以「社會我」取代「自然我」，而是個體的「情欲」與「知能」兩者的「自然表現」與「社會規範」加以結合——所謂「性者，本始材朴也；偽者，文理隆盛也。無性則偽之無所加，無偽則性不能自美。性偽合，然後聖人之名、一天下之功於是就也。」〔註53〕其實就在強調以「自然本性」為基礎，結合「社會秩序」的價值內容。上引荀子關於「人」的語言群組，我們有兩個概念尚未處理：

　　　　性傷謂之「病」，節遇謂之「命」

這兩個概念屬於負面的、限制性的概念，它對人的選擇機制形成一股節制的力量，它要求人要有「自知」與「知命」之明。〔註54〕（1）「性傷謂之病」，在狹義方面，是指「欲養其欲而縱其情，欲養其性而危其形」，〔註55〕情欲無節、形體失養而導致「疾病」上身；在廣義方面，則是指「狂惑疾病」的病態人格，不辨情性需求、「安危利害之常體」。〔註56〕這是「偏險悖亂」之一例：對社會秩序而言，此為不能「以公義勝私欲」〔註57〕之「惡」；對個體智能而言，此為「心之所可失理」，〔註58〕不善選擇，因而違背「好利惡害」的自然欲求之「惡」。（2）「節遇謂之命」，此為超乎「人道」的因素：天命。荀子的「天命」觀以偶然的命運為主，「遇不遇，時也；死生者，命也。」〔註59〕認清這一命運適然性，進而以「重死、持義」〔註60〕的道德必然性加以回應，這即是「敬其在己者而不慕其在天者」。〔註61〕「若夫志意修，德行厚，知慮明，生於今而志乎古，則是其在我者也。」〔註62〕「志乎古」，既是承續歷史「道貫」，也意謂個體當以獲取歷史榮名為志向，並以此超脫命限。「天職既立，天功既成，形具而神生」，

〔註52〕〈榮辱篇〉，頁69，60。
〔註53〕〈禮論篇〉，頁366。
〔註54〕〈榮辱篇〉：「自知者不怨人，知命者不怨天，怨人者窮，怨天者無志。」頁58。
〔註55〕〈正名篇〉，頁431。
〔註56〕〈榮辱篇〉，頁58。
〔註57〕〈修身篇〉，頁36。
〔註58〕〈正名篇〉，頁428。
〔註59〕〈宥坐篇〉，頁527。
〔註60〕〈榮辱篇〉，頁56。
〔註61〕〈天論篇〉，頁312。
〔註62〕〈天論篇〉，頁312。

人的生命來自天，故曰「人之命在天」；〔註63〕然而生命價值則出自人的自我創造，既死，「葬埋，敬藏其形也；祭祀，敬事其神也；其銘誄繫世，敬傳其名也。」〔註64〕在天地之間流傳不朽的榮名。

誠如上述，可見荀子所謂「情然」主要是指「好利惡害」的自然欲求與「好榮惡辱」的社會心理；而荀子對於「情然而心為之擇」的「選擇指標」，則是強調以「好榮惡辱、好利惡害」的情感欲求為基礎而定出一個合理的「求之之道」。〔註65〕「道者，進則近盡，退則節求，天下莫之若也」，〔註66〕乃能超克「性傷」之「病」與「節遇」之「命」。

> 道者，古今之正權也，離道而內自擇，則不知禍福之所託。……故欲養其欲而縱其情，欲養其性而危其形，欲養其樂而攻其心，欲養其名而亂其行。……夫是之謂以己為物役矣。（〈正名篇〉，頁 430～1）

> 扁善之度，以治氣養生則後彭祖，以修身自名則配堯禹。宜於時通，利以處窮，禮信是也。（〈修身篇〉，頁 21-2）

「禮義之道」所以是個體選擇的規範，其一是它滿足個體的自然欲求以「治氣養生」，其一則是它滿足個體的社會情感以「修身自名」。「以從俗為善，以貨財為寶，以養生為己至道，是民德也」，〔註67〕一般人的選擇僅著重前一項價值指標，僅能「止利而為」，以德修身的士君子則必須兼重後一項價值指標，故能「正義而為」。「正義而為」乃是個人的情欲滿足與社會的群居合一、現今的心理快樂與永恆的歷史榮名達到衡平的狀態。可見荀子以「最大效益原則」肯定「義」的價值：對群體而言，義是公利；對個體而言，義是大利。

「先義而後利者榮，先利而後義者辱」〔註68〕由於先義後利、先利後義之別，則帶來尊榮與侮辱的不同結果，個體的生命價值也就完全不同。荀子於是有「義榮」之說：最高的智能即是透過「正義而為」的選擇追求社會成功、獲取歷史榮名。「窮則不隱，通則大明，身死而名彌白」〔註69〕「名聲若日月，功

〔註63〕〈天論篇〉，頁 317。
〔註64〕〈禮論篇〉，頁 371。
〔註65〕〈榮辱篇〉，頁 61。
〔註66〕〈正名篇〉，頁 429。
〔註67〕〈儒效篇〉，頁 129。
〔註68〕〈榮辱篇〉，頁 58。
〔註69〕〈榮辱篇〉，頁 61。

績如天地，天下之人應之如景嚮，是又人情之所同欲也。」〔註70〕因爲這種追求尊嚴與榮名的社會情感，是「人情之所同欲」，所以「義榮」的追求也就成爲人間永恒的價值標準——所謂「聖王以爲法，士大夫以爲道，官人以爲守，百姓以爲成俗，萬世不能易也。」〔註71〕荀子這一榮名觀強調個體透過「化性起僞」的智能發展在社會中獲得成功以凸顯自我的價值，這一榮名觀暗合於社會學對「成功」的定義：「成功」是個體的自我發展，同時也是對社會過程的有效參與，進而對於人類精神的發展發揮影響。〔註72〕因爲在荀子的認知中，個體的「義榮」必然是體現了「內聖外王之道」，因此他可以成爲「總方而議」的立法者，而且他的德行光美，「擬於舜禹，參於天地」。〔註73〕

第三節　外王之道：「總方而議」的立法者

從認知哲學的角度看，荀子以自然之質爲「性」其實並不必然要得出「性惡」的論斷；但從引導哲學的角度（「化性起僞」）看，荀子斷以「性惡」，仍有其理可說。「凡所貴堯、禹、君子者，能化性，能起僞，僞起而生禮義。……所賤於桀、跖、小人者，從其性，順其情，安恣睢，以出乎貪利爭奪。」〔註74〕可見荀子主張「性惡」的理據：個體的「善」乃是通過個體在社會過程中的選擇才形成的，並由個體的道德智能顯出個體的人格尊嚴。「故古者聖人以人之性惡，以爲偏險而不正，悖亂而不治，故爲之立君上之勢以臨之，明禮義以化之，起法正以治之，重刑罰以禁之，使天下皆出於治、合於善也。」〔註75〕則可見荀子主張「性惡」的另一理據：社會的「善」，乃是通過禮義法正的社會規範才形成的，並由社會的理性規範顯出國家政治的權威。合而觀之，可見「化性起僞」不僅是在興起道德的人格，還在建立一個正義的社會。

荀子強調「禮義法正」是建構國家的政治體制與社會的價值規範，具有「生於今而志乎古」的傳統主義思想色彩，但是他在論證上述論點而形成的禮法思想，從思想史的角度來看卻頗有建樹。蔣年豐先生從自然哲學與政治

〔註70〕〈王霸篇〉，頁217。
〔註71〕〈正論篇〉，頁343。
〔註72〕參見《社會過程》，頁71～102。庫利在此討論了個人成功與社會秩序、成功與道德、聲望與人性價值之間是不可分的。
〔註73〕〈不苟篇〉，頁41。
〔註74〕〈性惡篇〉，頁442。
〔註75〕〈性惡篇〉，頁440。

思想之關係的角度論證荀子政治思想的思考模式異於《左傳》之處在於：《左傳》的政治思想以目的論的自然哲學爲據（禮義法度既是内在於自然的秩序性，也是内在於自然的目的性，它不僅是人爲的社會規範，還是宇宙萬物必須遵守的秩序與必須實現的目的）；荀子的政治思想則從「反目的論的自然哲學」（荀子對天的認知是自然主義的天，没有道德性與目的性）以及「人性向惡論」（荀子的性惡説，是人性向惡論，不是人性本惡論）爲據，強調禮義法度作爲國家政治的規範乃是出自人類社會的約定，以實現社會秩序與社會正義爲目的。〔註76〕因此，荀子著重從「群道」的角度解釋禮法的功能與目的，認爲它代表華夏社會的整體「社會理性」或「公眾智能」。荀子的社會理想就是由「禮義法正」所規範而成的「正理平治」的社會，它是一個有序的社會，也是一個正義的社會。

> 道者何也？曰：君道也。君者何也？曰：能群也。能群也者何也？
> 曰：善生養人者也，善班治人者也，善顯設人者也，善藩飾人者也。
> （〈君道篇〉，頁 237）

荀子從「群道」「分義」理解禮法的功能與價值。人類社會在權衡利害得失之下發展出社群意識，社群意識的基本原則就是「明分」，而「明分」的合理性，首先來自對人類社會對自然資源的掌握與分配，其次還滿足了社群中每個個體對「義」的要求與感受，「善生養人者也，善班治人者也，善顯設人者也，善藩飾人者也」──「分」的合理性來自滿足個體的生命發展與自我實現。個體的自我發展與社會整體發展的同步化，正義社會必須提供公平競爭的政治環境，個體按照道德智能的不同發展而取得不同的分位與資源。這大致肯定了「社會競爭」對於個體發展的價值。

> 快快而亡者，怒也；察察而殘者，忮也；博而窮者，訾也；清之而
> 俞濁者，口也；豢之而俞瘠者，交也；辯而不説者，爭也；直立而
> 不見知者，勝也；廉而不見貴者，劌也；勇而不見憚者，貪也；信
> 而不見敬者，好剸行也：此小人之所務而君子之所不爲也。（〈榮辱
> 篇〉，頁 54～55）

> 君子寬而不僈，廉而不劌，辯而不爭，察而不激，（直）立而不勝，
> 堅彊而不暴，柔從而不流，恭敬謹慎而容，夫是之謂至文。（〈不苟

〔註76〕蔣年豐：〈荀子與霍布斯的公道世界之形成〉，《文本與實踐（一）──儒家思想的當代詮釋》（臺北：桂冠圖書公司，2000 年），頁 279～310 。

篇〉，頁 40～41）

這兩段對比的文句，字面上雖是小人之「爭」與君子之「不爭」的對比，然而君子之「不爭」其實正是一種「至文」的高層次競爭。這種「至文」的競爭精神，不同於「鄙爭而名俞辱」「爭飲食，無廉恥」「爭貨財，無辭讓」或是「忘其身」「忘其親」「忘其君」的「鬥者」〔註77〕——基於自然衝動、私利性、自棄於社會關係之外的低層次競爭，荀子將此一競爭視爲「狂惑疾病」「鳥鼠禽獸」之類的行爲；而是在社會生活當中「修身自名」的自我表現，他透過文學修養發展道德智能，把自然狀態的爭奪之心轉化爲奉獻於社會公義，同時滿足於表現自我創造感的高層次競爭。〔註78〕

> 論德使能而官施之者，聖王之道也，儒之所謹守也。傳曰：「農分田而耕，賈分貨而販，百工分事而勸，士大夫分職而聽，建國諸侯之君分土而守，三公總方而議，則天子共己而已。」出若入若，天下莫不平均，莫不治辨，是百王之所同也，而禮法之大分也。（〈王霸篇〉，頁 214）

> 雖王公士大夫之子孫，不能屬於禮義，則歸之庶人；雖庶人之子孫也，積文學、正身行、能屬於禮義，則歸之卿相士大夫。（〈王制篇〉，頁 148～9）

> 人論：……大儒者，天子三公也。小儒者，諸侯大夫士也。眾人者，工農商賈也。（〈儒效篇〉，頁 145）

可見正義社會乃是依照個體道德智能的不同發展而取得不同的分位與資源。誠如徐復觀先生所說：荀子要以禮法來建立一個「各盡所能，各取所值」的合理社會，只是因爲他不從人際之間互相含融的精神（仁心）作爲構成和諧社會的基礎，而必須藉由政治權威達成社會的秩序和正義。〔註79〕「天子共（恭、拱）己」，「群道」就能有效運行，社會趨於「平均」「治辨」，顯示了君王至高的政治權威，此又稱爲「至道大形」：「百姓易俗，小人變心」的「政教之極」。〔註80〕荀子所謂政治權威強調政教合一、君師一體、禮法

〔註77〕〈榮辱篇〉，頁 55～56。
〔註78〕「高層次競爭」與「低層次競爭」，參見《社會過程》，頁 103～124。
〔註79〕徐復觀：〈荀子政治思想的解析〉，《學術與政治之間》（臺北：臺灣學生書局，1980 年），頁 199～220。
〔註80〕〈君道篇〉，頁 238～9。

一貫，這是「道德形式」的政治權威，國君只是「絕對之道或神」的象徵與化身，〔註81〕因此有道德智能者皆能實際參與此一政治權威的組織運作之中，荀子即由此大言「儒效」：「三公總方而議」即是「大儒」參與政治權威的適宜職位──雖然其職位權力來自「天子」的賦予，但實質的權威則來自「大儒」的道德智能。

荀子認爲在一個正義社會中，個體憑藉道德智能的發展──從一個「志忍私然後能公，行忍情性然後能修，知而好問然後能才」的「小儒」，進而成爲一個「志安公，行安修，知通統類」的「大儒」，〔註82〕亦即完全融入社會的價值規範當中而徹底改變自然人的狀態，由於他的「知通統類」，他將可以成爲一個「總方而議」的「立法者」（legislators）。〔註83〕

> 故法不能獨立，類不能自行，得其人則存，失其人則亡。法者，治
> 之端也；君子者，法之原也。故有君子則法雖省，足以遍矣；無君
> 子則法雖具，失先後之施，不能應事之變，足以亂矣。不知法之義
> 而正法之數者，雖博，臨事必亂。故明主急得其人，而闇主急得其
> 勢。急得其人，則身佚而國治，功大而名美，上可以王，下可以霸；
> 不急得其人而急得其勢，則身勞而國亂，功廢而名辱，社稷必危。（〈君
> 道篇〉，頁230）

這裡論證君子「總方而議」的必要性是從政治運作的現實層面著眼，「無君子則法雖具，失先後之施，不能應事之變，足以亂矣」，因而「儒效」就表現在君子具有「應事之變」的智能（「並遇變態而不窮，審之禮也」「其應變故也，齊給便捷而不惑」「明達用天地理萬變而不疑」）。荀子認爲法家「急得其勢」，因爲法家以「正法之數」（強調法律條文如「權衡」等度量「械數」一般）的途徑樹立政治權威，而荀子則認爲「正法之數」只是「治之流也，非治之原

〔註81〕參見牟宗三先生：《名家與荀子》，頁229～244。
〔註82〕〈儒效篇〉，頁145。
〔註83〕這是借用英國社會學家齊格蒙・鮑曼（Zygmunt Bauman）的用語。鮑曼用「立法者」（legislators）概括現代型知識份子的角色，另用「闡釋者」（interpreters）概括後現代型知識份子的角色，藉由知識份子角色的轉換勾勒西方社會從現代（modernity）到後現代（post-modernity）的發展線索以及兩種「世界觀」的轉換。「立法者」的角色意謂知識份子從事的是一種權威性話語的建構活動，知識份子藉著掌握程序性規則，保障眞理的獲得以及道德、審美判斷的形成，因而被賦予仲裁是非的合法權威。見氏著，洪濤譯：《立法者與闡釋者──論現代性、後現代性與知識份子》（上海：上海人民出版社，2000）

也」,「慎子蔽於法而不知賢……由法謂之,道盡數矣。」〔註 84〕只是「道」之一偏。「法而不議,則法之所不至者必廢。……其有法者以法行,無法者以類舉,聽之盡也。」〔註 85〕法不可能周應所有事務,因此要用「議」的方式來解決,便由「以法行」引伸出「以類舉」的概念,而「總方而議」的政治職能就在「聽斷以類」,這個層次其實就觸及「法之義」(法理原則)的層次,也突顯具備道德智能的君子才是「法之原也」。

> 以類行雜,以一行萬……禮義者,治之始也;君子者,禮義之始也。
> (〈王制篇〉,頁 163)

> 大參乎天,精微而無形。行義以正,事業以成。可以禁暴足窮,百姓待之而後寧泰。……明達純粹而無疵也,夫是之謂君子之知。(〈賦篇〉,頁 473~4)

從制度史的角度來看,荀子強調「總方而議」的職能,乃是轉化了春秋時期「議事以制」的傳統作法。如同荀子的修養論,其實也吸收了春秋時期「禮以定命」的觀念,〔註 86〕但卻賦予它「治氣養生」「修身自名」的新內涵。春秋時期的「議事以制」乃是「依準舊條」,〔註 87〕據杜正勝先生的解釋,所謂「舊條」包括「遺訓」與「故實」兩類傳統權威,「依準舊條」的缺點是欠缺一致性的標準,難免因自由裁量而「斷有出入」。〔註 88〕子產鑄刑鼎以公開成文法,其用意就是為了取代春秋時期「議事以制」「斷有出入」的情況,所以並未考慮「議」的情況。荀子則從「君子者,法之原也」的理論視域接收了「議」的作法,然而「總方而議」畢竟不同於「依準舊條」的「議」,「總方」是指君子具備「明通而類」「聽斷以類」的道德智能,「議」的權威就來自這一道德智能。〔註 89〕「議事以制」「斷有出入」的作法凸顯的是世故人情取向

〔註 84〕〈解蔽篇〉,頁 392~3。

〔註 85〕〈王制篇〉,頁 151。

〔註 86〕《左傳‧成公十三年》:「民受天地之中以生,所謂命也。是以有動作禮義威儀之則,以定命也。能者養以之福,不能者敗以取禍。是故君子勤禮,小人盡力。勤禮莫如致敬,盡力莫如敦篤。敬在養神,篤在守業。」楊伯峻,《春秋左傳注》(臺北:燕京文化公司,1987 年),頁 860~861。

〔註 87〕孔穎達《左傳正義》:「臨其時事,議其重輕,雖依準舊條,而斷有出入。」

〔註 88〕參杜正勝:《編戶齊民─傳統政治社會結構之形成》(臺北:聯經出版公司,1990 年),頁 233—236。

〔註 89〕〈非十二子篇〉:「若夫總方略,齊言行,壹統類……斂然聖王之文章具焉,佛然平世之俗起焉。」頁 95。

的傳統權威，「總方而議」「聽斷以類」的作法則凸顯社會理性取向的傳統權威。

　　「以類行雜，以一行萬」顯示的是處世應物的理性原則，荀子屢屢以「類」詮釋禮法的功能與內涵也是在彰顯禮法的理性本質，「無蔽」的「大清明心」或「君子之知」也即是最高的理性。君子所以具有立法的權威，是因爲他的清明理性，這一清明理性也意謂君子具備「公眾智能」因而能完全理解「法之義」，他也就擁有仲裁是非的合法權威。由此言之，「總方而議」的作法即接近社會學所謂對社會系統施加理性控制的智能化表現。

> 智能的理想目標是對人類生活進行理性控制。……社會組織的運作主要由觀念、感覺、行動組成，但這些都不能有意識地把系統視爲一個整體，僅僅是機械的；而理性控制要求具有智能，而智能要了解整體應該如何運作，并且在適當的時機和地點行使必要的權威。……我們迫切需要一種對我們這個社會系統所做的批評，這種批評應當能充當對各種活動的人文價值的權威評價。爲達到這個目的，我們必須用社會科學和歷史學來指導批評，這種批評還應該對實際環境了如指掌，大智大勇，其本質應該是明察秋毫並且忠心耿耿。〔註90〕

荀子所謂「明達純粹而無疵」的「君子之知」，即是「了解整體如何運作」的智能，這一智能可以對人類社會「進行理性控制」，他有「社會科學和歷史學」的知識，具備「對各種活動的人文價值」進行評價的權威。

　　上一章論及荀子「禮宇宙觀」的勝意，在於強調人類社會是一個由文化模式、社會制度、個性心智構成的「生活世界」，「生活世界」的各項要素形成相互關連的意義語境，永續的文化傳統、成熟的社會規範、高度的理智發展構成「生活世界」的核心精神。此一「禮宇宙觀」的社會整體性不同於法家的法律整體性，荀子的禮法思想，強調禮法的理性本質構成社會秩序的根本，道德與法律有密切的關係。〔註91〕因此政教權威的行使原則就不同於法家的「急得其勢」。以「賢」爲「勢」之本，以「君子」爲「法」之本，故有「法之義」與「法之數」的對舉。這顯示儒學對於政治權威的價值判斷──

〔註90〕　《社會過程》，頁322～332。

〔註91〕　張亨：〈荀子的禮法思想試論〉，《思文之際論集──儒道思想的現代詮釋》（臺北：允晨文化公司，1997年），頁150～191。

君子的智能合於社會的正義本質，透過君子而施行的政治權威乃是與「義榮」
一致的「勢榮」，而所謂「急得其勢」一類，則指法家依法用勢的政治操作，
若無正義的精神內涵，將只有「勢榮」。正因強調道德形式的權威體制，對於
國君權勢的使用，儒家與法家的主張就有差異：儒家重君德，法家重君術；
儒家之君主群，法家之君主獨；儒家之君主禮義，法家之君主權謀。〔註92〕

第四節　內聖之道：社會自我與道德人格

　　以上嘗試透過「語言學──社會學」的理解模式，詮釋荀子「化性起偽」
說的理論內涵。在這一理解模式之下，是否亦可回應「心性論──主體哲學」
所側重的「道德主體」之論題呢？「心性論──主體哲學」的詮釋模式評價「化
性起偽」說，通常認為荀子學說未能證立「道德主體」的「大本」。換言之，荀
子的「心」無法直接「創造」道德價值，而必須依賴攝入外在、客觀的價值標
準（師法的權威、禮義的規範）。進一步就會認為荀子的實踐哲學缺乏內在堅實
的基礎，而訴諸「聖王」「師法」等外在權威；雖然這一權威乃是出於人類社會
普遍經驗的「實踐理性」，但是把一種外在權威內化於自我的進程，嚴格說來就
只是「他律道德」，人的自我缺少真正的自由與創造性。〔註93〕這一批評誠然有
見，然而除了以「道德主體」的「自我」責求荀子的內聖之道不夠深透，其實
還可以透過社會學關注的「社會自我」來切入荀子的內聖之學，以求適切定位
荀子思想的理論層次。

　　從先秦儒學對於社會規範的認同態度，以及強調道德實踐的精神意義來
看，基本上認定個體的心靈表現不能與社會過程脫離，「自我」必然就是「社
會化的自我」。這樣的說法，自然是太過籠統，建構先秦儒學兩大理論體系的
孟、荀，他們對於個體的心靈表現和社會過程之關係的認知就有歧見。孟、
荀的歧見，我們首先可以從他們對於「師法」的不同態度見之。

　　道德人格的朗現，荀子認為關鍵不在人的內在心性，而是必須透過外部
的師法學習，逐漸轉化個體的意識內容。〈性惡篇〉：

　　　　夫人雖有性質美而心辯知，必將求賢師而事之，擇良友而友之。得

〔註92〕 牟宗三：《名家與荀子》，頁 228～252。韋政通：《荀子與古代哲學》（臺北：
　　　　臺灣商務印書館，1992 年），頁 218～243。
〔註93〕 參見張亨：〈荀子對人的認知及其問題〉，臺大《文史哲學報》第 20 期（1971
　　　　年 6 月）。

賢師而事之，則所聞者堯、舜、禹、湯之道也；得良友而友之，則
所見者忠信敬讓之行也。身日進於仁義而不自知也者，靡使然也。（頁
449）

「性質美而心辯知」是就先天知能而言，此一美質必須攝受外部師法（「所聞
者堯、舜、禹、湯之道也」「所見者忠信敬讓之行也」），經過日積月靡，乃能
「積善成德」。李澤厚先生認爲「師法」的學習在荀子的思想體系中，和「天
人之分」「禮論」「化性起僞」諸說構成一個嚴整的體系，因此荀子認爲人能
夠「學」到全盡處，可以與「天見其明，地見其光」爲參，達到「宇宙本體」
的高度，樹立人的族類特徵，〔註94〕誠然。相對地，「師法」在孟子的理論體
系中則非絕對必要。《孟子・告子下篇》：

曹交問曰：「人皆可以『爲』堯舜，有諸？」孟子曰：「然。」「……
如何則可？」曰：「奚有於是？亦『爲之』而已矣。……徐行後長者
謂之弟，疾行先長者謂之不弟。夫徐行者，豈人所不能哉？所『不
爲』也。堯舜之道，孝弟而已矣。子服堯之服，誦堯之言，行堯之
行，是堯而已矣；子服桀之服，誦桀之言，行桀之行，是桀而已矣。」
曰：「交得見於鄒君，可以假館，願留而受業於門。」曰：「夫道，
若大路然，豈難知哉？人病不求耳。子歸而『求之』，有餘師。」（頁
339）

孟子巧妙地依據「爲」與「是」兩個語言的近親關係來回答曹交的問題，其
旨在糾正學者「道在邇而求諸遠，事在易而求之難」〔註95〕的謬誤，因而強
調道德實踐是不假外求、極其簡易之事。因爲「能（之）」，所以只要有心「求
之」、「爲之」，即可以「是（之）」，因此無不可師。在這裡，「師法」顯然不
必擔負「以身爲正儀」來校正禮法的角色，這和荀子主張「求賢師，擇良友」
才能「身日進於仁義」、「不是師法而好自用，譬之是猶以盲辨色，以聾辨聲
也」〔註96〕不同。我們再看孟子對齊宣王分辨「不爲者」與「不能者」的另
一段對話，他強調仁政的施行就在「舉斯心加諸彼而已」「善推其所爲而已」，
有「不忍人之心」即能「行不忍人之政」，因此仁政不施並非「不能」，而是

〔註94〕 李澤厚：《中國古代思想史論》（天津：天津社會科學院出版社，2003年），頁
　　　　104～105。
〔註95〕 《孟子・離婁上篇》，頁281。本文引用《孟子》原文及頁碼，據（宋）朱熹
　　　　撰：《四書章句集注》（北京：中華書局，1983點校本）
〔註96〕 《荀子・修身篇》，頁34。

「不為」。〔註97〕這個例子也是從「為之」的面向說「存心」，且明確地訴諸人之內在已有的善心。可見孟子認為，不論是內聖的追求，或王政的興辦，其根基就在人的內在心性的充盡，師法的功能將只是助力而已。

孟子認知的「心性」本身就具有「良知」「良能」的價值內涵，個體存養「心性」就成為一「道德主體」。果如此，道德實踐的意義就是在「為之」當中存養此一內在「心性」，進而壯大雄渾的人格力量。《孟子‧盡心上篇》：

> 舜之居深山之中，與木石居，與鹿豕遊，其所以異於深山之野人者幾
> 希。及其聞一善言，見一善行，若決江河，沛然莫之能禦也。（頁353）

我們推敲孟子所謂「及其聞一善言，見一善行，若決江河，沛然莫之能禦也」的說法，顯然生活在一個以言語、行為交往的生活世界當中，是舜得以積「善」成「德」的必要前提；相對的，如果他一直「居深山之中，與木石居，與鹿豕遊」的原始情境之中，人獸無別，道德意識將無從產生。由此可見，道德主體必然是一「社會化的自我」，在社會語境當中，覺察「善」的意義。然而，孟子特別將舜放在一個由「野人」進化到「君子」的情境之中，除了強調「野性」與「人性」只有一線之隔，在存養和捨去之間，必須有敏銳的覺察；其實也暗示著「野性」其實是「人性」的前身，舜的「野性」中就蘊含著「善」之本根。因此當他「聞一善言，見一善行」，「善」便浩然大行，浸潤大地，區畫出文明世界與野人世界的不同板塊。換言之，孟子以流水隱喻道德主體的充沛能量，其實是在強調內在的「心性」資源的開發，是建立道德主體的根據所在：內在心性為水源，其沛然流行即成就了道德人格。

另一方面，對於抱持「天生人成」觀點的荀子而言，人的先天心性資質與社會過程，最初是平行的兩個渠道，我們權且以下述譬喻加以說明：

> 也許我們用一條河流和沿著這條河流的一條公路來比喻這兩條生命
> 的傳遞線更為恰當。河流是遺傳或者動物傳遞，公路是交流或者社
> 會傳遞。河流裡傳遞的是生物種質，公路上傳遞的是語言、交流和
> 教育。〔註98〕

這是美國社會學家查爾斯‧庫利（Charles H. Cooley）概括人類的生命歷史以說明人的「社會——生物性」時所用的譬喻。所謂人的「社會——生物性」

〔註97〕《孟子‧梁惠王上篇》，頁207～212。
〔註98〕（美）查爾斯‧庫利（Charles H. Cooley）著，包凡一、王源譯，《人類本性與社會秩序》（北京：華夏出版社，1999年），頁5。

特徵，是指「儘管我們做的一切事情都帶有本能性情感，但我們帶有本能性的情感的方式卻使我們很少或從來不能僅用它來解釋人類的行為。在人類生活中，使得行為具體化的，根本不是某種動機，而是由教育和社會環境決定了其表現形式的本能……（可教育的本能）必須被引導、發展、協調和組織，才能有效地起作用，這是理智的作用。」﹝註99﹞另一位美國社會學家喬治‧米德（George H. Mead）也有類似的看法：「人類發展其心靈或智能的生理學能力是生物學進化過程的產物，正如他的整個機體一樣。但是有了這種能力，他的心靈或智能本身的實際發展必須通過社會情境而進行，它從社會情境獲得表現並輸入其中；因此它本身是社會進化過程、社會經驗與行為過程的產物。」﹝註100﹞

雖然兩位社會學家是以「進化論」為立論基礎，從「社會科學」的立場來闡釋人類社會的性質，和荀子以「古今一度」﹝註101﹞的歷史觀為立論基礎，從「實踐哲學」的立場闡釋人類社會的性質並不相同，然而就社會過程與自我的發展關係這一課題來看卻是有相通之處：解釋人類行為的意義不在其天性本能或心理動機，甚至不是其智能本身，而是在社會過程裡，運用智能選擇、組織表現本能或情感的理性形式。因此，荀子和孟子關於個體的心靈表現和社會過程之關係的認知就有歧見。

黃俊傑先生曾經專文討論孟子思想的群己關係是「以群攝己」的關係或是「以己攝群」的關係。黃先生一方面認為孟子思想中群己關係是連續性關係，「個人」生命必然要躍入「社會」群體生命之中，在「道德共同體」的狀態中彰顯「個人」的生命意義；一方面則強調孟子中的「個人」不僅有其政治性與社會性，而且更有其主體性與超越性，作為個人與社會之媒介物的「心」作為價值意識的泉源，具有普遍必然性與自主性，因此是由「個人」來統攝「社會」。﹝註102﹞

黃先生從主體哲學的角度認定孟子關於「個人」與「社會」的關係是屬於「以己攝群」的關係，或許仍有可以商榷之處，但大體已經指出孟子的「社會自我」觀點，偏向認為：雖然個體的心靈只能在一個有組織的社會群體的環境

﹝註99﹞ 同上，頁 21～24。
﹝註100﹞ （美）喬治‧米德（George H. Mead）著，趙月瑟譯：《心靈、自我與社會》
　　　　（上海：上海譯文出版社，1992 年），頁 200。
﹝註101﹞ 〈非相篇〉，頁 82。
﹝註102﹞ 黃俊傑，《孟學思想史論》卷一（臺北：東大圖書公司，1991 年），頁 91～110。

中得到表現，但是心靈能力乃是個體的先天稟賦，因此，道德實踐的經驗，雖然它的背景是社會的，但經驗的內容卻是個體的。借用喬治・米德的說法，這一類型的「社會自我理論」，認為從個體的自我才引申出個體所參與的社會過程，主張個體心靈是社會存在的前提，帶有「唯我論」或是「內省的」的色彩，因此是「不完全的社會性」觀點。相對的，荀子關於個體的心靈表現和社會過程之關係，則傾向喬治・米德所主張的「完全的社會性」觀點：從個體參與其中的社會過程才引申出個體的自我，心靈是以社會過程為前提並且是社會過程的產物，因此，個體經驗的意義必須透過先在的社會經驗來解釋。〔註103〕

　　然而，「完全的社會性」觀點下的「社會自我」，將如何界定社會與個人的關係呢？是否意謂個體只是空有自由意志之名，個性精神其實只是社會規範的附屬產物？這個質問，可以借助德國哲學家哈伯瑪斯（Jürgen Habermas）的思考來加以釐清。哈伯瑪斯從胡塞爾處接收「生活世界」的概念作為他的「交往行為」社會學理論的基礎。他認為「生活世界」主要是由文化、社會、個性三個共生的要素組成，個體的社會化，就是「交往行為的主體」把「生活世界」當作主體間共有的整體背景，「由社會化個體的動機和能力，以及文化的自我理解和群體的協同性所共同組成的」。哈伯瑪斯認為透過這一「生活世界」概念的釐清，可見「社會自我」的概念，並未預設個體從屬於社會、或把社會視為與個體相對的外部環境的概念。因此，個體與社會的關係，不應該如「系統理論」所言個體是社會整體的部分，以及「主體哲學」把社會看作是由個體組成的整體。〔註104〕另一位德國哲學家加達默爾（Hans-Georg Gadamer）也以「生活世界」作為人類社會的特徵，他分辨「生活世界」與「環境」是不同的概念：「環境」是人們生活於其中的「周圍世界」，這一概念顯示個體對於外在環境的依賴性，可以廣泛地適用於一切生物；人的「生活世界」則是通過「無環境性」「語言表述性」來顯示其特徵，當人擁有語言與世界，他就可以脫離依賴的壓力而擁有自由。〔註105〕

　　果如上述，依然可以認定：「完全的社會性」觀點下的「社會自我」仍然

〔註103〕《心靈、自我與社會》，頁197～201。

〔註104〕參見〈論行為、言語行為、以語言為中介的互動以及生活世界〉一文，于爾根・哈貝馬斯（Jürgen Habermas）著，曹衛東、付德根譯：《後形而上學思想》（南京：譯林出版社，2001年），頁53～89。

〔註105〕加達默爾（Hans-Georg Gadamer）著，洪漢鼎譯：《真理與方法──哲學詮釋學的基本特徵》（臺北：時報出版公司，1993年），頁565～568。

具有個體自我完成的意義。因此，荀子所謂「慮積焉能習焉而後成謂之偽」
的「成人」，〔註106〕不僅是一般意義的「社會人」，他還是「積善而全盡」的
「聖人」。〔註107〕

> 性也者，吾所不能爲也，然而可化也；（積）也者，非吾所有也，然
> 而可爲也。注錯習俗，所以化性也；并一而不二，所以成積也。習
> 俗移志，安久移質，并一而不二則通於神明，參於天地矣。……故
> 聖人也者，人之所積也。人積耨耕而爲農夫，積斲削而爲工匠，積
> 反貨而爲商賈，積禮義而爲君子。（〈儒效篇〉，頁143～4）

> 彼學者，行之，曰士也；敦慕焉，君子也；知之，聖人也。（〈儒效
> 篇〉，頁125）

「化性」達到「移志」「移質」而且「并一而不二」的目標，謂之「成積」。荀
子將它區分幾個階段：第一階段「行之」，這只是遵守社會的禮法規範，「不以
私欲亂所聞」，然而他還「無志其義」；第二階段則是「敦慕焉」，這是使禮法規
範進一步內化的重要過程，當中面臨道德實踐與「情性」不諧的課題，進而逼
出「篤敬」的工夫要求，以求意志與禮法規範的嵌合；第三階段才是道德意識
「齊明而不竭」的「知之」。這是透過「爲之、貫之、積重之、致好之」，〔註108〕
不斷深入理解「禮義」對於自我發展的意義，對「禮義」能「致好之」，猶如「目
好之五色，耳好之五聲，口好之五味，心利之有天下」，〔註109〕所謂「禮之中
焉能思索，謂之能慮。禮之中焉能勿易，謂之能固。能慮能固，加好者焉，斯
聖人矣。〔註110〕」思慮、意志、血氣的人身整體成爲「禮」的載體。先天的「性
情」與作爲社會價值的「禮義」能夠「并一而不二」才是「積」的完成，「成積」
之人則謂之「成人」。「性情」與「禮義」完全嵌合，代表的是心靈的整體和諧，
既是社會價值規範的內在化，也是個體道德人格的朗現。因此，「聖人」是最完
善的「社會人」，他不僅是被動地遵行社會規範而已，而且是「修百王之法若辨
白黑，應當時之變若數一二，行禮要節而安之若生四枝，要時立功之巧若詔四
時，平正和民之善，億萬之眾而摶若一人」〔註111〕他具有一種「社會創造力」

〔註106〕〈勸學篇〉，頁20。
〔註107〕〈儒效篇〉，頁144。
〔註108〕〈王制篇〉，頁163。
〔註109〕〈勸學篇〉，頁19。
〔註110〕〈禮論篇〉，頁357。
〔註111〕〈儒效篇〉，頁130。

的道德智能──社會共同體的生活當中總是隱含尚未充分實現的社會秩序與價值觀，具有偉大心靈與品格的個體，比任何人都更爲完整地表達社會共同體的價值原則。〔註112〕這樣的「社會自我」其實就是一個「天才」，荀子以「通於神明，參於天地」稱之，他的精神是自由的──這裡的自由，對荀子而言，就意謂他完全置身於人類社會以語言、理智、正義爲精神軸心的「生活世界」當中，解除了外部自然環境的壓力而擁有了「齊明而不竭」的精神自由。

　　如本章一開始所言，關於荀子以「化性起僞」說建構內聖外王之道的思想脈絡及其意義，目前學界詮釋「化性起僞」說之意義，多從荀子的「心術論」切入，可以稱之爲「心性論」的詮釋模式，其所揭出的理論意義偏於「主體哲學」的建構。本文則嘗試從荀子的「正名論」切入，轉向「語用學──社會學」的詮釋模式，藉此凸顯荀子的思想乃是對於一個語言性、社會性的生活世界的反思，也補足「心性──主體哲學」詮釋模式所留下的空白章節。

　　本章所述，首先從語用學的角度探討「化性起僞」說的語言基礎；接著透過「人類本性與社會秩序」的社會學論題，考察「化性起僞」的人格發展機制；進而論述「化性起僞」所形塑的道德人格在「外王」與「內聖」兩方面的作用與意義──前者揭出「總方而議」的「立法者」一義，此義類似社會學所謂社會系統的理性控制；後者則透過社會學關注的「社會自我」一義切入荀子的內聖之學──以求適切定位荀子思想的理論層次。透過此文的討論，可知荀子思想的勝義，不在從「心性論──主體哲學」的理論視域所展開的形上的精神世界，而是透過「語言學──社會學」的理論視域所見，他揭開了人類社會的「生活世界」所蘊含的語言、理智、正義、自由的精神軸心。

〔註112〕《心靈、自我與社會》，頁 190～197。

第四章　聖人、經典與言說
——孟子與荀子的歷史詮釋與社會實踐

　　荀子批評諸子學說，謂之「亂家」，如墨子、宋子、愼子、申子、惠子等，乃是荀子對於那些以「流言」「惡言」攻擊儒學之「家言邪學」的反擊。〔註1〕至於荀子批評子思、孟子等儒者，則是儒門的歧異，表達他對「俗儒」「陋儒」的不滿。〔註2〕荀子對儒學的辨正，乃是在肯定儒者具有相似的歷史意識的前提之下，強調俗儒對「先王之道」的詮釋「不知其統」——大略可見儒門當中，「生於今而志乎古」〔註3〕的歷史意識大體相同，但歷史意義的詮釋卻有分歧。

　　荀子曾以「善言古者必有節於今，善言天者必有徵於人」的思想原則批評孟子的「性善說」乃是「無辨合符驗」，〔註4〕相較於他批評莊子蔽於「天道」而缺乏人文的歷史意識，荀子對孟子的批評則是強調孟子的人文歷史意識蔽於「古道」與「天道」一端，因此「坐而言之，起而不可設，張而不可施行」，〔註5〕偏離「儒效」傳統。〔註6〕荀子從實效的視角出發，對比於崇尚「古道」與「天道」的孟子，他則是強調「古道」與「天道」必然要在「現在」的「人間」實現，結果孟、荀的歷史詮釋就出現分歧，我們將以孟、荀如何詮釋舜的道德人格爲線索討論這個問題。

〔註1〕　〈大略篇〉，頁516。
〔註2〕　〈非十二子篇〉，頁94～95。
〔註3〕　〈天道篇〉，頁312。
〔註4〕　〈性惡篇〉，頁440。
〔註5〕　同上。
〔註6〕　《荀子》有「儒效」一篇，稱許周公、孔子具有「大儒之效」的實績。

《孟子》：

舜之居深山之中，與木石居，與鹿豕遊，其所以異於深山之野人者
幾希。及其聞一善言，見一善行，若決江河，沛然莫之能禦也。(〈盡
心上篇〉，頁 353)〔註7〕

人之所以異於禽獸者幾希，庶民去之，君子存之。舜明於庶物，察
於人倫，由仁義行，非行仁義也。(〈離婁下篇〉，頁 293～4)

竹、帛《五行篇》：〔註8〕

舜有仁，我亦有仁，而不如舜之仁，不積也。舜有義，而我亦有義，
而不如舜之義，不積也。(〈說24〉，頁 81)

仁形於內，謂之德之行；不形於內，謂之行。義形於內，謂之德之
行；不形於內，謂之行。禮形於內，謂之德之行；不形於內，謂之
行。智形於內，謂之德之行；不形於內，謂之行。聖形於內，謂之
德之行；不形於內，謂之(德之)行。德之行五，和謂之德；四行
和，謂之善。善，人道也；德，天道也。(〈經1〉，頁 29)

《荀子》：

入孝出弟，人之小行也；上順下篤，人之中行也；從道不從君、從
義不從父，人之大行也。若夫志以禮安，言以類使，則儒道畢矣，
雖舜，不能加毫末於是矣。(〈子道篇〉，頁 529)

精於物者以物物，精於道者兼物物。故君子壹於道而以贊稽物。壹於
道則正，以贊稽物則察，以正志行察論，則萬物官矣。昔者舜之治天
下也，不以事詔而萬物成。處一危之，其榮滿側；養一之微，榮矣而
未知。……好義者眾矣，而舜獨傳者，壹也。(〈解蔽篇〉，頁 399～400)

上引三篇儒學文獻，不約而同觸及了舜的道德人格，詮釋內容雖然各有不同，

〔註7〕　本文引用《孟子》，據中華書局點校(宋)朱熹：《四書章句集注》(北京：
中華書局，1983 年)

〔註8〕　所謂「竹帛《五行篇》」係包括：(一)一九九三年於湖北郭店的戰國楚墓中
出土的楚文字竹簡當中《五行》一篇，此為竹本；(二)一九七三年於湖南馬
王堆的三號漢墓中出土的帛書，在《老子》甲本卷後的一篇佚書，其內容在
論說「仁義禮智聖」五種德行，此為帛本《五行》。兩個版本，「經」的內容
大體相同，但帛本另有「說」文。龐樸先生以帛本為底本，將兩本《五行篇》
並置互校，統稱之為「竹帛《五行》篇」。本文所據即是龐樸：《竹帛五行篇
校注及研究》(臺北：萬卷樓圖書公司，2000)的本子。

但是以舜爲人格典範，視其人格爲具備道德創造能力的「聖人」，三篇文獻是一致的。舜之「聖人」定位，三篇文獻都以分辨道德行爲的不同層次見之：孟子區別「行仁義」／「由仁義行」，《五行篇》區別「行」／「德之行」，荀子區別「小行」／「中行」／「大行」。前一層是一般道德行爲，可以稱爲「善行」，後一層則是「積善成德」，是「人格的善」，可以稱爲「德行」。兩層區分的異質性，又大抵是以「人道」和「天道」加以標示。由此言之，三篇文獻其實有著共同的「歷史認知」，但是其「歷史詮釋」卻是不同的。

「歷史認知」和「歷史詮釋」是層次不同的兩個概念：一是以歷史事實或文獻材料爲本位，讀者由此認知歷史的規律與意義，這是「歷史認知」；一是以讀者的思想意識爲本位，召喚歷史作爲註腳的意義創造，這是「歷史詮釋」。「歷史認知」的意義創造在於抉發歷史事實的「言外之意」，涉及對歷史的虛心聆聽，乃是屬於語意學的層面；「歷史詮釋」的意義創造在於抉發歷史的「言後之意」，涉及歷史對讀者引發的效果，這是屬於語用學的層面。〔註9〕兩者俱有某種「主觀性」，前者可以稱爲「歷史家的主觀性」，這一方面同一學派的學者通常會有共通的見解，不同學派對於歷史認知就可能各不相同，如儒家「古今一道」的歷史觀與法家「法與時轉」的歷史觀之差異即是；後者則可以稱爲「哲學家的主觀性」，由於思想感悟不同，對於歷史意義的詮釋便不相同，同　學派中的不同思想家也會各異其趣，上引三篇文獻對舜的人格詮釋差異即是其例。

何以要有這兩層區分，我們主要是要強調「歷史詮釋」是以「歷史認知」爲基礎進一步的思想表達，歷史詮釋會隨著詮釋者的思想差異而有不同的詮釋。在「歷史詮釋」一層我們才得以觸及詮釋者與歷史對象的深度對話，詮釋者已經跳出歷史距離的框架，以自己的問題意識出發向歷史對象要求對話，也以自己的知性感悟穿透歷史對象的精神世界，因此他的扣問就不再只是理解歷史，而是最終理解了自己——在這裡，具體的課題就是道德實踐的意義問題。本文的主旨是要透過討論孟子與荀子不同的「歷史詮釋」，分辨兩人對於道德實踐意義的不同認知，同時我們也將聯結孟、荀的「歷史詮釋」

〔註9〕 這是借用黃俊傑先生歸納孟子學詮釋者的三個層次的術語：「言內之意」「言外之意」「言後之意」，「言內之意」涉及的是語法學的課題，「言外之意」是語意學的課題，「言後之意」則是語用學的課題。見黃俊傑：《孟學思想史論卷二》（臺北：中研院中國文哲所，1997年），頁6～7。

與他們以「言說活動」爲媒介之道德實踐的關係，說明他們對於道德實踐之意義的不同體驗。由此，我們對孟子、荀子的思想將有進一步切實的理解。

第一節　孟子：「由仁義行」的雄渾力量

一、「行仁義」與「由仁義行」

前引《孟子》兩段詮釋舜之人格世界的文獻，雖然語言風格不盡相同，但有相同的題旨（「人之所以異於禽獸」的特質），其敘述脈絡亦大體相似：「舜之居深山之中，與木石居，與鹿豕遊，其所以異於深山之野人者幾希」相當於將「人之所以異於禽獸者幾希」作具體時空情境的改寫，點出了人倫意義創發之前的原始狀態，人類社會（人性）和自然世界（野性、獸性）之間的差異並不顯著；「聞一善言，見一善行」和「君子存之」則大抵是舜對於生活世界中蘊含的人倫事理有所「存心」的自覺過程；「若決江河，沛然莫之能禦也」和「舜明於庶物，察於人倫，由仁義行，非行仁義」則都是指陳舜對人倫事理的覺解到了「深造自得」，其聖智人格的創造力已經沛然大行，人類社會（人性）和自然世界（野性、獸性）的根本質變至此方顯。這不是一般對歷史人物的評述，而是透過作者的知性感悟深入歷史人物之精神世界的「歷史詮釋」，作者其實是帶著理解的「前見」——他對「人禽之辨」論題的認知感悟來理解舜的歷史業績的意義。所以朱熹會讚嘆地說：「非孟子造道之深，不能形容至此也。」〔註10〕

這兩段文獻有其深刻的「人性論」內涵，袁保新先生曾說：「雖然全章不見一個『性』、『心』字，但學者們一致認爲孟子此處所言的『人之異於禽獸者幾希』，就是在表達他心目中的人性概念。……孟子通過人禽之辨所要建立的人性概念，應該如牟宗三先生所言的，指的是一種『具體的實踐生活之本源或動力』」〔註11〕那是由道德實踐而體驗的實存人性，因此孟子並非以「心性思辨的論述」形式表達這一人性，而是以「歷史感懷的語錄」形式表達這一人性，它的語境極可能是：以「君子（人）／小人（禽）之辨」的感懷或

〔註10〕《孟子集注·盡心上篇》，頁353。
〔註11〕參見袁保新：《孟子三辨之學的歷史省察與現代詮釋》（臺北：文津出版社，1992年），頁44～51。

憂慮為說話動機，藉著分享聖賢的精神世界以抒發說者情志、興發聽者情操的一段話。就如同以下這段文獻的語境。

> 君子所以異於人者，以其存心也。……有人於此，其待我以橫逆，則君子必自反也。……自反而忠矣，其橫逆由是也，君子曰：『此亦妄人也已矣。如此則與禽獸奚擇哉？於禽獸又何難焉？』是故君子有終身之憂，無一朝之患也。乃若所憂則有之：舜人也，我亦人也。舜為法於天下，可傳於後世，我由未免為鄉人也，是則可憂也。憂之如何？如舜而已矣。（〈離婁下篇〉，頁298）

因此，與其說這兩段文獻是闡發性理的「論述」，不如視之為興發情志的「哲理詩」。孟子透過歷史想像穿透舜的精神世界，體會聖人的「人格」所表現出來的一股深遠的創造力量，這一力量創發善之沛然流行，造就了善言善行的人性社會。他藉著歌頌這樣一個道德典範以及理想社會，使人興起心志，以聖賢為模範。〔註12〕再從語言風格來看，這兩段文獻也的確有「詩」的意味：如第一條引文，將舜形塑為從深山野人搖身一變成為人性社會的首席，相當具象地描繪人性的興發歷程。再如以「若決江河，沛然莫之能禦也」的流水隱喻某種沛然大行的人格力量，以及「由仁義行，非行仁義」關於精神內涵的精微分辨，其實都已經超越語言的字面語義，而是進一步傳達哲人的生命感受及敏感心靈。總之，我們所以把這兩段文獻類比為「詩」，還原它的語錄體情境，主要是強調它不是全然客觀地表達一種歷史認知，也不宜將它侷限為關於心性思辨的論述，而是應該把它當作孟子基於自我實現和人性社會的關懷而興發的歷史想像與道德人格的詮釋。

「人之所以異於禽獸者幾希，庶民去之，君子存之。」朱熹《集注》以「性理」為說，大意是：君子知道人獨得於天地的形氣、性理而存之，因此「卒能有以全其所受之理也。」顯然這是朱熹把自己的理念架構加在孟子之上的說解。我們以《孟子》解釋《孟子》，參證另一段文獻：「君子所以異於人者，以其存心也。君子以仁存心，以禮存心。仁者愛人，有禮者敬人。愛人者人恆愛之，敬人者人恆敬之。」〔註13〕可知這裡的「君子存之」就是以

〔註12〕唐君毅先生認為孟子學的主要精神就是興發人之心志以為聖賢，因而稱孟子之道為「立人之道」。《中國哲學原論·原道篇（一）》（臺北：臺灣學生書局，1986全集校訂本），頁212～261。

〔註13〕《孟子·離婁下篇》，頁298。

仁義「存心」之意，而且以仁義「存心」又不離人際互動中的「仁義之實」。具體地說，如「事親」「從兄」就是「仁義」的事實，因此能「事親」「從兄」就是以仁義「存心」。「智者」以此存心而不去即為君子，「禮樂」文明也是以此事實基礎而形成。〔註14〕相反的情形，去「仁義之實」、無「仁義之心」，即是「妄人」，與禽獸無別。孟子認為「尚志」之事乃是士人的主要特徵，而「尚志」即是「仁義而已矣。殺一無罪，非仁也；非其有而取之，非義也。居惡在？仁是也；路惡在？義是也。居仁由義，大人之事備矣。」〔註15〕我們可以說，這種以仁義之實「存心」「尚志」，是非常生活性、不離現實的道德實踐，尚不涉屬於形上學思辨的「性理」之說。「居深山之中，與木石居，與鹿豕遊」的生活情境，欠缺這一可以以仁義之實「存心」的情境，無法提供「善言」「善行」的感興資源。當他能「聞一善言，見一善行」，則代表這個生活情境開始有了質變。

　　「舜明於庶物，察於人倫，由仁義行，非行仁義也」朱《注》先以「識其理」「盡其理之詳」釋「舜明於庶物，察於人倫」，並強調舜是「生而知之」「不待存之，而無不存矣。」由前段所述可知，這並不符合孟子在生活情境中「以仁義之實存心」的本意。不過，舜作為一個「明於庶物，察於人倫」的聖人、其人格世界是「人禽之辨」的最高典範，雖然不離仁義的事實，但是更重要的是仁義之實的內在意義——仁義成為心靈的基本素質，它是聯繫於「人格」的善（德），「由仁義行，非行仁義也」的分辨即由此見之。朱《注》曰：「由仁義行，非行仁義，則仁義已根於心，而所行皆從此出。非以仁義為美，而後勉強行之，所謂安而行之也。」可見「由仁義行」和「行仁義」的精微分辨，不在「仁義之實」的「行為」層面，而是這一道德行為的精神內涵，「由仁義行」是道德主體在「存心」「尚志」而達到「深造」「自得」，「仁義已根於心」因而能「安而行之」的精神狀態。〔註16〕孟子以深得水源喻深造於道，源深則流廣，正呼應第一段引文以「若決江河，沛然莫之能禦也」

〔註14〕《孟子‧離婁上篇》：「仁之實，事親是也；義之實，從兄是也。智之實，知斯二者弗去是也；禮之實，節文斯二者是也；樂之實，樂斯二者，樂則生矣，生則惡可已也，惡可已，則不知足之蹈之、手之舞之。」，頁287。

〔註15〕《孟子‧盡心上篇》，頁359。

〔註16〕《孟子‧離婁下篇》：「君子深造之以道，欲其自得之也。自得之，則居之安；居之安，則資之深；資之深，則取之左右逢其原，故君子欲其自得之也。」頁292。

隱喻聖人純善的人格所帶出的精神力量，一端是「仁義已根於心」的"本源"義，一端是沛然大行的"流行"義。

　　總之，孟子對舜的詮釋基本上是起於對「人禽之辨」的感懷，其旨趣當如唐君毅先生所言是要興起人的心志，分享聖賢的精神世界。因此在對舜的詮釋當中，孟子的重點並不在於從行為層面指出舜所表現的善言、善行，而是從行為的動機層面直探舜的生命本質──亦即舜作為一個聖人具備開發善言善行的人格力量，這一善的根源力量，孟子使用流水大行的隱喻加以指點。同樣的，所謂「由仁義行，非行仁義也」，筆者認為亦可以從流水行進的不同狀態區分兩種「行」的狀態，前一種「行」乃是源自人格力量因而仁義沛然大流，後一種「行」則是一般仁義之行的涓涓小流，其旨乃在分辨人格的善與行為的善。

二、人格的「無限統一力」與流水隱喻

　　上述所見孟子將道德實踐的意義訴諸「由仁義行」的精神活動，體認善言善行來自生命中內在的人格力量，這就意謂著善是自我的發展完成、真正的善必然就是「人格的善」──用《五行篇》的術語即是「形於內」的「德之行」，且這一德行乃是「與天合德」，其人格為契合天道的「聖人」。這一強調人格精神的倫理學思路，日本哲學家西田幾多郎稱之為「活動主義」（energetism）。所謂「活動主義」，西田強調的是意志活動才是確立價值的根本，區分於以理性為根本的「唯理論」或「唯知論」，以及以苦樂感情為根本的「快樂主義」。他說：

> 意志是意識的根本的統一作用，又立即是實在的根本統一力的表現。意志不是為他的活動，而是為己的活動。因此只有從意志本身之中去尋求確定意志價值的根本。關於意志活動的性質，如在談到行為的性質時所說的……它在意識上作為目的觀念而出現，並在於通過它來進行意識的統一。當這種統一完成了的時候，即理想實現了的時候，我們就產生滿足的感情，反之則產生不滿足的感情。確定行為價值的主要在於這種作為意志根本的先天要求……所以所謂善就是我們的內在要求即理想的實現，換句話說，就是意志的發展完成。……我們的意識，無論在思維或想像上，也無論在意志上，或是在所謂知覺、感情、衝動上，在它們的根基深處都有一種內在

的統一物在進行活動，所以意識現象都是這個統一物的發展與完
成。同時，對於這種整體進行統一的最深統一力就是我們的所謂自
我，意志是最能表現出這種力量的。由此可見，意志的發展完成，
立即成爲自我的發展完成，因而可以說善就是自我的發展完成
（self-realization）。〔註17〕

西田幾多郎認爲「意識」的世界與「實在」的世界是同一的，意志活動本身
即是「實在的根本統一力的表現」，因此道德行爲的價值就在「意志的發展完
成」，而意志又是最能表現自我的一股力量，所以意志的發展完成也就是「自
我的發展完成」。一切善言善行以此爲根基才是眞正的「善」。因此他對於「服
從理性」「理性的滿足」就有別於「唯理論」的理解，他將「理性」理解爲一
種更本源的「人格的力量」，而這就是意識活動的根基，因此最高的善即是「人
格的善」。他說：

我們的意識本來就是一種活動。在它的根基裡，無論什麼時候都
只有一種力量在進行活動。即使在知覺和衝動這種瞬間的意識活
動中，也已經出現了這種力量。更進一步，在思維、想像、意志
這些意識活動中，這種力量就以更加深遠的形態出現。我們說服
從理性，就不外是指服從這種深遠的統一力。……這種意識的統
一力決不能離開意識的內容而存在，相反，意識的內容是通過這
種統一力而成立的。當然，如果把意識的內容一一分析考察時，
就找不出這種統一力來了。……如同畫面上出現的一種理想和音
樂中出現的一種感情一樣，它不是可以分析理解的東西，而是可
以直覺自得的東西。如果在這裡把這種統一力定名爲每個人的人
格，那麼善就在於這種人格，亦即統一力的維持發展。……人格
既不是單純的理性，又不是欲望，更不是無意識的衝動，它恰如
天才的靈感一樣，是從每個人的內部直接而自發地進行活動的無
限統一力。〔註18〕

我們借用西田幾多郎的說法，「人格」就是那股作爲知覺、衝動、思維、想像、
意志等意識活動之根源的「無限統一力」，而一切的意識內容都是通過這一統

〔註17〕西田幾多郎著，何倩譯：《善的研究》（北京：商務印書館，1997 年），頁 106
〜110。

〔註18〕同上，頁 110〜114。

一力而呈現。孟子所謂「行仁義」乃是屬於意識內容，「由仁義行」則是觸及作為意識活動之根源的「人格」，亦即作為「意識」與「實在」之根源的「無限統一力」。這一「由仁義行」的人格力量只能「直覺自得」，無法「分析理解」，因而亦無法直接言說，只能隱喻：「若決江河，沛然莫之能禦也」。孟子有關流水的隱喻屢見，如〈離婁下篇〉：

> 君子深造之以道，欲其自得之也。自得之，則居之安；居之安，則
> 資之深；資之深，則取之左右逢其原，故君子欲其自得之也。（頁
> 292）

> 徐子曰：仲尼亟稱於水，曰：「水哉，水哉！」何取於水也？

> 孟子曰：原泉混混，不舍晝夜。盈科而後進，放乎四海，有本者如
> 是，是之取爾。苟為無本，七八月之間雨集，溝澮皆盈；其涸也，
> 可立而待也。故聲聞過情，君子恥之。（頁 293）

孟子以流水隱喻道德生命的存養開發，似乎是孔門德教傳統慣用的言說形式。這裡的流水意象自是取其「有本」之義，藉以強調成德要有人格之實，才能大化流行，「放乎四海」。相較而言，老子使用「水」的隱喻，取其柔弱、清靜、謙下的性質，孟子則是取其剛強、流動、興發的性質。這既是論述風格不同，同時也是價值認知的差異。美國文學批評家蘇珊‧桑塔格（Susan Sontag）在〈論風格〉一文曾說：藝術作品的風格形式與精神內容是不可分的，風格不是覆蓋在作品實體之上的裝飾，作品的風格就是作品的靈魂。就風格和作家的關係而言，風格是「藝術家的意志的標記」，「每種風格都體現著一種認識論意義上的選擇，體現著對我們怎樣感知以及感知什麼的闡釋。」〔註 19〕

　　在孟子的流水隱喻之中，我們看到的正是基於道德人格而形成的雄渾風格與一個仁義大行的道德世界：這一個道德世界是由興發那股作為意識活動與實在世界之根源的人格力量所構造起來的。正如流水大行牽涉「本源」與「流行」兩邊，仁義大行的道德世界亦牽連兩邊，一邊是善的「本源」或所謂「四端」之「端」，另一邊則是善之流行或「擴而充之」。「本源」一邊說的是人與獸的差距「幾希」（蘊而不出）；「流行」一邊說的是內藏盡出。孟子道德哲學的核心概念，如「盡心」即是以「四端」之心為本源，「知皆擴而充之

〔註 19〕此文收在蘇珊‧桑塔格（Susan Sontag）著，程巍譯：《反對闡釋》（上海：譯
　　　　文出版社，2003 年），頁 18～42。

矣，若火之始燃，泉之始達」，就在「居仁由義」中「存心」「尚志」而「盡其心」；又如「踐形」、「養氣」都在強調其充盡、流行，直達天地創生之源。或是社會實踐的課題，「仁之勝不仁也，尤水勝火。今之為仁者，猶以一杯水，救一車薪之火也；不熄，則謂之水不勝火，此又與於不仁之甚者也。亦終必亡而已矣。」〔註20〕不仁不義的社會當前，猶如「一車薪之火」，若不是「沛然莫之能禦」的仁義之水，豈能掩熄這團熊熊惡火，使仁義大行，重建人倫社會呢。或是王政的理想，「王者之民，皞皞如也。殺之而不怨，利之而不庸，民日遷善而不知為之者。夫君子所過者化，所存者神，上下與天地同流，豈曰小補之哉？」〔註21〕

　　凡此，包括個體面的盡心知性、養氣踐形的修養工夫；或是追求善言善行成為主流的社會實踐，或是天人合一的超越體證，皆是孟子的流水隱喻之所含，而其雄渾動力則都是來自興發那股「由仁義行」之人格力量——他所贊頌於舜者以此。從基礎主義的角度看，舜象徵以豐沛的創造力建構世界的主體性；從辯證法的角度看，舜象徵自然和歷史前進過程的絕對精神。

第二節　荀子：「禮義文理」的人格世界

一、「小行」、「中行」與「大行」

　　孟子以「行仁義」和「由仁義行」的區分標示出「聖人」「德之行」的人格世界——「行仁義」乃是人在社會生活中表現出的一般「善行」，「由仁義行」則是人的道德意識契合天道（超越性的道德實體）所具備的「德之行」，構成聖人的人格世界。《五行篇》就強調兩者內涵的異質性：「德之行」屬於「天道」，一般的「善行」為「人道」，層次上的分辨不容混淆。

　　荀子以「小行」「中行」「大行」的區分標示聖人的人格世界，然而聖人的「大行」和一般的「小行」「中行」並不存在「天道」與「人道」異質性的層次區別，僅強調「大行」的層次，在於體現「道義」，超然於以「君」「父」為頂點的人倫網絡的禮法規範之上。我們借用林安梧先生在闡發「道的錯置」的相關論題時所作的定義——

〔註20〕《孟子・告子上篇》，頁336。
〔註21〕《孟子・盡心上篇》，頁352。

「父」：通過「血緣性的自然連結」而結成的人際網絡之中，那最高階位的倫理象徵。

「君」：通過「宰制性的政治連結」而結成的人際網絡之中，那最高階位的精神象徵。

「聖」：通過「人格性的道德連結」而結成的人際網絡之中，那最高階位的文化象徵。〔註22〕

父、君、聖就是表現「人道」的社會整體生活的象徵，由父（血緣倫理象徵）而君（政治精神象徵）而聖（道德文化象徵），在社會體中「盡制」「盡倫」就足以構成人類自足的文化世界。聖人是人間道德文化成果的最高象徵，他具備「壹於道而以贊稽物」「精於道」「兼物物」的道德智能——能夠兼知事理，掌握事物之間的關係意義，因此具有裁制萬物的能力，因此是「備道全美者也，是縣天下之權稱也」。〔註23〕對荀子來說，人間道德文化的內容則可以「禮」概括，整個生活世界統之以「禮」，背離了它，則一物不存。生活世界就在「禮」的界定之下，「至文以有別，至察以有說」成為一個有倫理意義的世界而徹底明朗。

因此，荀子以「志以禮安，言以類使」或「文而類」來呈現聖人的人格世界，主要是要突顯聖人能夠深入人類文化世界的「統類」（禮義），而不僅是遵行人倫規範（禮法）——這正是荀子對「小行」「中行」與「大行」的區分所在。以下略加申述：

> 好法而行，士也；篤志而體，君子也；齊明而不竭，聖人也。人無法，則倀倀然；有法而無志其義，則渠渠然；依乎法而又深其類，然後溫溫然。（〈修身篇〉，頁33）

> 禮義以為文，倫類以為理，喘而言，臑而動，而一可以為法則。（〈臣道篇〉，頁256）

這裡說到聖人人格以「依乎法而又深其類」為特徵。荀書的用法，「法」「類」往往並舉，楊倞注「禮者，法之大分，類之綱紀也。」時曾引《方言》之說「齊謂法為類」，則「法」與「類」義略同；但其實兩者猶有不同，楊倞自己

〔註22〕林安梧近年推闡「道的錯置」（misplaced Tao）乃是中國政治思想的根本困結一說，不斷地提到父、君、聖三者的關連。氏著：《道的錯置——中國政治思想的根本困結》（臺北：臺灣學生書局，2003年），頁52～3、126～7、188。

〔註23〕《荀子·正論篇》，頁325。

就說「類，謂禮法所無，觸類而長者，猶律條之比附」〔註24〕「類」是依據法的精神而衍生的另一種「法」。「類」其實介乎「法之數」「法之義」兩個層面之間，有時用以表示另一形式的「法度」，有時用以表示作爲禮法之精神的「禮義」，我們可以說，「類」是荀子用來突顯「禮義」「法度」兩個層面融貫爲一（就具體應用而言，「禮義」必然下貫爲「法度」；就總體原則而言，「法度」必然上通於「禮義」）的詮釋性語詞。

荀子強調聖人的「大行」在於「深其類」即意謂著「依乎法」而且「志其義」，因而具備「齊明而不竭」的清明道德意識，形成所謂「克明克類」的人格世界。〔註25〕然而此一「克明克類」的清明意識乃是在「志以禮安」的社會規範以及文化涵養當中表現出來。「志以禮安」的文化涵養即是心道合一、身禮一體，自然人身成爲「文」的載體：「禮」代表人文世界的「文理隆盛」，個體深入「禮義」則成爲禮法的載體，一言一行皆有法則，亦即體現了「禮義之文」「人道之至文」，自然散發出一種「溫溫然」的儒雅氣質。〔註26〕「文」爲「本」，「理」爲「用」，〔註27〕「禮義以爲文，倫類以爲理」，「倫類」正是依據禮法精神而衍生的妙用，因此，以禮法精神爲內涵的人格自然是以「聽斷以類」的知性形式面對外部世界，因此而具備體常應變的能力，故謂「其持險應變曲當，與時遷徙，與世偃仰，千舉萬變，其道一也。」甚至是「倚物怪變，所未嘗聞也，所未嘗見也，卒然起一方，則舉統類而應之，無所儗作，張法而度之，則晻然若合符節」。

討論至此，可以稍作比對：孟子中的舜尚有與「野人」若即若離的形象，舜之成爲聖人殆屬「天才型」，他的人格世界是一個具備敏銳的感性體驗的「眞

〔註24〕〈勸學篇〉，頁12。
〔註25〕「明」與「類」並舉，如〈儒效篇〉：「明不能齊法教之所不及……則知不能類也。」「炤炤兮其用知之明也，脩脩兮其用統類之行也」荀書屢見。另外，「克明克類」一詞出自《詩·大雅·皇矣》。參見蔣年豐：〈荀子「隆禮義而殺詩書」涵義之重探—從「克明克類」的世界著眼〉一文。收在東海大學文學院編，《第一屆中國思想史研討會論文集—先秦儒法道思想之交融及其影響》（臺中：東海大學文學院，1989年）
〔註26〕〈賦篇〉：「性不得則若禽獸，性得之則甚雅似者與？……請歸之禮。」參見拙文〈荀子的「身、禮一體」觀——從「自然的身體」到「禮義的身體」〉，中央研究院《中國文哲研究集刊》第十九期（2001年9月）。此文主要探討個體的身心發展與社會、文化傳統的關係，說明「自然的身體」如何美化爲「禮義的身體」的動力與過程。
〔註27〕〈禮論篇〉：「貴本之謂文，親用之謂理」頁352。

實世界」，就以這種敏銳的感性開創出一個全新的文明世界；荀子中的舜，則是一個完完全全的「文明人」，舜之成爲聖人殆屬「智者型」，他的人格世界是一個具備嚴謹的知性推理的「意義世界」，就以這種嚴謹的知性而「發明」一個先聖後聖相續相成的文明世界。

> 聖人積思慮，習僞故，以生禮義而起法度。（〈性惡篇〉，頁437）

這裡的「生」並非是憑著個體先天的「獨知之慮」無中生有的創造，也並非是由先驗的道德意識創造出禮義法度，而是在「禮義之統」的文化資源中積習發明，在與之相參同化的過程中，參與了禮義法度的更生創化。由此即可見：荀子的聖人觀，不同於孟子以聖人象徵一個直承天道的創造力量，而是保證人類文化可以永續發展之創造力量的象徵。這一力量雖然亦被許爲「通於神明，參於天地」〔註28〕──但畢竟是以人類的文化創作參與了天地的「變化代興」。

此外，就如孟子以豐沛的流水隱喻建構文明世界的主體性與人格世界，荀子亦有其特殊的修辭法：「賦」──藉著詠贊禮、知、雲、蠶、箴五物之「理」呈現一個「禮義文理」的人格世界。〈賦篇〉：

> 爰有大物，非絲非帛，文理成章。非日非月，爲天下明。……君子所敬而小人所不者與？性不得則若禽獸，性得之則甚雅似者與？匹夫隆之則爲聖人，諸侯隆之則一四海者與？致明而約，甚順而體，請歸之禮。

> 皇天隆（降）物，以示下民，或厚或薄，帝（常）不齊均。……大參乎天，精微而無形。……甚深藏而外勝敵者邪？法舜、禹而能弇跡者邪？行爲動靜，待之而後適者邪？血氣之精也，志意之榮也……明達純粹而無疵也，夫是之謂君子之知。

> 有物於此……大參天地，德厚堯、禹。……德厚而不捐，五采備而成文。往來惛憊，通于大神；出入甚極，莫知其門。……廣大精神，請歸之雲。

> 有物於此……屢化如神。功被天下，爲萬世文。禮樂以成，貴賤以分。……三俯三起，事乃大已。夫是之謂蠶理。

> 有物於此……日夜合離，以成文章。……既以縫表，又以連裡。夫

〔註28〕〈性惡篇〉，頁443。

是之謂箴理。（頁 472～480）

此詠物五賦的內容有一個共同的主題：鋪陳「禮義文理」的「至文」性徵、「內聖外王」的功能、「參於天地」的境界。〈禮賦〉的「文理成章」「爲天下明」「致明而約，甚順而體」，固是直接詠贊禮的「文明性」，其它雲、蠶、箴諸物亦屢言「五采備而成文」「功被天下，爲萬世文」「日夜合離，以成文章」，間接呈現其「文明」的性徵與功能，或可視爲象徵禮文的「文明性」及聖人的「至文」人格。「匹夫隆之則爲聖人，諸侯隆之則一四海」「禮樂以成，貴賤以分」則直指內聖外王的功能。〈知賦〉的「大參乎天，精微而無形」、〈雲賦〉的「大參天地，德厚堯、禹」「往來惛憊，通于大神；出入甚極，莫知其門」「廣大精神」、〈蠶賦〉的「屢化如神」，彼此參照，即可知皆在詠贊禮義生命可達的精神境界。由此可見，荀子藉著詠物之賦鋪敘一個涵蓋自然、人事、精神活動都被「禮義文理」所滲透的理想世界。當然，荀子理想世界的實現，不同於孟子以開發、擴充先天之人格力量爲依據，而是透過「化性起僞」的積學轉化（朱曉海先生認爲詠「蠶理」的「屢化如神」間接指涉「成人」之學的「積」與「化」，詠「箴理」的「既以縫表，又以連裡」譬擬「道通統類」，〔註29〕所見深刻可從。）然後才能表現出不同於禽獸之軀的「雅似」模樣以及「血氣之精也，志意之榮也……明達純粹而無疵」的禮義之軀。

二、孝悌：「性之」與「禮義」

在孟、荀對於聖人之道德人格的不同詮釋當中，我們發現一個頗具對比性的見解，荀子認爲「入孝出弟」在人格層次上面只是「小行」，而孟子卻認爲「堯舜之道，孝弟而已矣」。〔註30〕這一對比的理論內涵爲何？

孟子對於舜作爲孝悌楷模的形象十分心儀，他經由對《詩》《書》等經典的認識，用「以意逆志」的閱讀方法揣摩舜的孝悌之心、體會舜之事蹟的精神內涵。〔註31〕關於舜的孝悌傳說，最膾炙人口的大概是：舜的父母和弟弟

〔註29〕 參見朱曉海先生，〈某些早期賦作與先秦諸子學關係證釋〉，收《習賦椎輪記》（臺北：臺灣學生書局，1999 年），頁 36～44。

〔註30〕 《孟子‧告子下篇》，頁 339。

〔註31〕 蔣年豐先生從「興」的觀點討論孟子的「詩教」，他認爲孟子的詩教重在發揮孔子已經觸及的「仁德興發」的精神現象，並以其獨特的聖賢史觀、人性論、養氣說等思想深刻內在化了孔門的詩教。在此一仁德興發的脈絡中，孟子所強調的「以意逆志」讀詩法就不僅有文學批評的意涵，它和養氣知言、知人

處心積慮想除掉他──「父母使舜完廪，捐階，瞽瞍焚廪。使浚井，出，從而揜之。」然後由弟弟象主導瓜分舜的財產「牛羊父母，倉廪父母，干戈朕，琴朕，弤朕，二嫂使治朕棲。」〔註32〕舜處在這麼一個最不倫的家庭，卻有全盡圓滿的孝悌之心。《書》中記載「舜往于田，號泣于旻天」，孟子認為舜的「號泣」是出於「怨慕」的心理。所謂「怨慕」，意謂在對父母的「怨」中，乃見對父母的「慕」。類似的例子，孟子亦以孝子的「怨慕」解讀《詩‧小弁》一詩，所謂「親之過大而不怨，是愈疏也」，因而從詩人的「怨」見出他「親親」的「仁」心。〔註33〕孟子指出「終身慕父母」是舜最重要的人格特質：

> 人少，則慕父母；知好色，則慕少艾；有妻子，則慕妻子；仕則慕
> 君，不得於君則熱中。大孝終身慕父母。五十而慕者，予於大舜見
> 之矣。（《孟子‧萬章上篇》，頁303）〔註34〕

「終身」愛慕父母才是一種純粹真實的愛。因為「慕父母」的「赤子之心」如果隨著年紀而衰，或轉移至少女、妻子、國君，印證這些愛慕只是一種情感依待或是使人「熱中」的外物欲求，愛慕的情感本質其實蕩然無存。孟子由此認知「大孝」的可貴。此外，舜一方得不到父母絲毫的愛，另一方則得到他人無盡的愛──「帝使其子九男二女，百官牛羊倉廪備，以事舜於畎畝之中。天下之士多就之者，帝將胥天下而遷之焉。」舜卻仍然「為不順於父母，如窮人無所歸」，「人悅之、好色、富貴，無足以解憂者，惟順於父母，可以解憂」，有了父母之愛，心靈才能富足快樂，其他的滿足則無足輕重。再者，桃應曾問孟子「舜為天子，皋陶為士，瞽瞍殺人，則如之何？」這個設問針對天子之「公義」與為人子之「孝心」相抵觸的兩難情境，孟子認為舜首先當是「執之」以全公義，但是他接著卻會「竊負而逃，遵海濱而處」以全孝心。如此的自處之道，孟子亦是揣摩舜子的心理而得：「舜視棄天下，猶棄敝蹝也。竊負而逃，遵海濱而處，終身訢然，樂而忘天下。」〔註35〕舜對於弟弟的情感亦如是，就算象處心積慮要加害於他，但是舜依然是「象憂亦憂，象喜亦喜」由此可見「仁人之

論世之說關聯密切，可以廣義地視為人的精神溝通活動，並以此自覺地感發志意，提昇擴大精神能量。蔣年豐：〈從「興」的觀點論孟子的詩教思想〉，收在《文本與實踐（一）──儒家思想的當代詮釋》（臺北：桂冠圖書公司，2000年），頁177～199。

〔註32〕《孟子‧萬章上篇》，頁303。

〔註33〕《孟子‧告子下篇》，頁340。

〔註34〕《孟子‧告子下篇》：「孔子曰：『舜其至孝矣，五十而慕。』」，頁340。

〔註35〕《孟子，盡心上篇》，頁359～360。

於弟也，不藏怒焉，不宿怨焉，親愛之而已矣。」甚至當這一親愛之心與「公義」可能有所牴觸——如萬章對於舜罪四凶而封弟就有「不公」的質疑，孟子的說辭仍然相信舜必然是兩全之。〔註36〕

　　上述可見：孟子對舜「終身慕父母」與無條件的「親愛」弟弟等事蹟的詮釋，其實在彰顯「孝悌之道」的純善意義——由舜的「孝弟之心」見其「由仁義行」的人格世界。它不是人基於「所欲」「所樂」的心理欲求而行使的「善行」，而是彰顯人之「所性」而「形於內」的「德行」。《孟子·盡心上篇》：

> 廣土眾民，君子欲之，所樂不存焉。中天下而立，定四海之民，君子樂之，所性不存焉。君子所性，雖大行不加焉，雖窮居不損焉，分定故也。君子所性，仁義禮智根於心。其生色也，睟然見於面，盎於背，施於四體，四體不言而喻。（頁354～5）

「天下之士悅之，人之所欲也，而不足以解憂；好色，人之所欲，帝妻之二女，而不足以解憂；富，人之所欲，富有天下，而不足以解憂；貴，人之所欲，貴為天子，而不足以解憂。」〔註37〕顯示舜的孝悌之心已然超乎「所欲」之上。至於「所樂」之事，在或窮或達之間，以尋求自我或社會全體之幸福，自有所樂之處，「父母俱存，兄弟無故」的「天倫之樂」亦是「君子三樂」之一。〔註38〕然而我們不僅看到舜對「天倫之樂」的嚮往，因此不得而「怨」；我們還看到他努力突破不倫的客觀限制，彰顯孝悌之心是無可取代的人性最大滿足。「所性」一層，不受客觀限制影響，因為它已「根於心」「形於內」，是必然要實現的「人格的善」。依牟宗三先生的說解，「所欲」或「所樂」旨在追求幸福，屬於人生存在之實然，「所性」一層則旨在「成德」，屬於「理性」之當然，是人之絕對價值所在，一切人生之定然原則與道德法則皆由此而生，因此是一切有待於外之行事的判準。以實現「所性」的價值意識為本，「所樂」「所欲」之事一併滿足，即是「圓善」。〔註39〕

〔註36〕《孟子·萬章上篇》，頁303～305。

〔註37〕《孟子·萬章上篇》，頁303。

〔註38〕《孟子·盡心上篇》，頁354。

〔註39〕牟宗三：《圓善論》（臺北：臺灣學生書局，1985年），頁159～176。相較牟先生以人的道德理性為主，李澤厚則另提「情本體」的說法——他認為理義、性分乃是建立在情感心理的基礎，這種情感的表現不同於自然生理的情緒，而是積澱有社會理性，將動物性的慾和社會性的理融攝為一，就是這個文化的「情理結構」使人區別於動物。李澤厚：《論語今讀》（臺北：允晨文化公司，2000年），頁18～19、58～59等。

誠如上述，孟子其實是從孝子之愛「指點」德性之仁，〔註40〕亦即從舜之「盡事親之道」印證其「赤子之心」，並由此推見其「圓善」的偉大人格。孟子所謂「大人者，不失其赤子之心者也」〔註41〕「居仁由義，大人之事備矣」，〔註42〕「赤子之心」的內涵大概不離親親的孺慕孝敬之情，由此自然有「居仁由義」之實，且將直通「由仁義行」的偉大人格，「赤子之心」與「仁義禮智根於心」竟完全是一本同源的。

另一方面，荀子對於「入孝出悌」並未賦予它如此深遠的意義。由於歷史的發展，使得荀子不再僅僅注目個體的仁義孝悌，而是更強調社會整體的禮法綱紀。〔註43〕所謂「君子處仁以義，然後仁也；行義以禮，然後義也；制禮反本成末，然後禮也。三者皆通，然後道也。」〔註44〕就將「仁義之實」的意義放在涵蓋面更廣大的「禮義」（反本）「法度」（成末）的整體制度中以見其意義。荀子一向關注的是社會倫理秩序課題，所謂「天能生物，不能辨物也；地能載人，不能治人也；宇中萬物、生人之屬，待聖人然後分也」的「辨」「治」「分」都是屬於倫理秩序的字眼，他相信「聖人」制作的「禮義法度」可以作爲社會倫理秩序的根本保證，成就「正理平治」之「善」。荀子的「善」是社會倫理秩序的概念，「禮義法度」一詞禮、法連用，說的也是構成秩序的倫理法則。荀子將「孝悌」視爲一般的「善行」，而非「盡善挾治」〔註45〕的「德行」。荀子的「禮三本說」有謂「天地者，生之本也；先祖者，類之本也；君師者，治之本也。」〔註46〕就強調社群的倫理（禮義）是最高的人性指標，因此將屬於家族倫理的「入孝出弟」視爲「小行」乃是勢所必然。

根本的原因在於荀子對人性的認知：他的「性惡」論調──「人情甚不

〔註40〕 宋儒如程頤所謂「愛自是情，仁自是性」、朱熹所言「仁者，愛之理，心之德也」，皆明白揭出「愛」的情感性質，與作爲道德基礎的「仁」本非一事。孟子此處以「愛」說「仁」乃是「指點法」，而非「界定法」。參見朱曉海：《荀子之心性論》（香港：香港大學博士論文，1993年），頁117～120。

〔註41〕 《孟子‧離婁下篇》，頁292。

〔註42〕 《孟子‧盡心上篇》，頁359。

〔註43〕 參見李澤厚：《中國古代思想史論》（天津：天津社會科學院出版社，2003年），頁102～103。

〔註44〕 《荀子‧大略篇》，頁492。

〔註45〕 《荀子‧儒效篇》，頁133。「善」「治」可以互訓，「盡」「挾」則是備盡、周挾之意。

〔註46〕 《荀子‧禮論篇》，頁349。

美……妻子具而孝衰於親，嗜欲得而信衰於友，爵祿盈而忠衰於君」，〔註47〕以及「化性起偽」的主張——「然而曾、騫、孝己獨厚於孝之實而全於孝之名者，何也？以綦於禮義故也。」〔註48〕按荀子的思路，人性特質乃是在社會網絡、在「群居和一之道」的「禮義」中建構起來。

> 凡生乎天地之間者，有血氣之屬必有知，有知之屬莫不愛其類。今夫大鳥獸則失亡其群匹，越月踰時則必反鉛過故鄉，則必徘徊焉，鳴號焉，躑躅焉，踟躕焉，然後能去之也。小者是燕爵，猶有啁噍之頃焉，然後能去之。故有血氣之屬莫知於人，故人之於其親也，至死無窮。將由夫愚陋淫邪之人與？則彼朝死而夕忘之，然而縱之，則是曾鳥獸之不若也，彼安能相與群居而無亂乎？（〈禮論篇〉，頁372～3）

荀子這裡所謂「愛其類」乃是「有知之屬」的通性，「知」與「愛」乃是基於「血氣」的「知」與「愛」，這是出自自然生命的知覺、情感，「禽獸有知而無義，人有氣、有生、有知，亦且有義」，「有知」並非人性特質，由此表現的「愛」也不是人所獨有，「有義」（如父子之義、夫婦之別）才是人類的特質——這必須在「知」與「愛」的情感根基上加以昇華。「有知之屬莫不愛其類」的「愛」可以產生「族群意識」，但這種「血氣」之愛並不足以保證「社會意識」（「群居而無亂」之「義」）的產生。人的族群意識最強，不僅是這一原始情感，而是人的心智能力足以產生「社會意識」。就這一層面而言，人類的「愛」是伴隨心智發展而表現的普遍情感，而且是通過社會生活交流範圍的擴大（家族——社會——政治相串連的倫理網絡）而發展起來的「有義」的「愛」——既是表達個人的情感，也合乎社會的正義，這正是構成人之所以為「最為天下貴」的特質。

德國哲學家卡西勒（Ernst Cassirer）的哲學人類學以「符號的動物」標示人的獨特之處，幫助我們更清楚的理解禽獸的「無義」之「愛」與人類的「有義」之「愛」兩者智能結構的根本差異。動物乃是靠著感受器系統（receptor system）接受外部刺激，靠著效應器系統（effector system）對刺激作出反應（reaction）；人類則有另一套符號系統（symbolic system），他不僅生活在物理宇宙之中，還生活在一個符號宇宙之中。因此，動物對環境的「反應」與人

〔註47〕《荀子‧性惡篇》，頁444。
〔註48〕《荀子‧性惡篇》，頁442。

類對生活世界的「應對」（response）是異質的，「人是在不斷地與自身打交道而不是在應付事物本身」。從語言的切面來看，動物語言和人類語言也有根本的落差：前者的語言只是在操作一種「信號」（signs），其內容屬於情感語言（emotional language），後者則是在創造一套「符號」（symbols），其內容乃是命題語言（propositional language）。「信號和符號屬於兩個不同的論域：信號是物理的存在世界之一部分；符號則是人類的意義世界之一部分。信號是操作者（operators），而符號則是指稱者（designators）。」〔註49〕

對荀子來說，「有義」的「知」與「愛」必然是透過符號形式獲得表現的「知」與「愛」——「孝子之情」必須透過「禮義之文」的形式來加以表達，「稱情而立文，因以飾群，別親疏貴賤之節」——這才是人類的特質，才有「善」的意義。由此可知，荀子對於人的認知，既不像孟子從人的內在道德能力（四端之心）定義人性，也不是從可被經驗觀察的人的自然本性（血氣之屬的「知」與「愛」）定義人性，而是類似卡西勒的「符號形式的哲學」所說的從人的符號化的文化活動來定義人性——「禮」是人類符號活動的總括，透過禮的形式所表現的「知」與「愛」正是人的意義所在。「故人之所以為人者，非特以其二足而無毛也，以其有辨也。夫禽獸有父子而無父子之親，有牝牡而無男女之別，故人道莫不有辨。辨莫大於分，分莫大於禮，禮莫大於聖王。」〔註50〕表現人類高級的心智活動，在於人類不僅有感情，而且有感情生活——以某種感情形式加以文飾昇華而有節度秩序的感情，這些禮文的形式則是由具備「文而類」之聖智所建構而成。

三、「積善成德」：《五行篇》的「德之行」

行文至此，我們已經釐清孟、荀道德人格理論的大別所在，也就可以針對竹、帛《五行篇》的論點進行討論。

竹、帛《五行篇》的出土饒富學術價值。首先就是它「解開了思孟五行說古謎」：〔註51〕此指荀子〈非十二子篇〉在批判「思孟學派」「聞見雜博」

〔註49〕（德）恩斯特・卡西勒（Ernst Cassirer）著，甘陽譯：《人論——人類文化哲學導引》（臺北：桂冠圖書公司，1990年），頁35～62。

〔註50〕〈非相篇〉，頁79。

〔註51〕龐樸除了校注竹、帛《五行》篇的文句外，首先將此一文獻與「思孟五行說」的關係顯題化，陸續發表〈馬王堆帛書解開了思孟五行說古謎〉〈思孟五行新考〉〈帛書五行篇評述〉〈竹帛五行篇與思孟五行說〉等文，全收於《竹帛五

卻「不知其統」時提到思孟學派「案往舊造說，謂之五行」的學說，「五行說」的實質內容為何，因文獻不足徵遂成懸案。學者比對《五行篇》和《孟子》，特別是帛書《五行篇》「說」的部分，發現不但某些文句有雷同之處，思想亦相通。〔註52〕據《五行篇》，我們知道：「五行」並不是如傳統說法所言指金木水火土「五行」之氣，或仁義禮智信「五常」之德，而是指仁、義、禮、智、聖五種「德之行」。傳統「五行」之氣、「五常」之德的說解，反映了秦漢以降雜揉陰陽家「五行」與儒家「五常」的道德認知，漢唐注疏之學沿襲此類說法，楊倞習注疏之學，故其注《荀子》「五行」遂直釋為「五常，仁義禮智信是也」。〔註53〕郭店楚簡《五行篇》開首就是「五行」二字，並闡釋其內容為仁義禮智聖五種「德之行」，雖然與漢唐而下的「五常」之說僅有一字之差，但這才是思孟學派之道德理論的原貌。

上述說法如果成立，那就意謂著《五行篇》思想與孟子思想為一脈相承獲得確認。然而，我們仍不應忽略《五行篇》和《荀子》也有相似的文句和概念。

如本文一開始所引兩段竹、帛《五行篇》的文句，強調「積」與「形於內」是構成聖人「德之行」人格的修德工夫特徵，與荀子所強調的「積」的工夫近似，〔註54〕甚至荀子亦有某種「形於內」與「五行」的說法。〔註55〕此外，帛書〈說23〉：「循草木之性，則有生焉，而無好惡；循禽獸之性，則有好惡焉，而無禮義焉；循人之性，則巍然知其好仁義也。」與荀子所謂「草木有生而無知，禽獸有知而無義，人有氣、有生、有知、亦且有義」〔註56〕文句相似。不過，凡此相似的文句和概念，本文認為這些其實都是儒家實踐哲學的通行概念，真正要判別道德理論內涵的異同，仍然要審視他們是如何詮釋這些道德實踐的概念。

行篇校注及研究》一書。

〔註52〕同上註，頁97～104，121～132。

〔註53〕參見龍宇純：〈荀卿非思孟五行說楊注疏證〉，收入《荀子論集》（臺北：臺灣學生書局，1987年）

〔註54〕如〈勸學篇〉：「積善成德，而神明自得，聖心備焉。」，頁7。另外，「積習」一詞荀書屢見。

〔註55〕〈不苟篇〉：「誠心守仁則形，形則神，神則能化矣；誠心行義則理，理則明，明則能變矣。」，頁46。〈樂論篇〉：「貴賤明，隆殺辨，和樂而不流，弟長而無遺，安燕而不亂：此五行者，足以正身安國矣。」，頁385。

〔註56〕〈王制篇〉，頁164。

　　竹、帛《五行篇》所強調「積」與「形於內」的修德工夫與精神境界，其實仍然是孟子學的理路。所謂「充其不藏欲害人之心，而仁覆四海；充其不受吁嗟之心，而義襄天下。仁覆四海，義襄天下，而誠由其中心行之，亦君子矣。」〔註57〕以「誠由其中心行之」來詮釋「形於內」，其實就是孟子所謂「由仁義行，非行仁義也」的轉寫：一方面確立「君子所性，仁義禮智根於心」作爲道德實踐的本源性動力，一方面則是在人的道德意識擴充至極而成「由仁義行」的人格，以此建構善言善行沛然流行的道德世界。以此一「積善成德」「形於內」的修德工夫爲理據，竹、帛《五行篇》乃確立道德實踐當由「行」的「人道」之「善」，進到「德之行」的「天道」之「德」。因此，「形於內」乃是指涉形而上的「天道」如何充實或體現於人心之內而言，龐樸先生曾對「形於內」與否的道德意識加以分辨：「善是社會人的行爲準則或規範，是人道，即爲人之道，或者叫社會道德；德是覺悟人之所以與天地參，是天道之現於人心，或者叫天地道德。」〔註58〕前者顯示人既是一個「理性的社會存在」，同時還是一個「悟性的精神存在」。〔註59〕另外，楊儒賓先生不僅說明了道德意識深化過程的「德之行」一面，還說明了作爲道德意識轉化的生理基礎「德之氣」（仁氣、義氣、禮氣、聖氣）一面，以此證成思孟後學是從這一身心轉化的過程去鋪陳「形於內」的道德人格。〔註60〕楊先生認爲這一理論是「將孟子『四端』理論所重視的『道德本心往外擴充之意向性良能』，一轉而爲『道德本心往內逆轉，以證成本心可由潛存狀態明現爲心氣之流

〔註57〕〈說21〉，頁73～74。

〔註58〕龐樸：《竹帛五行篇校注及研究》，頁111。

〔註59〕同上，頁114。

〔註60〕楊儒賓：〈德之行與德之氣——帛書五行篇、德聖篇論道德、心性與形體的關聯〉，《儒家身體觀》（臺北：中央研究院中國文哲研究所，1996年），頁253～292。另外，黃俊傑先生釋「形於內」之意涵及其思想史意義，亦強調《五行篇》乃是對孟子心學的開展，其意義正在孟子學的「內轉」——道德行爲的意識化、小體的精神化，就以此精神活動躍入宇宙大化之源。黃先生又從「身心關係」課題觀察發現，思孟後學更細緻地闡釋孟子生命哲學中關於「養氣」「存心」「踐形」的思想與「大體」「小體」的說法；且強調以心統身，將心分爲「中心」「外心」，認爲前者更爲根本；並強調「思」與「慎獨」的工夫，以完成心對身的統攝，顯示了孟學「內轉」的傾向。分見〈馬王堆帛書五行篇「形於內」的意涵——孟子後學身心觀中的一個關鍵問題〉〈孟子後學對身心關係的看法——以馬王堆漢墓帛書五行篇爲中心〉二文，收於氏著：《孟學思想史論（卷一）》（臺北：東大圖書公司，1991年）

行』」，是將「孟子的思想帶往更深層的意識，直至身——心——性——天交會處。」〔註61〕

> 君子之爲善也，有與始也，有與終也。君子之爲德也，有與始也，無與終也。（〈經8〉，頁42）

> 「君子之爲善也，有與始有與終」言與其體始與其體終也。「君子之爲德也，有與始無與終」有與始者，言與其體始；無與終者，言舍其體而獨其心也。（〈說8〉，頁42）

這段文獻仍在分辨「善行」與「德行」的精神境界，「善行」的道德實踐仍然屬於社會道德的範圍，其實踐乃是個體之事，「德行」的道德實踐則是天地道德的範圍，其道德意識已經「五行和」而成爲一「獨體」「天心」，「個體性」在個體轉化爲精神流行、大道流通的場域之後，不再只是社會中的個體而已，而是一個「獨與天地精神往來」的精神存在。〔註62〕此外，「君子之爲德也，有與始也，無與終也」的說法當中亦含具如下之意：「德之行」的精神興發歷程，其實是永無止境的理想追求。〔註63〕

果如上述，《五行篇》和荀子的實踐理論就有所分歧。如前文所論，荀子強調道德實踐的意義，乃是通過禮法規範（「數」）的遵行，體會當中的道德意義（「義」），道德人格就在由「法」而能「類」的精神進程中提昇，最終也可以「神明自得，而聖心備焉」。這一「積善成德」的歷程，荀子亦認爲是必須「真積力久」「學至乎沒而後止」，自然這是永無止境的追求，只是這一道德意義的追求，永遠是以個體的生命才質爲中心，並在個體於社會生活中的周旋動靜見之，〔註67〕借用《五行篇》的話語，也就是「與其體始與其體終」。至於，如果也有所謂「舍其體而獨其心」的精神境界的話，那也不可能是超越社會體／個體而成爲一個純粹的精神存在，而是個體以其「大清明」之理智攝受客體之「道」（人類歷史之普遍精神經驗），透過「文學」的「積習」而心道合一、身禮一體，在個體的動靜言行之間成爲人類文明之精神創造的載體，以此成爲參贊天地的精神存在——「恢恢廣廣，孰知其極！

〔註61〕 同上，頁271，287。

〔註62〕 同上，頁277～279。

〔註63〕 龐樸：《竹帛五行篇校注及研究》，頁42～43。

〔註67〕 〈修身篇〉：「凡用血氣、志意、知慮，由禮則治通，不由禮則勃亂提僈；食飲、衣服、居處、動靜，由禮則和節，不由禮則觸陷生疾；容貌、態度、進退、趨行，由禮則雅，不由禮則夷固僻違、庸眾而野。」，頁22～23。

翆翆廣廣，孰知其德！涫涫紛紛，孰知其形！明參日月，大滿八極！」的「大人」。〔註68〕

　　總之，《五行篇》所揭仁義禮智聖五種德目範疇，以及「形於內」的積德工夫與境界，雖亦是荀子所肯定，但是如上所述，兩者的實踐哲學差異頗大。《五行篇》強調道德實踐的意義在於追求「德之行」的人格境界，這一境界將超越社會與個人之「體」，而來到一個超人文的、極高明的天地境界。如此一來，制度化、客觀化的人類社會文明經驗就不具絕對的價值，這對從人文統類理解道德實踐之意義的荀子來說，實在有莫大的扞格之處，這大概是荀子非難思孟學派「略法先王而不知其統……甚僻違而無類，幽隱而無說，閉約而無解」的主要原因。〔註69〕

第三節　孟子：《詩》《書》中的歷史意義與天命

　　「孟子道性善，言必稱堯舜」——這兩句話本是說明孟子對滕文公的遊說主軸，〔註70〕對後學者來說卻也成為概括孟子思想的兩句話。後學在討論孟子的心性形上學就是以「性善論」為核心，進而闡述當中蘊含的「心性天道相貫通」之義，宋儒如朱熹即認為《孟子》七篇無非就是「性善」之理。〔註71〕「言必稱堯舜」，孟子將自己的學說與古代聖賢串聯，並不僅是托古立說的論述策略，而是代表孟子道德哲學的歷史縱深——文化上的道統。果然如此，歷史中的聖賢事實和孟子思想的理論內涵也就關係密切。

　　近來，學者對這個課題頗為關切，如鍾彩鈞先生就論證了孟子對舜、文王、孔子的稱述有不同的意義指涉，且「聖賢的事實」在孟子思想中有其特殊意義：聖賢對於孟子學說的必要性在於孟子要求最高的道德標準，而聖賢正是此一要求的合理論據；最高標準不只是個要求、或是人的潛能，還是可以實現的事實，而且這一聖賢事實，是由自明的理想人格來肯定，不必靠外

〔註68〕〈解蔽篇〉，頁397。

〔註69〕黃俊傑先生斠別荀子與思孟學派對於「心」與「道」之內涵的認知差異：思孟學派強調「心」的主體性及超越性，荀子強調「心」的社會性及政治性。思孟學派強調「道」的內在化，忽略「道」與世界的連繫，荀子則強調「道」的客體化，著眼「道」在世界的展現。見黃俊傑：《孟學思想史論（卷二）》第三章。

〔註70〕《孟子·滕文公上篇》，頁251。按：滕文公見孟子，孟子以「性善」「堯舜之道」為說，期勉滕文公能以舜、文王自許，滕雖小，「猶可以為善國」。

〔註71〕見《孟子集注·序說》和〈滕文公上篇注〉，頁199，251。

在的現實存在來支持。〔註72〕又如袁保新先生則從聖賢傳統在孟子學中的地位，探討「歷史意識」在他「天道性命相貫通」的義理架構中的特殊意義，由此提出理解孟子人性論的新視角：他不再從「道德主體性」來理解孟子的「即心說性」，也不從西方古典形上學的進路將孟子的「天」視爲「超越實體」，而是改採海德格的基本存有論來詮釋孟子的心性天道貫通之義。因此，這一貫通之義，並非僅是訴諸於道德主體的逆覺體證，而且是在人類的歷史律動之中遙契作爲「意義無盡藏」的「天」。〔註73〕

　　本文在前述探討中發現：孟子與荀子對於舜之道德人格的詮釋有其層次上的差異，孟子所見「所性」一層的道德人格，不論是從西田幾多郎所謂「人格的無限統一力」加以說明，或是從牟宗三先生所謂「道德理性的無限智心」加以說明，〔註74〕或是從楊儒賓先生所謂「精神化的身體」加以說明，〔註75〕都強調道德實踐的意義不僅是在周旋動容之處「行仁義」而已，而且是內化爲「由仁義行」的人格——人的存在就透過這一精神活動「上下與天地同流」，上契超越的天道。果如此，則人類歷史也就在這一上契天道的超越層次顯其意義。

　　至於荀子，則視聖人的人格世界爲人類文化可以永續發展的創造力量，他著眼於人類生活之普遍經驗，從禮義法度的更生創化本身就開顯了歷史的意義。因此，我們就見到荀子在評騭孟子的「性善論」時將彼此的人性認知差異放在一個更廣闊的理論背景中審視。《荀子・性惡篇》：

> 故善言古者必有節於今，善言天者必有徵於人。凡論者，貴其有辨
> 合，有符驗，故坐而言之，起而可設，張而可施行。今孟子曰『人
> 之性善』，無辨合符驗，坐而言之，起而不可設，張而不可施行，豈
> 不過甚矣哉！故性善則去聖王、息禮義矣；性惡則與聖王、貴禮義
> 矣。（頁440～1）

荀子強調學說主張必須「有辨合、有符驗」，這意謂不僅要以現實經驗爲據，而且這一現實經驗是合於「古今一度」「天生人成」的普遍經驗——亦即體現在禮義法度之中的人類普遍經驗，如此才有其現實意義。這就涉及孟、荀兩

〔註72〕鍾彩鈞：〈孟子思想與聖賢傳統的關係〉，黃俊傑主編：《孟子思想的歷史發展》（臺北：中央研究院中國文哲研究所，1995年），頁1～22。

〔註73〕袁保新：〈天道、心性與歷史——孟子人性論的再詮釋〉，《哲學與文化》二十二卷第十一期（1995年11月）

〔註74〕牟宗三：《圓善論》，頁255～265。

〔註75〕楊儒賓：《儒家身體觀》，頁129～172。

人理解歷史意義的根本差異。

　　思索人類歷史的規律與意義，是戰國各思想家的共同課題。一個明顯的事實是：戰國諸子建構的歷史圖像以及對歷史意義的認知，反映他們思想的差異。蒙文通先生曾就《孟子》中的史事（例如：堯舜禪讓、文王百里而王），與其他子史傳說對較，發現差異頗大。蒙先生認為這和地域文化不同或有關係，因此創為古史三系之說：「以孟子之說為宗，以上合六經，而鄒、魯之言史者莫之能異也。以韓非為宗，以上合《汲冢紀年》，而三晉之言史者莫之能異也。……以屈原、莊子為宗，以上合《山海經》，則南方之言古史者亦莫之能異也。」〔註76〕並由此推出三系文化除了稱說史事不同，文章、思想學術亦不相同。〔註77〕可見地域文化、經典文本不同，思想家建構出不同的歷史圖像，進而對於歷史意義的理解也相去甚遠。因此，依據思想家對於古代文化世界的詮釋，掌握他們對於歷史意義的理解，應該就是一個適當的途徑。孟子據以詮釋古代文化世界的「古典」以《詩》《書》為主，荀子則相對地提出了「隆禮義而殺《詩》《書》」的命題，當中的歧異究竟在他們的歷史／天道觀中有何意義？這是以下兩節所要討論的主要議題。

一、哲學的主觀性：「再現」歷史

　　孟子詮釋《詩》《書》的文化世界，重點是深思實存的人性，透過這一深思，歷史的意義與天人之際的意義獲得澄清——這基本上是屬於思想家所重建的歷史。

> 盡信《書》，則不如無《書》。吾於〈武成〉，取二三策而已矣。仁人
> 無敵於天下。以至仁伐至不仁，而何其血之流杵也？（〈盡心下篇〉，
> 頁364～5）

> 故說《詩》者，不以文害辭，不以辭害志。以意逆志，是為得之。
> 如以辭而已矣，〈雲漢〉之詩曰：「周餘黎民，靡有孑遺。」信斯言
> 也，是周無遺民也。（〈萬章上篇〉，頁306）

> 公孫丑問曰：高子曰：「〈小弁〉，小人之詩也。」孟子曰：何以言之？
> 曰：怨。曰：固哉，高叟之為詩也！有人於此，越人關弓而射之，

〔註76〕蒙文通：《古史甄微・自序》（成都：巴蜀書社，1999年），頁14。
〔註77〕同上，頁2～15。

> 則已談笑而道之；無他，疏之也。其兄關弓而射之，則已垂涕泣而
> 道之；無他，戚之也。〈小弁〉之怨，親親也。親親，仁也。固矣夫，
> 高叟之爲詩也！（〈告子下篇〉，頁 340）

第一項資料，顯示孟子重建歷史時對於歷史文獻有所取捨。這可能會被強調歷史客觀性的學者質疑：這種過於主觀的歷史重建是否違背歷史眞實？不過，我們首先應該強調的是孟子並非歷史學家，而是一個歷史的讀者、一個關心歷史意義的思想家，他的這種「主觀性」態度是否取消了「歷史意義」才是我們應該提問的重點。就此而言，孟子解讀歷史的主觀性其實就是法國哲學家保羅・利科（Paul Ricoeur）所謂的「反省的主觀性」或「哲學的主觀性」：哲學家透過一種「再現」活動重建歷史，它是一種與「自我認識」相重合的「意識的歷史」。這一種主觀性，能夠掘發歷史學家的歷史重建未曾發現的意義──揭示人的意義及其價值：

> 哲學活動揭示了作爲意識和作爲主觀性的人，這種活動對歷史學
> 家具有提醒的價值，有時也可能具有喚醒的價值。它提醒歷史學
> 家注意，他所要解釋的是人，是他在人類文明中發現或界定的人
> 和價值。當歷史學家試圖否認其基本的意向，試圖屈從一種虛假
> 的客觀性──只有結構、力量和制度，而不再有人和人的價值的
> 一種歷史的客觀性──的迷惑時，這種提醒有時像鬧鐘喚醒一樣
> 發出響聲。因此，哲學活動最後顯示出在一種眞的客觀性和一種
> 假的客觀性，也可以說，在客觀性和忽略人的客觀主義之間的區
> 分。……因爲反省能不斷地向我們保證，歷史的客體就是作爲主
> 體的人本身。〔註78〕

當孟子弟子向他求證古史聖賢的異說，孟子往往答以「此非君子之言，齊東野人之語也」「好事者爲之也」，〔註79〕透露出他對古史的認知重點不在求事件之眞，而在其中的「君子之道」。〔註80〕孟子乃是以「君子、小人之辨」或「人禽

〔註78〕〈歷史的客觀性和主觀性〉，收在（法）保羅・利科（Paul Ricoeur）著，姜志輝譯，《歷史與眞理》（上海：譯文出版社，2004 年），頁 3～25。

〔註79〕《孟子・萬章上篇》例證尤多。

〔註80〕黃俊傑先生論孟的歷史思維，認爲美化「三代」經驗的「反事實性思考」是孟子歷史思維的一項特質，將「價值」與「事實」結合，以突顯現實的荒謬。黃俊傑：〈中國古代儒家歷史思維的方式及其運用〉，收在楊儒賓、黃俊傑編：《中國古代思維方式探索》（臺北：正中書局，1996 年），頁 1～34。

之辨」的精神意識探求歷史發展的圖像與歷史意義，在聖賢統緒中不斷現身的「由仁義行」人格才是歷史的動力與本質，反之，則是「反歷史」的。

　　第二、三項資料則揭示讀《詩》的方法，這不僅涉及文學欣賞和批評的觀點，我們也可以把「以意逆志」視爲孟子從文獻中重建歷史的方法原則。「以意逆志」的方法，最基本的意義在於不要受限於文句的表層語意，「當以己意迎取作者之志」，如〈雲漢〉之詩，「作詩者之志在於憂旱，而非眞無遺民也」，〔註81〕這才眞正了解了全詩的意旨。這個過程最重要的活動，並非只是要求貫通上下文脈絡、無誤地理解文義而已，其實是跳出由文句鋪排而成的「詩」而來到作詩之「人」的面前，讀者與詩人的志意正面交流。孟子批評高叟之「固」，正是他只看到〈小弁〉之「詩」充滿「怨」的意旨，卻將作詩之「人」所懷抱的「君子」之志誤解爲「小人」之志，對人之情志（君子之怨）缺乏同情的理解。因此，我們同意將「以意逆志」的讀詩過程視爲「人之精神溝通活動」，並以此自覺地感發志意，擴大精神能量的看法。〔註82〕由此言之，讀詩最終仍然是一種反思人情內涵的過程，這與再現歷史、揭示人的意義的過程是一致的。

二、歷史的超越依據：天命

　　在儒家的歷史認知中，人性社會在堯舜時代已經成立。堯雖身爲帝王，但在人類文明史上眞正有開創意義的則是堯的兩個大臣舜和禹，是他們克服自然的壓力，開創人類的文明。他們擔任的角色不同：禹解決了洪水猛獸的問題，人類終於主宰大地，「險阻既遠，鳥獸之害人者消，然後人得平土而居之」，爲人類文明奠定了地理空間的物質性基礎；〔註83〕「舜明於庶物，察於人倫」，覺察「善」的意義，「仁義」現身人間，開創了精神文明。上述將物質文明與精神文明的開創分別繫屬於禹和舜的兩分法，此是粗略而言，其實尚不足以說明何以儒家將此一歷史起源階段的文明總括爲「堯舜之道」，而不是「舜禹之道」；同時也易將舜的「明於庶物，察於人倫」作純粹精神層面的理解。因此，我們必須參考另一段文獻。《孟子・滕文公上篇》：

〔註81〕〈萬章章句上〉朱熹注語，頁306～7。
〔註82〕蔣年豐：〈從「興」的觀點論孟子的詩教思想〉，收在《文本與實踐（一）──儒家思想的當代詮釋》，頁177～199。
〔註83〕《孟子・滕文公下篇》，頁271。

當堯之時，天下猶未平，洪水橫流，氾濫於天下。草木暢茂，禽獸
繁殖，五穀不登，禽獸偪人。獸蹄鳥跡之道，交於中國。堯獨憂之，
舉舜而敷治焉。舜使益掌火，益烈山澤而焚之，禽獸逃匿。禹疏九
河，瀹濟漯，而注諸海；決汝漢，排淮泗，而注之江，然後中國可
得而食也。……后稷教民稼穡，樹藝五穀，五穀熟而民人育。人之
有道也，飽食、煖衣、逸居而無教，則近於禽獸。聖人有憂之，使
契為司徒，教以人倫：父子有親，君臣有義，夫婦有別，長幼有序，
朋友有信。……堯以不得舜為己憂，舜以不得禹、皋陶為己憂。……
孔子曰：「大哉堯之為君！惟天為大，惟堯則之，蕩蕩乎民無能名焉！
君哉舜也！巍巍乎有天下而不與焉！」（頁259～260）

「洪水橫流，氾濫於天下」「獸蹄鳥跡之道，交於中國」刻畫了文明起源之前的
「自然化」時期，人類飽受洪水野獸的威脅；直到「教以人倫」以後，才真正
進入人的「文明化」時代。在這個「人禽之辨」的歷史進程中，堯、舜無疑是
最重要的角色。堯「舉舜而敷治焉」，他像「天」一樣為天下擇君，他是「天道」
的化身，本身無形無為，因此也無可稱名，不過，舜的一切德業都歸他所有，
因為「有形有名」的人道乃是由「無形無名」的天道所出，因此他就像天一樣
浩大無邊，所以孔子發出「大哉堯之為君！」的讚嘆。人性社會的建構其實是
舜的德業：「君哉舜也！」他是「善群」者也。〔註84〕「有天下而不與」說明他
也像堯一樣無為而治、擇人而為：使益驅逐野獸、禹平治水土、后稷教民稼穡、
契教以人倫，本身雖無所作為，卻能統合所擇諸人的功績，因此華夏文明的一
切德業盡歸於他。〔註85〕由上可說：堯是天道的化身，舜則是體現天道、締造
人類歷史的首席，因此探究歷史的意義，舜才是最直接的聖王典範——孟子的
歷史詮釋會以詮釋舜的道德人格為主，其原因或許在此。

孟子的歷史起源說，強調人類從「禽獸」手中奪取大地主導權，以征服
自然與建立人性社會為歷史的主要意義。值得注意的是，孟子延續了《詩》《書》
傳統的「天命觀」，視「天命」為人類歷史的超越依據。《孟子・離婁下篇》：

舜生於諸馮，遷於負夏，卒於鳴條，東夷之人也。文王生於岐周，
卒於畢郢，西夷之人也。地之相去也，千有餘里；世之相後也，千

〔註84〕《荀子・王制篇》：「君者，善群也。」頁165。
〔註85〕《論語・衛靈公篇》：「無為而治者，其舜也與！夫何為哉？恭己正南面而已
矣。」，頁162。〈泰伯篇〉：「舜有臣五人而天下治」，頁107。

有餘歲。得志行乎中國，若合符節。先聖後聖，其揆一也。（頁289）

這裡指出舜和文王在中國的崛起「若合符節」，這一說法的背景應當與堯舜禪讓、文王百里而王的儒家傳說有關。佐證孟子對堯舜禪讓、文王百里而王的相關說法，可見孟子認為舜和文王的崛起模式相同：兩人都是因為「天與之」「人與之」而由邊陲野地崛起於中國，屬於同一「天命」的統緒。以舜來說，舜乃是以庶人身分受禪讓而興，但是這並不是由堯直接將天下政權移交給舜，「天子不能以天下與人」，舜得天下乃是「天與之」：堯在生前即向天「薦之」，「使之主祭而百神享之，是天受之」；同時「使之主事而事治，百姓安之，是民受之也」在堯死後，舜有一個避讓的過程，「堯崩，三年之喪畢，舜避堯之子於南河之南。天下諸侯朝覲者，不之堯之子而之舜；訟獄者，不之堯之子而之舜；謳歌者，不謳歌堯之子而謳歌舜，故曰天也。夫然後之中國，踐天子位焉。而居堯之宮，逼堯之子，是篡也，非天與也。」這個過程再次證明舜因「天與之」「人與之」而崛起中國。在避讓的過程中，我們也看到天命和地理的關係，「中國」本是天命所在的地理中心，但這個地理中心隨著舜的離開而轉移至南河之南，於是新王帶著天命重新定位新的「中國」。避讓、中心的轉移、禪讓完成，禹經歷了和舜相同的程序。孟子對舜之崛起特重「民受之」的部分，他認為此義乃是呼應《太誓》「天視自我民視，天聽自我民聽」的觀點，仍然可見歷史更迭是在「天視」「天聽」的見證下完成——「天與賢，則與賢；天與子，則與子」。〔註86〕孟子對文王的描述雖然也是偏重在「人和」的面向——諸侯行仁政、善養老、明人倫、因此天下無敵，不過，孟子還是認為他是在天命認可下獲得政權。〔註87〕

　　孟子的政治哲學具有濃厚的「民本」色彩，為什麼他在「人與之」之外，還要以「天與之」解釋政權的獲得？袁保新先生有一個很順遂的解釋：

> 「天」在孟子哲學中，既不是作為宗教信仰的「上帝」被維護著；也不是像西方古典形上學中的「無限實體」、「第一因」，只是一個在理論上說明存有物構造、產生的思辨概念。……「天」在孟子心靈中，主要擔負的是人在歷史的律動中所遭遇的各種事件、情境的最終解釋。換言之，孟子顯然已將《詩》《書》中「形上天」的信仰存有論化了，轉換為明照生活世界中各種遇合之有無生滅的意義基

〔註86〕《孟子・萬章上篇》，頁307～308。
〔註87〕《孟子・離婁上篇》，頁279～280。

礎。它的豐盈不竭的義涵，早已滲透到人類文明的腳步中，只待吾
人心性的覺醒與回應。〔註88〕

孟子從《詩》《書》的文化世界當中吸收了「形上天」的信仰，進而在反思
人類歷史的意義時以此一「形上天」爲傾訴的終極對象。孟子的實踐哲學，
自我反思就是在「居仁由義」的道德實踐過程中「盡心」「立命」，透過自我
反思，理解了「天命」所在，也理解了人類歷史的意義。由此即可見，在孟
子的歷史詮釋當中，歷史的意義和人對於超越天命的沉思其實是二而一的。

孟子相信由聖賢相續所構成的義理統緒，在「天命」的認可見證之下，
構成眞正的歷史。思索人類歷史的意義，必須上達對「天命」的啓悟。例如
「仁人無敵於天下」的斷言，可以經由人性自覺而相信其爲必然，這個必然
性也是由超越性的「天命」直接予以保證的眞理（「無敵於天下者，天吏也」）。
〔註89〕又如孟子對於以「小國」事「大國」，就絕不從實力原則加以衡量，他
亟稱周文王的百里而王，因爲這一例證不僅是歷史的先例，也是天命的彰顯，
「苟爲善，後世子孫必有王者矣。君子創業垂統，爲可繼也。若夫成功，則
天也。」〔註90〕再如「五百年必有王者興，其間必有名世者。由周而來，七
百有餘歲矣。以其數則過矣，以其時考之則可矣。夫天，未欲平治天下也；
如欲平治天下，當今之世，舍我其誰也？吾何爲不豫哉？」〔註91〕孟子保留
「天命」對「歷史」的最終解釋，乃是他對人性的信心，也是他對人類歷史
的信心，「五百年必有王者興」，「平治天下」之時近矣。簡言之，「天命」使
他對人類歷史懷抱樂觀與希望。

三、天命與復古

「天命」的信仰，爲人在不確定的歷史洪流中帶來「希望」，並由此確認
歷史的意義，這也是保羅·利科在他一篇從基督教末世學觀點討論歷史意義
的論文主旨。我們可以拿來參照孟子觀點。他區分理解歷史意義的三個層次：
一是抽象層次，亦即抽離具體的歷史事件，僅僅把握人類的工具世界（人類
歷史中不斷累積的文明成就，包括各種技術、知識、文化和精神產品等）；一

〔註88〕 袁保新：〈天道、心性與歷史——孟子人性論的再詮釋〉，《哲學與文化》二十
二卷第十一期（1995 年 11 月）
〔註89〕《孟子·公孫丑上篇》，頁 237。
〔註90〕《孟子·梁惠王下篇》，頁 224。
〔註91〕《孟子·公孫丑下篇》，頁 250。

是實存層次，亦即具體的歷史興衰；一是神祕層次，亦即透過神學對歷史意義的觀照。他最終以神祕的「天命」神學來解釋歷史的意義，形式上和孟子頗有類似之處，但是實質的內涵差異甚大。

第一，他把人類的道德和精神經驗視爲廣義的「工具世界」的一項成就，在經驗的沉澱積累中不斷「進步」，是「無個性和抽象的」，和具體的歷史事件是分離的，因此它不是基督教神學關注的對象。但孟子的歷史意識中並沒有脫離具體歷史而存在的工具世界，他將仁義精神視爲具體歷史的內涵，它在歷史的治亂興衰中不絕如縷，強調它是永恒、普遍的眞實人性，而不是一種可以積累、進步的工具理性。

其次，末世神學所關注的是具體的歷史興衰，原因是：具體的歷史興衰過程，它不像工具的歷史有清晰的發展軌跡，它的完整面貌模糊不清而且充滿危機，尤其是政治危機顯示出人的基本特點——「犯罪」，因此歷史的意義就在對人會犯罪的沉思，最終人類的末世到來，必須仰向基督教義才有「得救的希望」。這種末世神學的「罪人史觀」，孟子則無之，「五霸者，三王之罪人也；今之諸侯，五霸之罪人也；今之大夫，今之諸侯之罪人也。」〔註92〕究其實只是在陳述他對某一段向下沉淪之歷史的不滿，亦即在王政理想的對照下，「五霸」以下每下愈況，都是王道的「罪人」，並不是在陳述歷史的本質或人的本質包含犯罪。因此另一方面，孟子仍舉齊桓公在葵丘之會所宣讀的「五禁」，〔註93〕肯定五霸仍有「仁義」之政；他雖感嘆仁義之政在當代銷聲匿跡，但是被孟子視爲衰世之君，如好利、好戰、行不仁之政「庖有肥肉，廐有肥馬，民有飢色，野有餓莩，此率獸而食人」的梁惠王，或有「大欲」存焉的齊宣王，孟子還是肯定他們具備「仁心」「仁術」的人性品質。總之，在孟子的觀念裡，有罪不是人性的必然，贖罪也不是歷史的意義所在。

第三，基於上述前提的差異，透過「天命」所肯定的歷史意義，也就完全不同。末世神學透過上帝信仰帶出的「希望」，乃是設定歷史意義的統一將在末日出現，其時人類將「重新回到基督中」；這一信仰使人相信歷史不是荒謬的、悲劇歷史有其意義，但另一方面，歷史也是神祕的、其意義是隱藏的，因此人類所理解的歷史意義（體系化的歷史哲學）都是不完足的。換言之，藉由宗教的「超理性」信仰，「非理性」的具體歷史有其意義，「理性」的工

〔註92〕《孟子‧告子下篇》，頁343。
〔註93〕同上。

具世界也有其歷史價值。〔註 94〕這一理路顯示，上帝的旨意與人類歷史的意義是分離的，直到末世才合而為一、豁然開朗，相對地，孟子所謂的「天命」與人類歷史始終都是密合的，並因而使人類歷史的意義一直都是明晰可見，這一明確的歷史意義就在聖賢的仁義統緒中所彰顯人性的意義。治亂的循環、五百年的週期只是表象，「天命」帶來希望，因為體現天道的歷史在過去就已存在、而且向後代召喚，透過人的效法聖賢，在現世或未來都可以被理解與實現。〈盡心上篇〉：

> 堯舜，性之也；湯武，身之也；五霸，假之也，久假而不歸，惡知
> 其非有也。（頁 358）

我們從這段文獻的歧解說起。朱熹《注》曰：「堯舜天性渾全，不假修習。湯武修身體道，以復其性。五霸則假借仁義之名，以求濟其貪欲之私耳。歸，還也。有，實有也。言竊其名以終身，而不自知其非真有。或曰：『蓋歎世人莫覺其偽者。』亦通。舊說：久假不歸，即為真有，則誤矣。」〔註 95〕朱熹所指的「舊說」，見於東漢趙岐《注》：「五霸若能久假仁義，譬如假物，久而不歸，安知其不真有也。」〔註 96〕又〈章指〉曰：「仁在性體，其次假借，用而不已，實何以異，在其勉之也。」〔註 97〕兩說的歧異在於他們的理論層次不同，這可以從他們對於「真有」「實有」的界定不同見之。趙岐認為「假借」之「有」，久而行之則和「性體」中有仁義之「實」無異，因為他是從「自然氣性」來理解「道」，〔註 98〕仁義之有無是被放在「經驗事實」的層次檢視，因此「性好仁」「體之行仁」「假仁」的差異並非根本性的差異。朱熹則從超越的「義理之性」理解「性體」，因此認為合於「天理」或實存於「性體」中的仁義才是「真有」，而「五霸」終究並無「義理的真實」，只是「濟其貪欲之私」的「假有」（偽），這是關於天理、人欲之辨，不可混淆。

　　由於理論層次不同，對於「五霸」的歷史評價也就不盡相同。若從歷史現實的層面看，這段文獻說的正是「行仁義」在歷史中不絕如縷，但是若從

〔註 94〕以上保羅·利科的觀點，參見〈基督教和歷史的意義〉一文，《歷史與真理》，頁 65～82。

〔註 95〕《孟子·盡心上篇》，頁 358。

〔註 96〕（清）焦循：《孟子正義》（北京：中華書局，1987 年），頁 924。

〔註 97〕同上。

〔註 98〕趙岐曰：「道謂陰陽大道，無形而生有形，舒之彌六合，卷之不盈握，包絡天地，稟授群生者也。」同上，頁 200。

「天道」層面或從「王道境界」看,「霸者之民,驩虞如也;王者之民,皞皞如也。殺之而不怨,利之而不庸,民日遷善而不知為之者。夫君子所過者化,所存者神,上下與天地同流,豈曰小補之哉?」〔註 99〕霸政畢竟不同於「與天地之化同運並行」的王政歷史;且「堯舜性之」,才是體現「由仁義行」的道德人格。「堯舜性之」,那是天道直接顯現的人類歷史(即聖道即王政),「湯武身之」(或「反之」)則是以人的意志反思以契合天道的歷史(以王政應合聖道),「五霸假之」則只是人類意志展現的歷史(霸政而不及王政)。由此可見,「孟子道性善,言必稱堯舜」,正因他是從「天道」的層面反思人類歷史的意義,而他的「復古」色彩也就不僅是時間向度的歷史逆反,還是仰向超越「天命」的回歸。

綜上所述可知,孟子透過詮釋《詩》《書》的文化世界深思實存的人性,透過這一深思,理解了歷史的深層義涵,就在聖人的道德人格與王政功業所與之契合的超越價值——天命。聖王的歷史業績體現了「天命」的價值內涵,這在荀子看來,這是一種無法在人類普遍經驗的禮義法度之中獲得證驗的思維見解,將解銷了聖王真正的歷史業績。而他透過「隆禮義而殺《詩》《書》」的原則來認識古代的文化世界,就是要將歷史的意義定位在禮義法度的普遍經驗上面,這又表現其「天生人成」思維的一個面向。

第四節　荀子:隆禮義而殺《詩》《書》

一、五經:人類歷史的普遍經驗

戰國晚期以後統稱「六經」的六部古典《詩》《書》《禮》《樂》《易》《春秋》,大抵是在周朝的政治社會背景下逐漸形成的文獻。這些文獻在流傳、整編的過程裡,逐漸被視為人生與政治事務的傳統典範,成為學術文化的主幹,這在孔子以前就已經相當明顯。春秋時期,《詩》《書》《禮》《樂》已然是貴族在提昇教養與政治活動中的重要素材,所謂「《詩》《書》,義之府也;禮、樂,德之則也。」〔註 100〕它對人生與政治的典範意義不言可喻。不過,真正

〔註 99〕《孟子・盡心上篇》,頁 352。
〔註 100〕《左傳・僖二十七年》。楊伯峻:《春秋左傳注》(臺北:漢京文化公司,1987年),頁 445

奠定後來「經學思想」發展之基礎的關鍵，還是在於孔子以「仁道」為核心對「詩書禮樂」的義理內涵作深度詮釋，導引此後的儒者不斷反思、詮釋這一標誌著「儒道」的意義體系。孟、荀各有揀擇，孟子透過「序《詩》《書》」闡述「唐、虞、三代之德」與「仲尼之意」，〔註101〕荀子則透過「隆禮義而殺《詩》《書》」的原則以求重建「儒效」傳統。兩漢以後，依「經」傳「道」成為儒者的主要標誌。儒者不認為這些古典只是「政典」史料，而是有一普遍意義的「道」，就連主張「六經皆史」的章學誠亦無例外。〔註102〕

在經學史上，荀子最被稱道的就是「傳經之功」。自清朝學者汪中、胡元儀考證史記傳說中的種種說法，荀子和漢初《詩》《春秋》《禮》《易》等得以傳授大有關係，得出在漢儒興起之前「六藝之傳賴以不絕者，荀卿也。」的結論。〔註103〕經學家如清朝皮錫瑞，今人周予同等亦以此為荀子經學的主要功績。〔註104〕其次則是「五經」的構成，指的是荀子既凸顯「詩書禮樂」在義理本質上為密不可分的整體，且將《春秋》與《詩》《書》《禮》《樂》並置組合，形成「五經」的系統。再加上其述《易》之文，則隱約是「六經」的雛型。〔註105〕不過，前述對荀子經學史地位的評價並未觸及其「經學」與「思想」的關係。首先，我們從荀子對「五經」的認知展開討論。

> 《禮》之敬文也，《樂》之中和也，《詩》《書》之博也，《春秋》之微也，在天地之間者畢矣。(〈勸學篇〉，頁12)

> 聖人也者，道之管也。天下之道管是矣，百王之道一是矣，故《詩》、《書》、《禮》、《樂》之歸是矣。《詩》言是其志也，《書》言是其事

〔註101〕《史記·孟子荀卿列傳》。瀧川龜太郎：《史記會注考證》(臺北：洪氏出版社，1982年)，頁944。

〔註102〕章學誠所謂「六經皆史」「六經皆先王之政典」「六經皆器」等說，乃是發揮其「道不離器」的認知與「史學所以經世」的理念、藉以針砭當時宋學、漢學的誤失，絕非背離儒者依經傳道的傳統。參見周予同：〈章學誠「六經皆史說」初探〉，《周予同經學史論著選集》增訂本(上海：人民出版社，1996年)，頁711～727。

〔註103〕參見(清)汪中：〈荀卿子通論〉、胡元儀：〈郇卿別傳考異〉二文，收於(清)王先謙撰，沈嘯寰、王星賢點效：《荀子集解》(北京：中華書局，1988年)「考證下」頁21～22，46～48。

〔註104〕見(清)皮錫瑞撰，周予同注：《經學歷史》(臺北：漢京文化公司，1983年)，頁55。周予同：〈從孔子到孟荀——戰國時的儒家派別和儒經傳授〉，《周予同經學史論著選集》增訂本，頁807～824。

〔註105〕徐復觀：《中國經學史的基礎》(臺北：臺灣學生書局，1982年)，頁34～35。

也,《禮》言是其行也,《樂》言是其和也,《春秋》言是其微也。……
天下之道畢是矣。鄉是者臧,倍是者亡。鄉是如不臧,倍是如不亡
者,自古及今,未嘗有也。(〈儒效篇〉,頁133~4)

可見荀子已將《禮》、《樂》、《詩》、《書》、《春秋》五部古典並置,並說明「五
經」各有內容風格,又是一個統合的整體,雖無「五經」之名,已有「五經」
之實。不過,荀子在行文論說之間,仍大體以「詩書禮樂」爲主,而少及《春
秋》。「五經」的內容風貌各有殊異,或言志、或敘事、或針對行事法則,或
「敬文」、或「中和」,或「博」或「微」。然而「五經」的精神本質卻是統一
的,有一共同的「道」——這個「道」就其實質內涵來看就是儒家的「仁義」
之道,就其畢包「天地之間」的廣度而言則是「天下之道」,就其形成源流的
時間長度而言則是「百王之道」。「《詩》言是其志也,《書》言是其事也,《禮》
言是其行也,《樂》言是其和也,《春秋》言是其微也。」「五經」的精神本質
其實蘊含著以「聖人」爲中心的道統觀念。

　　荀子認爲《詩》的內容表現了「聖人」之「志」,〈風〉〈小雅〉〈大雅〉〈頌〉
的分類之名,以「聖人之志」爲內涵,乃見其「不逐」「小雅」「大雅」「至」
的實質意義(詳下,頁140)。《禮》之本旨在其行爲法度的文理,體現聖人「文
而類」的人格世界,荀子論「禮」重其「義」,故「禮」的範圍不僅於《禮經》
而已。〔註106〕荀子論《樂》重在其「中和」「中聲之所止」,「樂」的典範乃是
「雅頌之聲」,和《詩》本有關連,但他從「禮義之統」的立場著眼,更重《樂》
之「審一以定和」的功能,可以和「禮」作爲「群居和一之道」的功能相互
爲用,因此往往「禮樂」連言,謂「禮樂」爲「先王之道」的「盛者」,是統
合人心的永恒常道——「樂也者,和之不可變者也;禮也者,理之不可易者
也。樂合同,禮別異,禮樂之統,管乎人心矣。」〔註107〕《春秋》特質在其
隱微、簡約(「微」「約」),相較荀子「詩書禮樂」連言的情形,荀子顯然較
少稱述《春秋》,「故《春秋》善胥命,而《詩》非屢盟,其心一也。」〔註108〕

〔註106〕 〈大略篇〉:「禮以順人心爲本,故亡於《禮經》而順人心者,皆禮也。」頁
490。

〔註107〕 〈樂論篇〉。朱光潛曾申說:樂之「和」的精神和禮之「序」的精神內外相應、
相反相成,乃是構成儒家思想系統的基礎。見〈樂的精神與禮的精神——儒
家思想系統的基礎〉一文,收於賀麟等著:《儒家思想新論》(上海:正中書
局,1948年,收入上海書店「民國叢書」第四編)

〔註108〕 〈大略篇〉,頁507。另外,荀子雖曾稱引《易》文,但其時《易》的地位似
乎尚未與其餘「五經」並立,不過,〈大略篇〉所謂「善爲詩者不說,善爲易

荀子仍認爲《春秋》與《詩》一樣都體現著聖人相同的用心。總而言之，荀子對「五經」的理解乃是從經典的聲文字句間抽繹出一統貫之旨——以聖人之道統爲依歸，將其視爲聖人證道之言。

上述荀子對五經的認知，有一重要論點即是：「五經」堪稱文化世界的無盡藏，不在其博多能盡包所有學術，而在於它代表著「人道之極」，表現人文世界的「盡善挾治」，因此「鄉是者臧，倍是者亡」，是歷史興廢存亡規律的樞紐。荀子一再強調五經之道「在天地之間者畢矣」「天下之道畢是矣」，除了代表儒者一貫的文化學習經驗，透過闡述五經之道來和別家諸子的學說相抗衡以外，也顯示他將歷史的意義定位在人類歷史本身的普遍經驗上面——而不在「天命」對人的道德律令，和上節所述孟子的經典詮釋形成對比。

> 百王之無變，足以爲道貫。一廢一起，應之以貫，理貫不亂；不知貫，不知應變。貫之大體未嘗亡也。（〈天論篇〉，頁 318）

> 聖人者，以己度者也。故以人度人，以情度情，以類度類，以說度功，以道觀盡，古今一也。〔註109〕類不悖，雖久同理，故鄉乎邪曲而不迷，觀乎雜物而不惑，以此度之。五帝之外無傳人，非無賢人也，久故也；五帝之中無傳政，非無善政也，久故也；禹、湯有傳政而不若周之察也，非無善政也，久故也。（〈非相篇〉，頁 82）

> 欲觀聖王之跡，則於其粲然者矣，後王是也。……欲觀千歲則數今日，欲知億萬則審一二，欲知上世則審周道，欲知周道則審其人所貴君子。（〈非相篇〉，頁 80～81）

> 故千人萬人之情，一人之情也；天地始者，今日是也；百王之道，後王是也。君子審後王之道而論於百王之前，若端拜而議。（〈不苟篇〉，頁 48）

百王不變的「道貫」就是人類的普遍經驗，它在消長更替的歷史發展變數當中持續發生作用，每一階段的歷史（從五帝以前、五帝、夏商周三代）均有「聖賢」（如禹、湯、周公、孔子等）在承傳此道。前代的「聖王之跡」雖然因爲「文久而滅，節族久而絕」〔註 110〕而無可徵驗，但是「類不悖，雖久同理」，它的

者不占，善爲禮者不相，其心同也。」頁 507。將詩、易、禮並置，且有共同的內在意義，這似乎是「六經」形成的前導。

〔註109〕「一」下原有「度」字，據王念孫說刪。

〔註110〕〈非相篇〉，頁 79。

「大體」（基本原則或精神）則是自古及今綿延不絕。道的基本精神雖是先後一致，具體的典章制度則是或有延續，所謂「後王之成名：刑名從商，爵名從周，文名從《禮》，散名之加於萬物者則從諸夏之成俗曲期」，但特別在法度不明的亂世，「若有王者起，必將有循於舊名，有作於新名。〔註111〕」這就意味不同歷史階段都有溫習「先王之道」以制作新法的使命，如此才能使「道貫」具有更新的活力，傳之久遠。顯示荀子強調「道貫」必須透過不斷理解而創化延續，且唯有從具體流傳的經典文物、制度習俗（聖王之跡）中才能理解此一道統。

　　這種延續傳統，並有具體的經典文物、制度習俗可資觀覽的典範，荀子稱之「後王之道」，「周道」正足以代表此一典範。從「以道觀盡，古今一也」的角度來看，「先王」「後王」透過展轉再現，構成此一「道貫」的聖統，「先王之道」和「後王之道」同樣體現永恆不變的人情事理，本質並無二致。這是荀子不斷強調遵循傳統權威的主要理據，儒者以「法先王」為其標誌，且與法家的歷史認知截然相對者亦在此。〔註112〕不過，荀子的歷史認知，缺乏對於賦予歷史意義之先驗依據的探求，其重點亦不在追蹤遠不可考的「抽象理念」，而是放在歷史連續體中承先啟後依然可以發揮實質作用的「禮義法度」。這一點在他「隆禮義而殺《詩》《書》」的見解中益形明確。

二、禮義：「文而類」的歷史精神

　　荀子基於重建「儒效」傳統的用心，屢次斟別儒者的高下——俗儒、雅儒、大儒，他極力稱揚周公和仲尼、子弓的「大儒之效」「大儒之徵」「大儒之稽」，〔註113〕認為儒者的當務之急乃是「法仲尼、子弓之義」。〔註114〕所謂「隆禮義而殺詩書」即是放在匡正儒學異說的言說脈絡中提出的：

　　　　略法先王而不知其統，案往舊造說，謂之五行，甚僻違而無類，幽隱而無說，閉約而無解。案飾其辭而祇敬之曰：此真先君子之言也。子思唱之，孟軻和之，世俗之溝猶瞀儒讙讙然不知其所非也，遂受而傳之，以為仲尼、子游為茲厚於後世，〔註115〕是則子思、孟軻之

〔註111〕〈正名篇〉，頁414。
〔註112〕〈非相篇〉批判「妄人」之說「古今異情，其所以治亂者異道」殆指法家之說，頁81。
〔註113〕〈儒效篇〉，頁114，138。
〔註114〕〈非十二子篇〉，頁97。
〔註115〕此處將子游與仲尼並列，視其為儒學正宗，與此篇下文「偷儒憚事，無廉恥

罪也。(〈非十二子篇〉，頁 94～95)

逢衣淺帶，解果其冠，略法先王而足亂世術，繆學雜舉，不知法後王而一制度，不知隆禮義而殺詩書。其衣冠行偽已同於世俗矣，然而不知惡者；其言議談說已無以異於墨子矣，然而明不能別。呼先王以欺愚者而求衣食焉，得委積足以揜其口則揚揚如也；隨其長子，事其便辟，舉其上客，偠然若終身之虜而不敢有他志：是俗儒者也。(〈儒效篇〉，頁 138～9)

學之經莫速乎好其人，隆禮次之。上不能好其人，下不能隆禮，安特將學雜識志，順詩書而已耳，則末世窮年，不免為陋儒而已。將原先王，本仁義，則禮正其經緯蹊徑也。若挈裘領，詘五指而頓之，順者不可勝數也。不道禮憲，以詩書為之，譬之猶以指測河也，以戈舂黍也，以錐飧壺也，不可以得之矣。故隆禮，雖未明，法士也；不隆禮，雖察辯，散儒也。(〈勸學篇〉，頁 14～17)

所謂「僻違而無類，幽隱而無說，閉約而無解」即是總評俗儒論道是「雜而無統」，違背正道而不通「禮義／統類」，不能有效地理解、詮釋道統，將正道予以開顯。荀子認為俗儒的「雜而無統」，反應在俗儒「不知法後王而一制度，不知隆禮義而殺詩書」。

前面所述已知荀子認為聖人道統乃是透過「先王」「後王」展轉引生而傳之久遠，「道貫」的活力就落實在具體的後王的制度當中，且唯有「後王之道」才是有跡可循，「周道」因而足堪典範。正因如此，荀子認為不能離「後王」以言「道德」。〔註116〕荀子認為「禮者，法之大分，類之綱紀也」，「隆禮義」的極至可以「通統類」，此為「道德之極」，因此「禮」是最能代表「周道」的文化素材，也正是認識「先王之道」的主要材料。俗儒則反其道而行，以《詩》《書》為認識道統的主要經典，《詩》《書》的內容含蓋廣博的人情世故，本來雖不具貶義，但在荀子看來，學者很難由此掌握聖人道統的精義所在而流為「雜而無統」，因此雖然「察辯」，但卻是無助於成就「道德之極」的口

而者飲食，必曰君子固不用力，是子游氏之賤儒也」的說法明顯矛盾，且此篇下文又以仲尼、子弓並列，故郭嵩燾認為此「子游」必是「子弓」之誤。見王先謙《荀子集解》，頁 95。

〔註116〕〈儒效篇〉：「言道德之求，不二後王。道過三代謂之蕩，法二後王謂之不雅。」，頁 146。

耳之學，也無法發揮「以古持今」「以類行雜」的大儒效應。〔註117〕換言之，俗儒誤解道統，主因是他們「不隆禮」，因此不知「禮」之「厚」「大」「高」「明」體現了人類歷史的普遍經驗。〔註118〕「隆禮義」的極至即是「通統類」，不僅是內聖方面的積善成德，也是外王方面的正理平治，這是「詩書之博」所無法直接顯示的。

　　「隆禮義而殺詩書」的「隆」與「殺」，從字義訓詁來說，或當動詞、或當形容詞，均相當於「重」「輕」或「繁」「省」之義，這在荀子書中可以找到堅確的證據。〔註119〕因此「隆禮義而殺詩書」句，就字面意義來說即可見荀子重禮義而輕詩書之意。不過，或「重」或「輕」乃是相較而顯，而且「隆禮義而殺詩書」僅表示禮義在學養過程的優先性，因此是就認識「道」的途徑方法而言，而非涉及眞理層面來否定《詩》《書》。如上所述，「詩書禮樂之分」在本質上是無法分割的聖人道統。因此，荀子仍然有其「詩書之學」：

　　　《詩》《書》之博也。……《詩》《書》故而不切。（〈勸學篇〉，頁
　　　12，14）

　　　《詩》言是其志也。……故風之所以爲不逐者，取是以節之也；小
　　　雅之所以爲小雅者，取是而文之也；大雅之所以爲大雅者，取是而
　　　光之也；頌之所以爲至者，取是而通之也。（〈儒效篇〉，頁133～4）

第一則乃是就「學」（「積善成德」的修行）的效果而言，《詩》《書》之「故而不切」與「博」，不如《禮》之有「法」可循與以「類」行雜。不過，亦是學習的重要素材。荀子引《詩》《書》之文以證自家觀點處甚多，這當源自春秋時期的貴族賦《詩》言志的慣例，以及孔門的詩教、書教傳統。從荀子多

〔註117〕荀子描述「大儒之效」的特徵如下：「法先王，統禮義，一制度，以淺持博，以古持今，以一持萬。苟仁義之類也，雖在鳥獸之中，若別白黑。倚物怪變，所未嘗聞也，所未嘗見也，卒然起一方，則舉統類而應之，無所儗怍；張法而度之，則晻然若合符節。」「其言有類，其行有禮，其舉事無悔，其持險應變曲當，與時遷徙，與世偃仰，千舉萬變，其道一也。」（〈儒效篇〉，頁140，138。）

〔註118〕〈禮論篇〉：「厚者，禮之積也；大者，禮之廣也；高者，禮之隆也；明者，禮之盡也。」頁358。

〔註119〕〈禮論篇〉：「文理繁，情用省，是禮之隆也；文理省，情用繁，是禮之殺也。」「君子上致其隆，下盡其殺，而中處其中。」頁357～8。〈樂論篇〉：「隆殺之義辨矣」頁384。「隆」「殺」分指禮節的繁多隆重與省約簡易。〈修身篇〉：「君子貧窮而志廣，隆仁也；富貴而體恭，殺勢也。」頁36。隆、殺對比成文，與同篇「道義重則輕王公」之意類似，乃爲重、輕之義。

方引證《詩》《書》來看,可知當他說到「《詩》《書》之博也」,所謂「博」並不當「博雜」的貶義。「詩書,義之府也」本來就是春秋時人的認知,「府」者就有蘊藏豐富之意,可多方顯現「義」的奧祕。不但如此,在荀子看來,「多言則文而類」乃是聖人的言說風格,「博學」自然具有正面價值。「多知而無親,博學而無方,好多而無定」(〈大略篇〉)的「博雜」才是負面的。「故而不切」則是說明《詩》《書》的內容「但論先王故事而不委曲切近於人」,因此必須克服時間距離的隔閡才能有助於成就君子之學。荀子由此反證「好其人」「隆禮」才是成學的「經緯蹊徑」。〔註120〕

第二則前半說明《詩》《書》是聖人之情志與行事的體現,亦即代表人類普遍的意識與事實經驗。這一斷語亦是孔門重詩教、書教的理論依據,由此可知,不論是言志之詩、敘事之書,都具有「思想」的意義,且此一思想並非以概念化的形式表示,而是帶有實踐性質、也有價值取向。〔註121〕問題就在每個人的「思想」深度不同,對於「道」之內涵的理解也將極為不同。上節已見孟子乃是透過「以意逆志」的方法,在詮釋《詩》《書》的過程裡,深思人性的價值,並將人類的意識歷史上推超越的天命,在心性天道相貫通處體現「道」的實質。荀子對於《詩》中之「道」的詮解,從此則後半對於《詩》之分類名義的解釋約略可以見之:「風」所以取其「不逐」〔註122〕之義,乃是有取於「聖人之志」的「節度」之義;「小雅」所以取其「小雅」之義,乃是有取於「聖人之志」的「文雅」之義;「大雅」所以取其「大雅」之義,乃是有取於「聖人之志」的「廣大」之義(光,猶廣也);「頌」所以取其「至」之義,乃是有取於「聖人之志」的「通達」之義。以上可見荀子對於古代文化世界之意義的解讀重點在於:落實在人格的節度、文雅、廣大、通達上面,而這正是作為人類普遍經驗的禮義法度所形塑出來的「文而類」精神。〔註123〕

關於孟子與荀子的經學觀念以及當中的思想差異,牟宗三先生說:

〔註120〕〈勸學篇〉,頁 15,16。

〔註121〕關於「詩思」與「言志」,張亨先生曾援引海德格的看法說明兩者的近鄰關係。見〈論語中的一首詩〉,《思文之際論集》(臺北:允晨文化公司,1997 年),頁 478～480。

〔註122〕楊倞《注》:「逐,流蕩也。」頁 133。

〔註123〕蔣年豐先生統計荀子引《詩》八十三次,以〈雅〉〈頌〉為主,且藉由引《詩》證明禮之「文」「明」與「通」的作用。蔣先生由此推論荀子思想脫胎於《詩》《書》,因而呈現出一個「克明克類」的人格世界。見〈荀子「隆禮義而殺詩書」涵義之重探—從「克明克類」的世界著眼〉一文。

> 荀子能識禮義之統類性，而不能識詩書之興發性。孟子善詩書……
> 由詩書之具體者而起悱惻之感、超脫之悟，因而直至達道之本、大
> 化之源。孟子由四端而悟良知良能，而主仁義內在，正由具體的悱
> 惻之情而深悟天心天理者也。孟子敦詩書而道性善，正是向深處去，
> 向高處提。荀子隆禮義而殺詩書，正是向廣處走，向外面推。一在
> 內聖，一在外王。荀子之誠樸篤實之心，表現而為理智的心。其言
> 禮義是重其外在之統類性，而不在統攝之於道德的天心、形而上的
> 心。〔註124〕

牟先生此說深切，由孟、荀的經學觀念透露出他們的文化理想及精神體驗：
孟子在內聖一面，在「盡心知性知天」的工夫當中通透天地精神，牟先生以
「全幅是精神、通體是光輝、表現『道德精神主體』」描述之；荀子則在外王
一面，把握人文統類的理性主義精髓，牟先生以「通體是禮義、表現『知性
主體』」描述之。〔註125〕

　　以本章前面四節所討論的內容來看，在聖人觀方面，孟子心目中的聖人有
如具備「天才」的「野人」，以他先驗的「由仁義行」的人格力量開創出一個全
新的文明世界；荀子中的聖人則是一個後野蠻時期的「文明人」，以他嚴謹的知
性而「發明」一個先聖後聖相續相成的文明世界。前者的創造力量屬於超越時
間向度的歷史世界，後者的創造力量則是屬於時間向度的歷史世界，因此在歷
史觀方面，孟子從《詩》《書》中解讀出「天命」是歷史的超越依據，時間向度
的「復古」也蘊含著仰向「天命」的回歸，正見其精神意識的興發高遠；荀子
對《詩》《書》的解讀則收束在由禮義法度所規定的「文而類」精神，那是屬於
人類歷史本身經驗累積而形成的人文理性，正見其綜合時空的精神廣度。

　　「堯舜擅讓」的例子可以印證兩人對於歷史詮釋的上述差異。孟子肯定
「堯舜擅讓」一事，並從「天與之」的面向詮釋此一事件的意義，強調「擅
讓」之事不能等同於天子「以天下與」某人（見第三節）。荀子卻對「堯舜擅
讓」之說加以辨正，認為此說為「虛言」「淺者之傳，陋者之說」「未可與及
天下之大理」。他的理由是：堯既然是「道德純備，智惠甚明」的聖王，則不
必擅讓；聖王之繼體而立，乃是依據「禮義之分」，「死則能任天下者必有之

────────────

〔註124〕牟宗三：《歷史哲學》（臺北：臺灣學生書局，1982年增訂七版），頁121～122。
　　　　　另見《名家與荀子》，頁199。
〔註125〕同上，頁113～128。

矣」，則「死而擅之」亦無意義；「天子者，勢至重而形至佚，心至愉而志無所詘，而形不爲勞，尊無上矣」「居如大神，動如天帝」，因此「老衰而擅」亦無可能。〔註126〕在荀子對「擅讓」的辨正當中，大抵認爲憑藉「禮義之分」即能安頓政權更替，人類歷史就能永續發展。因此，對於孟子肯認「天」是歷史的最終決定者，荀子亦將視之爲「虛言」「淺者之傳，陋者之說」「未可與及天下之大理」。

第五節　孟子：歷史／天命向度的「集義」體驗——知言、養氣

前面四節已經討論了孟、荀對於聖人的人格世界以及古典的文化世界的詮釋，由此知道他們對於天道及歷史意義的不同理解。然而他們的詮釋與理解無疑和他們本身道德實踐的不同體驗與思想感悟有關。孟子以「由仁義行」的沛然力量詮釋舜的人格世界，明顯是他自己「集義」體驗的映射。然而這一「集義」體驗並非是主體哲學所強調的心性的逆覺體證，而是存在於特定時空背景中的個體在投身社會、融入歷史、仰向天命時對自己存在意義之省察的體驗——具體落在身處「處士橫議」之時空環境而表現出「好辯」的這一人格徵候。本節我們將論證孟子的「好辯」作爲「集義」體驗的意義，而「知言」「養氣」正是「集義」人格的內外身心效應，孟子就以此投身社會、融入歷史、仰向天命。

一、歷史／天命向度的「人禽之辨」

孟子的歷史意識聚焦在對「人性」的反省，因此其建構的歷史圖像有一鮮明的特色：歷史在不斷地人獸交迭鬥爭的過程中向前發展。《孟子・滕文公下篇》：

> 天下之生久矣，一治一亂。當堯之時，水逆行，氾濫於中國，蛇龍居之，民無所定，下者爲巢，上者爲營窟。《書》曰：「洚水警余」洚水者，洪水也。使禹治之，禹掘地而注之海，驅蛇龍而放之菹。水由地中行，江、淮、河、漢是也。險阻既遠，鳥獸之害人者消，然後人得平土而居之。堯舜既沒，聖人之道衰。暴君代作，壞宮室

〔註126〕《荀子・正論篇》，頁331～336。

以爲汙池，民無所安息；棄田以爲園囿，使民不得衣食。邪説暴行
又作，園囿、汙池、沛澤多而禽獸至。及紂之身，天下又大亂。周
公相武王，誅紂伐奄，三年討其君，驅飛廉於海隅而戮之。滅國者
五十，驅虎、豹、犀、象而遠之。天下大悦。……世衰道微，邪説
暴行有作，臣弑其君者有之，子弑其父者有之。孔子懼，作《春秋》。
《春秋》，天子之事也。……聖王不作，諸侯放恣，處士橫議，楊朱、
墨翟之言盈天下。天下之言，不歸楊，則歸墨。楊氏爲我，是無君
也；墨氏兼愛，是無父也。無父無君，是禽獸也。……楊墨之道不
息，孔子之道不著，是邪説誣民，充塞仁義也。仁義充塞，則率獸
食人，人將相食。……我亦欲正人心，息邪説，距詖行，放淫辭，
以承三聖者；豈好辯哉？予不得已也。（頁271～3）

這一大段引文是孟子爲自己的「好辯」尋求歷史定位——是「以承三聖」的
德業，所描繪出來的歷史發展圖像。孟子所認知的歷史事實始終在或治或亂
的循環規律中向前發展，而且重要的是他把這一或治或亂的歷史過程界定爲
人、獸迭興的歷史。關於堯舜時代的描述，孟子一方面強調人類對「自然之
獸」的馴服，一方面亦認爲「人之有道也，飽食、煖衣、逸居而無教，則近
於禽獸」的情形也已經克服。但這一「人形之獸」在往後的歷史過程中逐漸
成爲破壞人性社會的主要因素。歷史的進程充滿新的危機，文明的盛衰存亡
是不確定的，大致說來，歷史是權力運作的結果，掌握權勢的政治人物影響
重大，當德性與權勢合一的聖王在位則治，當無德性而掌權勢的暴君亂臣在
位，或是濫用發言權的「處士橫議」當道則亂。總之，歷史進程中某種屬於
「獸性」的因素總是如影隨形，因此人類社會的禽獸化亦不曾中斷，相對地，
歷史亦絕非是永遠的混亂、禽獸當道，聖賢統緒在歷史進程中不絕如縷，就
是這一聖賢統緒建構人性社會，賦予歷史正面的意義：人類雖然隨時都在面
臨「禽獸」的反撲，然而從禹、周公、孔子到他自己，都是在執行「驅獸英
雄」的使命，以延續人性社會。

在孟子的敘述中，「禽獸」的形象隨著歷史發展而異：禹的功業在於驅逐
蛇龍；周公的功業，亦在驅逐禽獸，但此時禽獸之至乃是因暴君迭起，多闢
園囿、汙池、沛澤而聚集，因此其真正驅逐之獸乃是人的外形、獸的內在的
暴君；孔子的功業，則是以《春秋》的正義之筆代行天子誅伐之事，其筆伐
對象則是那些「臣弑其君」「子弑其父」爲禽獸之行的亂臣賊子；到了孟子時

代，「處士橫議」將使「仁義充塞」，人類社會將沉淪爲「率獸食人，人將相食」的新蠻荒時代，孟子自承其使命乃是承繼上述三聖，「言距楊、墨」，正是要與「無父無君」的禽獸之言鬥爭。就此而言，歷史的意義就不僅是人類透過工具技術的文明，把自然安置在人類的歷史中而已，更重要的是透過諸如「正人心，息邪說，距詖行，放淫辭」等道德實踐活動彰顯人性的眞正價值：在歷史進程中，「禽獸」以不同的形貌相繼出現，由自然之獸，到人形之獸，到內心之獸，人的惡性呈現全面化、深刻化、內在化的趨勢，然而聖賢道統在這個驅獸過程中也逐漸普遍化、深刻化、內在化，從建立自然秩序，安頓人倫規範，到貞定心性理則。由深層的惡，見深層的善，似乎是歷史發展的規律與意義。因此，當孟子透過其「好辯」融入歷史道統，其目的是要讓善言善行成爲社會的主流價值，並在抗衡人類的內心之獸中興發人心沛然莫之能禦的精神力量——用這股力量將人性社會重建起來。

「孟子道性善，言必稱堯舜」因爲堯舜時代，在「由仁義行」的聖王人格中印證了根植於性善的歷史早已存在，它是歷史意義／天命的原鄉，而且向後世召喚，等待再次被理解與實現。然而歷史畢竟向前走去，《詩》《書》時代已遠，堯舜、湯武成爲聖王典型被緬懷著，現實的歷史進入「行仁義」的時代——《春秋》時代。「王者之跡熄而《詩》亡，《詩》亡然後《春秋》作」〔註127〕「世衰道微，邪說暴行有作，臣弑其君者有之，子弑其父者有之。孔子懼，作《春秋》。」〔註128〕從《詩》《書》中可見的歷史眞理，也就落到《春秋》的「正名」與孟子的言說活動當中了。孟子以其言說活動興發精神力量重建人性社會，這是他的「好辯」所涵的根本意旨。因此可以明顯感受到孟子的「好辯」有其歷史縱深以及發自天心的理直氣壯——在不斷人獸對抗、「陳善閉邪」的過程裡，他對自己成爲歷史／天命的化身有所自覺，他的言語風格更明顯了，這也代表他的內在靈魂更深刻了。就如孟子的文辭風格，總是顯得辭嚴氣盛，說善總是浩然莫之能禦，談惡總是獸言獸行。這是他的言語風格，也是他的精神氣魄。

爲了理解「好辯」在歷史／天命向度的意義，我們必須深入孟子自道的「知言」「養氣」的「集義」體驗。以下我們將闡明：孟子認爲眞正有意義的

〔註127〕《孟子・離婁下篇》朱注：「王者之跡熄，謂平王東遷，而政教號令不及於天下也。」頁295。

〔註128〕《孟子・滕文公下篇》，頁272。

言說活動乃是「集義」的道德人格在社會生活中的展現，其「知言」「養氣」的體驗正是說明言語活動背後有一「集義」的人格作爲根柢。進而可說：在孟子的觀念裡，言說活動乃具有開顯歷史意義、上契天命的特殊意義。

二、作爲「集義」體驗的「好辯」——知言、養氣

孟子的「知言養氣」章〔註129〕公認難解，主要原因：其一是文章脈絡不好掌握；其一則是涉及精微的身心體驗，內容本來深沉，程子就說「孟子此章，擴前聖所未發，學者所宜潛心而玩索也」，透過文字的理解爲進路，總有或多或少的隔閡。將此章的文脈釐清殆爲首要。此章包含三個主要段落：（1）因公孫丑的發問，〔註130〕孟子乃以「不動心」的意志狀態回應；〔註131〕（2）師徒繼續討論「不動心之道」（獲致「不動心」之意志狀態的條件與方法），此爲全文重點，可以再細分兩部分，其一是指出孔門養氣傳統的原則；〔註132〕其一則是對比告子與自己「不動心之道」的差異，在評判告子時觸及「氣——心——言」（體氣——意識——語言）的意識整體及其表現的課題，〔註133〕進而以「知言」「養氣」概括自己的「不動心之道」，〔註134〕並凸顯自己的「集

〔註129〕《孟子·公孫丑上篇》第二章，頁229～235。

〔註130〕「夫子加齊之卿相，得行道焉，雖由此霸王不異矣。如此，則動心否乎？」朱《註》：「任大責重如此，亦有所恐懼疑惑而動其心乎？」

〔註131〕「我四十不動心」朱《註》：「四十強仕，君子道明德立之時。孔子四十而不惑，亦不動心之謂。」按：面對出仕行道的重責大任，毫無「恐懼疑惑」——自信自己具有合於正義的智慧、勇氣、力量。以此和孔子比擬，可從，所以此章末段全在歌頌孔子在出仕行道的節度爲聖人典範。

〔註132〕「北宮黝之養勇也……孟施舍之所養勇也……夫二子之勇，未知其孰賢，然而孟施舍守約也。昔者曾子謂子襄曰……孟施舍之守氣，又不如曾子之守約也。」按：先以武士培養勇氣的方法說明達到不動心的方法。這裡可見孔門的養氣傳統，朱《註》曰：「孟子之不動心，其原蓋出於此（指曾子之反身循理）。」

〔註133〕「告子曰：『不得於言，勿求於心；不得於心，勿求於氣。』不得於心，勿求於氣，可；不得於言，勿求於心，不可。夫志，氣之帥也；氣，體之充也。夫志至焉，氣次焉。故曰：持其志，無暴其氣。」「既曰：『志至焉，氣次焉』，又曰：『持其志，無暴其氣』者，何也？」曰：「志壹則動氣，氣壹則動志也。今夫蹶者、趨者，是氣也，而反動其心。」

〔註134〕曰：「我知言，我善養吾浩然之氣。」敢問何謂浩然之氣？曰：「難言也。其爲氣也，至大至剛，以直養而無害，則塞於天地之間。其爲氣也，配義與道；無是，餒也。是集義所生者，非義襲而取之也。行有不慊於心，則餒矣。我故曰：告子未嘗知義，以其外之也。……」何謂知言？曰：「詖辭知其所蔽，淫辭知其所陷，邪辭知其所離，遁辭知其所窮。生於其心，害於其政；發於

義」乃是深入於人格內在的體驗，大別於告子的「義外」認知。（3）從「養氣」「知言」兩端與孔門德行、言語兩科接合，進而推崇孔子之聖德──從出處進退見孔子之聖，又和師徒一開始的話題接上了。以上述分段爲基礎，可見孟子此章乃是以傳述「集義」的身心體驗爲核心，「養氣」「知言」爲此一體驗的內外效應，「不動心」則是這一體驗主體在面對外部世界時的意志狀態，其詳分述如下：

（一）「不動心」（面對事情不疑不懼，意志毫不動搖）是某些特殊人格在面對外界挑戰時所表現出的意志狀態。這些人格的形成，必須透過某種身心鍛鍊──「治心養氣」的工夫。這一身心鍛鍊基本上是要使「意識」運作和「體氣」活動有完美的配合，不會有彼此不聽使喚的情形發生，特別是強敵當前，還能有視死如歸的行動（「意識」與「體氣」的關係，通常是由「意識」主導「體氣」活動，但是「體氣」有時也會反客爲主，主導「意識」活動。）公孫丑拿孟子與勇士典型的孟賁相較；或是孟子談「治心養氣」，先舉北宮黝、孟施舍的使劍勇氣爲例，並以子夏、曾子比擬之。除了可見孔門勇德的傳統，〔註135〕也意謂著文人的養氣和武士的養氣有相通之處，目的都在克服疑懼，完成使命，只是對外的表現媒介不同，武士以劍道，文人則以言說之道。「好辯」「知言」就是文人的劍，以此與「邪說暴行」匹敵而廓清之，這當中的根本力量來自「人格」，此時，人格就是言說活動時涵蓋「氣──心──言」（體氣──意識──言語）的整體。「知言」是這一人格出仕行道的外在效應，而「集義」而生「浩然之氣」則構成其道德氣魄之人格的內在效應。這一道德氣魄的人格，如揚雄對孟子之勇的讚詞：「勇於義而果於德，不以貧富、貴賤、死生動其心，於勇也，其庶乎！」〔註136〕這不僅是「氣魄承當」，而且是「義理承當」。我們因而可說，孟子所謂「不動心」的意志狀態，乃是經由「集義」而形成「浩然之氣」的人格所表現出來的行動效果。

當然，純就工夫論而言，「治心養氣」的目的不一定和道德人格的培養（「集義」而生「浩然之氣」）有必然的關係，也不一定導向「知言」的外在效應，它也可以是爲了「同於大通」的精神體驗，或是爲了養生、治術、技藝等目的。「治心養氣」的工夫論其實是戰國諸子的「共同論域」，並非某個學派所

其政，害於其事。聖人復起，必從吾言矣。」

〔註135〕詳見黃俊傑《孟學思想史論（卷一）》，頁343～345。

〔註136〕汪榮寶：《法言義疏・淵騫篇》（北京：中華書局，1987年），頁419。

專有，其目標指向乃是繫於不同性質的德性主體的自我實現。就孟子而言，「養氣」具有道德意義，且和「知言」有必然聯繫，顯然是因爲他在面對處士橫議的時風，與「邪說暴行」交戰的社會實踐，所以強調言說主體以其道德意識帶動體氣轉化的內在效應而凝聚出的浩然之氣，並外現爲帶著道德內容的言說辭氣，因此當其面對邪說暴行，邪說暴行現出其發自內心的不道德原形，並在不疑不懼、理直氣壯的意志狀態下摧廓邪說暴行；當然，這一力量也就像舜「及其聞一善言，見一善行，若決江河，沛然莫之能禦也」一樣，重建一個善言善行的人倫社會。

　　另以莊子爲例，《莊子·人間世篇》所謂「若一志，無聽之以耳而聽之以心，無聽之以心而聽之以氣！耳止於聽，心止於符，氣也者，虛而待物者也。唯道集虛。虛者，心齋也。」可以把它視爲另一型態的「知言」「養氣」。這段描述關於個體在言語互動的社會中如何自我實現的課題，這裡的「聽」所接收的乃是用來溝通人事活動的「語言」，自然也包括接收之後一連串理解、判斷等意識反應活動；「心齋」的工夫論，則是在轉化意識活動的方式（由聽之以耳，而聽之以心，而聽之以氣），當耳聽、心符的知覺功能以「聽之以氣」的形式運作，意識不再停留於感性、智性的層次，而是「遊乎天地之一氣」，達到「知通於神」的境地。顯然在「聽之以氣」的精神向度，超越「言意」之所指涉，善惡、美醜、得失、死生等相對性的概念失去意義，邏輯性的語言、意象也無所用之，最終就以「忘言」爲依歸。孟子關於治心養氣的工夫論特別強調培養道德意識的浩然動能──透過「知言」的道德實踐活動，長養擴充「至大至剛」的浩然之氣，明顯不同於莊子以「離形去知」的虛靜心靈「遊乎天地之一氣」，經由「忘言」超越社會的價值意識，當然更異於道教將養氣應用爲鍊形長生之術。

　　（二）果如上述，社會行動的一往直前以及言語活動的一派清明（「知言」），對孟子而言，乃是以「集義」而形成「浩然之氣」的道德人格爲根柢，或者說以那能達到「不動心」的「心體」爲根柢。李明輝先生如此說：「（『知言』『養氣』）這兩種工夫均以『心』爲主宰，『知言』是以心定言，『養氣』是以心御氣，主要工夫均在『心』上作，其效果則分別表現在於『言』和『氣』上。」〔註137〕「不動心」之「心體」的養成，孟子所揭示的就是「集義」一

〔註137〕李明輝：〈孟子知言養氣章的義理結構〉，收在李明輝主編：《孟子思想的哲學探討》（臺北：中研院中國文哲所，1995年）

事，尤其是分辨「集義」與「義襲而取之」的不同。李先生據「由仁義行」與「行仁義」的分別解說「集義」與「義襲而取之」的不同：孟子的不動心根源於道德主體的真實力量，這一根源力量即是心的內在法則，以此定氣之浩然或餒然，也以此辨言之蔽陷離窮，此一理路自然異於告子的「義外」之說——義之於心，心之於氣是外在強制關係對反，因此孟子乃批評告子的不動心，快則快矣，卻有「揠苗助長」之害。〔註138〕

　　李先生將「由仁義行」的人格力量與「集義」而生「浩然之氣」的人格力量比附，所見真確可從，不過，他從主體哲學的視角理解孟子的集義，因此強調集義來自主體的心性根源，容有可以補充之處。從孟子的文章脈絡來看，孟子所謂「集義」其實更強調「如何促使浩然之氣不斷成長」，而不是「浩然之氣的依據何在」，亦即「德行」觀念大於「德性」觀念。〔註139〕前文我們對「由仁義行」的解釋也可以佐證：「由仁義行」一端是「仁義已根於心」的本源義，一端則是仁義之心既被興發則將沛然流行，衍生「明於庶物，察於人倫」的聖智。唐君毅先生曾說：「（孟子）此心初乃一直接面對人物而呈現出之心，初非反省而回頭內觀之心。」〔註140〕袁保新先生近來亦從「在世存有」的觀點，強調孟子的「心」應該被界定為一種通向生活世界、建立價值秩序的「存在能力」。〔註141〕因此，當我們認為孟子所說的要點在於「集義之心」，並以此心定言，以此心御氣，顯然這一「集義之心」正是要通向生活世界、建立價值秩序。

　　上文已經闡明孟子有一「人禽之辨」的歷史觀，人性社會的建立是他主要的關懷所在，「集義」「養氣」說仍然不離這一論述脈絡。徐復觀先生闡釋「盡心」與「踐形」的關係時所說：「踐形，可以從兩方面來說：從充實道德的主體性來說，這即是孟子以集義養氣的工夫，使生理之氣，變為理性的浩然之氣。從道德的實踐上說，踐形，即是道德之心，通過官能的天性，官能的能力，以向客觀世界中實現。……孟子的盡心，必落實到踐形上面。能踐形才能算是盡心。」〔註142〕在此依然適用。果然如此，則在孟子所謂「集義」

〔註138〕同上註。
〔註139〕楊儒賓：《儒家身體觀》，頁207。
〔註140〕唐君毅：《中國哲學原論·導論篇》（臺北：臺灣學生書局，1986年全集校訂本），頁102。
〔註141〕袁保新：〈天道、心性與歷史——孟子人性論的再詮釋〉。
〔註142〕徐復觀：《中國人性論史·先秦篇》（臺北：臺灣商務印書館，1969年），頁185。

的體驗當中，「養氣」與「知言」就是一體呈現的；〔註143〕且就「集義」體驗和社會實踐的緊密關係言，「知言」更有重大意義，孟子所以會對告子「不得於言，勿求於心」下了「不可」之判語或許原因即在此。〔註144〕

「集義而生」或「由仁義行」的道德人格在面對外部世界的言說對象時，其內在的身心效應是：原本是激昂生命力的「體氣」展現出帶有義理性質的浩然力量，依據這一體氣的精神內涵，「人」與「禽獸」的神采樣貌較然可辨；同時，其外在的言說行動是：言說的內容都成為表述真理的道德語言，依據這一辭氣的真理內涵，「人」與「禽獸」的語言風格也就迥然有別，這是理解孟子「知言」說的重要環節。孟子說：「詖辭（偏頗不周全）知其所蔽，淫辭（陷溺）知其所陷，邪辭（偏離正道）知其所離，遁辭知其所窮。生於其心，害於其政；發於其政，害於其事。」可見「知言」並非針對言說的邏輯思考或形式問題，而是針對言說的真理問題——偏頗、陷溺、偏離、困窮的負面詞彙都是指涉言說背離正道，同時即指向言說者的精神向度與言語風格。具體地說，孟子的「知言」乃是從「處士橫議」的社會環境中自覺自信，因而表現出對「邪說暴行」的心知肚明——這種「知言」的清明意識其實就等同於「明於庶物，察於人倫」的清明意識。

（三）承上所論，浩然之氣／集義之心／知言的主體，成為同一道德人格在不同背景下的異名。「集義之心」是道德人格的意識整體，「浩然之氣」則是突顯這一意識整體的自然背景，透過至大至剛的義氣擴充，對於人之為天地一氣的存在意義有所覺察與創造；「知言的主體」則是突顯這一意識整體的社會背景，透過其帶著社會正義的言說辭氣，對於人之為社會語言體的存

〔註143〕楊儒賓先生以孟子的「踐形」論和「知言」論相提並論，就強調「在孟子的踐形理論中，人身體任何知覺的發露、人的意志之呈顯、以及人身內部氣的流轉都是一體展現的，這是徹底的一本論。同樣地，依照孟子的知言理論，人的語言展現、人的意志、以及人身內部氣的流轉也都是一體展現的。」《儒家身體觀》，頁184。

〔註144〕朱子就以「知言」為孟子此章的首出概念。不過，他以「窮理」的概念貫通孟子的「知言」與「養氣」，除了將孟子的「知言」解釋為「窮理」，並且將孟子的「集義」解釋為積聚事事物物分殊之理。黃俊傑先生認為朱子對孟子養氣之學所提出的這種解釋，是將他個人治學思考的精神體驗「讀入」孟子學之中。因此，在孟子學中「知言」、「集義」、「養氣」、「存心」是同時具足於生命之中，相輔相成，互為依存。但是在朱子的詮釋中，「知言」成為首出的概念，更將「知言」解釋為「窮理」，這一詮釋不免形成某種「隧道效應」，將孟子思想狹隘化。見黃俊傑：《孟學思想史論卷二》，頁228。

在意義有所覺察與創造。〔註145〕對一個能達到眞正「不動心」之效果的言說主體來說，浩然之氣／集義之心／知言的主體是一體呈現的，「知言主體」的言說必然與「浩然之氣」俱行，就像各種技藝一樣，例如武士提劍，氣隨劍行；舞者動身，氣隨身行，文人出言，氣隨言行。劍在、身在、言在，浩然之氣就在。武士的劍術之道、舞者的身體之道、文人的言說之道，都是歷史文化的產物，個體透過這些活動的媒介讓出了自我，積澱了歷史文化的規範，完成歷史文化的理想；當他們在各自的活動領域達到盡善盡美之際，也會感受到已經忘了活動中的自我，化身「浩然之氣」「塞于天地之間」，與天地合爲一體，也完成了上天的使命。由此，個體乃能優入「聖域」：成就一個盡其才踐其形、盡其心知其性，因而上契天命的自我。如此就可以理解當孟子說「我知言，我善養吾浩然之氣」，何以公孫丑會以「聖人」來比擬之，而孟子自道「乃所願，則學孔子也」的偉大志向也不是空話一句。

　　上述可見孟子強烈的歷史／天命意識，在《孟子》終章，孟子自陳其歷史使命：

> 由堯舜至於湯，五百有餘歲，若禹、皋陶，則見而知之；若湯，則
> 聞而知之。由湯至於文王，五百有餘歲，若伊尹、萊朱則見而知之；
> 若文王，則聞而知之。由文王至於孔子，五百有餘歲，若太公望、
> 散宜生，則見而知之；若孔子，則聞而知之。由孔子而來至於今，
> 百有餘歲，去聖人之世，若此其未遠也；近聖人之居，若此其甚也，
> 然而無有乎爾，則亦無有乎爾！（〈盡心下篇〉，頁376～7）

這一歷史意識，顯示聖賢的人格世界乃是一脈相傳，因此在孟子的「歷史詮釋」當中，從舜以其「由仁義行」的浩然力量，表現爲「明於庶物，察於人倫」的聖智，到孔子以其「金聲玉振」之「聖力」，表現爲「始條理」「終條理」的聖智（詳下節），〔註146〕到孟子自己以其「集義」所生之「浩然之氣」，表現爲「知言」的聖智，此等都是同一歷史／天命統緒的開顯。在孟子心中，他的思想感悟乃是「堯舜之道」「文武之道」「孔子之道」的當代表達而已，然而在後儒看

〔註145〕關於「知言養氣」乃以「集義」爲關鍵，以及「知言」乃是個體通向社會之事，參見徐復觀，〈孟子知言養氣章試釋〉一文，收入《中國思想史論集》（臺北：臺灣學生書局，1975 年），頁142～154。

〔註146〕《孟子‧萬章下篇》：「孔子之謂集大成。集大成也者，金聲而玉振之也。金聲也者，始條理也；玉振之也者，終條理也。始條理者，智之事也；終條理者，聖之事也。智，譬則巧也；聖，譬則力也。」頁315。

來，他的思想確實達到新的理論深度，諸如以四端之心、性善來揭示人性本質，或是「集義」「養氣」「知言」等道德實踐的節目，這些論點就被後儒肯定爲「前聖所未發」。〔註147〕因爲歷史已遠，時空背景已有不同──舜的人格世界以孝悌之實顯，孔子的人格世界以進退之實顯，孟子的人格世界則以好辯之實顯。孟子就是透過「好辯」行其「集義」的體驗──進而衍生「知言」「養氣」之說，就以此投身社會、融入歷史、仰向天命，親炙聖人的人格世界。

第六節　荀子：歷史／社會向度的「文學」修養── 言說與榮名

　　誠如上述，孟子以其「好辯」行「集義」的體驗──以其「知言」展現言說活動的歷史／天命意識，並將這一「知言主體」的精神內涵浸透身心整體化爲浩然一氣而超凡入聖，「養氣」與「知言」內外效應一體呈現，以此體驗聖智人格「由仁義行」的雄渾力量。荀子對於道德實踐也有「君子必辯」〔註148〕和「重死持義」〔註149〕的體認，但是他將僅限於展現言說活動的歷史／社會意識──以「文學」修養來「治心養氣」，將身心氣色及其語言辭氣予以文學化，以此參與人類社會的文化發展而永垂其「榮名」，相對就缺乏如孟子以「浩然之氣」參天的超越體驗。

　　本文認爲荀子是從歷史／社會向度理解言說活動的本質，理由是：荀子將個體言說活動的功能設定爲對「禮義」的理解與說明，而「禮義」的載體則是經由歷史積澱、符應社會現實的制度規則──此一制度規則又有相應的「語言」的符號系統（刑名、爵名、文名、散名）。相對於「語言」是社會的產物，言說活動則是個人意識的表現，它反應了言說者的意志、智能和精神內涵。上文孟子的「知言」說，他視言說活動與「集義」「養氣」之精神內涵爲一體呈現，這即是個人性的一面。但是個人的言說如果是有意義的言說，就必須在既有的社會文化脈絡之下言說，因此，個人的每一次言說其實都喚起「語言」所承載的社會意識。荀子對於言說活動的認知大抵偏重這一社會性的面向，因此他對於語言行爲就強調「名──言──道」語意結構的緊密

〔註147〕朱熹《孟子集注・孟子序說》引程子言，頁199。
〔註148〕〈非相篇〉，頁87。
〔註149〕〈榮辱篇〉，頁56。

關係，並以「正名而期，質請而喻，辨異而不過，推類而不悖。聽則合文，辨則盡故」〔註150〕為言說活動的理想，目的就在闡揚人類歷史的人文理性、保障社會的「正理平治」（詳見第三章）。唯有如此，社會性的「語言」，其價值意識才會透過個人的「意志」與「言說」而被昭示出來，而個人也就在這一價值意識的輾轉發明當中，成為「明參日月，大滿八極」的「大人」。

一、「文學」修養：由「少言而法」到「多言而類」的言說

戰國時期「邪說辟言」蜂起，因此孟子「好辯」，荀子亦肯定「君子必辯」。差別是孟子之辯乃是以其「集義」體驗契合堯舜「由仁義行」的整全人格，此為上契天命流行所生「知言」之聖智；荀子之辯則直就「後王」之「文學」「語言」盡其義理之全，如同他認為「天下之道」盡在「五經」之中，「百家之說不及後王，則不聽也」，以此為言說活動的「壇宇」，〔註151〕都是強調從人類歷史的普遍經驗所累積的「文學」「語言」當中闡發人類文明的深刻理性，應當是言說活動的主要內容。以下以荀子對墨子的批評為例加以說明。儒、墨作為當時的兩大顯學家派，荀子對於墨子的言說內容頗有不滿，對於部分「其言議談說已無以異於墨子矣」的儒者也斥其為「俗儒」，到底墨者的言說特點為何，而引起荀子的不滿？

墨子論說亦著重釐清語言之「類」「理」與「故」，以期對於自己堅持的信念予以合理的說明。如申論「非攻」之義，必將區分「誅」與「攻」的本質不同——「誅」與「攻」雖同是征伐之事，但前者乃是合於「義」「順天鬼百姓之利」的征伐，後者則是非義的征伐。〔註152〕在「墨辯」的篇章中，「類」字便成為相當普遍的字眼，所謂「（夫辭）以故生，以理長，以類行者也」〔註153〕「（夫辯者）焉摹略萬物之然，論求群言之比，以名舉實，以辭抒意，以說出故，以類取、以類予。」〔註154〕更是概括墨家的論辯傳統乃是強調條分縷析地辨明事理、物類以合理證成其信念。

可見墨子學派和荀子一樣都突出了言說活動「知類」「盡故」的原則，因

〔註150〕〈正名篇〉，頁 423。
〔註151〕〈儒效篇〉，頁 146。
〔註152〕〈非攻下〉，（清）孫詒讓撰，孫啓治點校：《墨子閒詁》（北京：中華書局，2001 年），頁 146。
〔註153〕〈大取篇〉，頁 413。
〔註154〕〈小取篇〉，頁 415。

此連荀子亦不得不承認他們是「持之有故，言之成理」。然而，差別就在荀子認爲言說活動之能「總方略，齊言行，壹統類」，完成「緻然聖王之文章具焉，佛然平世之俗起焉」的使命，〔註155〕乃是深入「周道」的「禮義文理」所立的「義法」，並無所謂「天志」的「義法」。墨子則說：

> 故子墨子之有天之意也，上將以度天下之王公大人爲刑政也，下將以量天下之萬民爲文學出言談也。（〈天志中篇〉，頁208）

> 凡出言談由文學之爲道也，則不可而不先立義法。（〈非命中篇〉，頁273）

> 今天下之君子之爲文學出言談也，非將勤勞其（喉）舌，而利其脣呡也，中實將欲其國家邑里萬民刑政者也。（〈非命下篇〉，頁282～3）

對於士君子的本業在「立義法」、「由文學」，以「出言談」，以利國家「刑政」，這個部分和荀子亦無太大的不同。但是問題就在墨子的「義法」出自他所認知的「天志」，諸如「薄葬」「非樂」「節用」「非攻」均以此「天志」「義法」爲理論依據。荀子則認爲此一「天志」「義法」的認知，乃是「伐其本，竭其原」，既違背了人類社會「文飾」「明分」的歷史經驗（所謂「墨子蔽於用而不知文」），也將淆亂整個宇宙秩序：「萬物失宜，事變失應，上失天時，下失地利，中失人和，天下敖然，若燒若焦。」〔註156〕總之，「禮義」是宇宙秩序、歷史經驗、言說活動的根本理據，當中自有其「類」「故」與「理」，透過語言行爲闡發「禮義」的思想即是「合文」的言說，這一深刻的人文理性是墨子所無法觸及的精神領地。

墨者對於語言行爲有「無務爲文」的傾向，如謂「慧者心辯而不繁說，多力而不伐功，此以名譽揚天下，言無務爲多而務爲智，無務爲文而務爲察。」〔註157〕不貴多言與言說的文飾。荀子卻認爲「言語之美，穆穆皇皇」，言說的表現和「威儀脩飾」互爲表裡，〔註158〕因此「好其實，不恤其文」者爲「鄙夫」「腐儒」之言，聖人「備道全美」之言必然是「多言則文而類」，有如金石珠玉、黼黻文章、鍾鼓琴瑟。〔註159〕所謂「多言則文而類」，兼有語言行爲

〔註155〕〈非十二子篇〉，頁95。
〔註156〕〈富國篇〉，頁186。
〔註157〕《墨子·脩身篇》，頁10。
〔註158〕〈大略篇〉楊倞注語，頁494。
〔註159〕〈非相篇〉，頁83～84。

的修辭形式與精神內容，是具備「文學」修養的行為主體在語言行為上的展現。

孟子以「集義之心」「浩然之氣」「知言的主體」的三位一體為語言行為的主體，強調的是行為主體的「集義」體驗與「由仁義行」的人格整體力量。荀子則以「名」「言」「道」的三位一體為語言行為的主體，乃是強調行為主體的語言、社會、歷史經驗，這一行為主體乃是以「文學」修養行其「集義」的體驗，並產生「齊明而不竭」的人格整體力量。荀子對於語言行為主體的認知，關係他從「群道」（人的社會性）理解人的特質。〈王制篇〉：

> 水火有氣而無生，草木有生而無知，禽獸有知而無義，人有氣、有生、有知，亦且有義，故最為天下貴也。力不若牛，走不若馬，而牛馬為用，何也？曰：人能群，彼不能群也。人何以能群？曰分。分何以能行？曰義。義以分則和，和則一，一則多力，多力則彊，彊則勝物，故宮室可得而居也。故序四時，裁萬物，兼利天下，無它故焉，得之分義也。故人生不能無群，群而無分則爭，爭則亂，亂則離，離則弱，弱則不能勝物，故宮室不可得而居也，不可少頃舍禮義之謂也。能以事親謂之孝，能以事兄謂之弟，能以事上謂之順，能以使下謂之君。君者，善群也。群道當則萬物皆得其宜，六畜皆得其長，群生皆得其命。（頁 164～165）

這裡作為人之特質的「義」，對個人來說乃是「分義」，「分」之為「義」乃是由「群道」加以界定的，藉此達到利用自然、促成社會和諧、均衡、秩序（社會凝聚、財富分配、有效支配）的目的。「禮義」規範就是人類社會的普遍經驗與共同語言，沒有「語言」就沒有社會，個體在「語言」中被定義，沒有「名分」就無法構成人格。體現「群道」的「語言」，有一個時間連續性的因素，它是人類生活的普遍經驗，這一普遍經驗凝聚在「詩書禮樂」的「文學」之中，因此以這一普遍經驗為根據的言說活動，其聖智並非根於「以理生氣」具有浩然動能的人格，而是強調透過「文學」修養以「治心養氣」，最終「以義化氣」，得以「成人」。〔註160〕這一人格內涵的言說將以「多言則文而類」為其特徵。

在第二章，本文論及：在荀子的思想體系當中，「文學」修養與「人之所以為人」的意義與價值有其本質性的關聯，以完成士、君子、聖人的不同階

〔註160〕〈修身篇〉：「凡治氣養心之術，莫徑由禮，莫要得師，莫神一好。」頁26。

段品性為目標（第四節）。如果借用孟子「集義」一詞來描述行為主體的「文學」修養，「集義」將要另外定義：「文學」修養的目標是成為「聖人」之軀，人身成為禮義的載體，一言一行皆有法則。因此「學數有終，若其義則不可須臾舍也」，意謂這一過程要「真積力久」「學至乎沒而後止也」，可能是一個永無止境的過程，而最關鍵的一步則是如何由「文學」之「數」到深入「文學」之「義」。可見荀子以「文學」修養行其「集義」之實，而「集義」的人格昇進階段就體現在小人、君子、聖人的不同品性以及不同的語言表現：「故多言而類，聖人也；少言而法，君子也；多言無法，而流湎然，雖辯，小人也。」〔註161〕「多言則文而類，終日議其所以，言之千舉萬變，其統類一也，是聖人之知也。少言則徑而省，論而法，若佚之以繩，是士君子之知也。其言也諂，其行也悖，其舉事多悔，是小人之知也。齊給便敏而無類，雜能旁魄而無用，析速粹孰而不急，不恤是非、不論曲直，以期勝人為意，是役夫之知也」〔註162〕按「集義」程度的不同，表現不同程度的智能——「小辯而察」、「見端而明」、「本分而理」。「小辯而察」，言辭齊給便敏但「多言無法」，當然不通「禮義之統」；「見端而明」，言辭「徑而省，論而法」，所見為禮法一端，無法「應變不窮」；「本分而理」，其言語「多言則文而類」，推本禮義，故能表現通於禮義之統的「理智」（參見第二章第三節）。

二、「義命」與「義榮」

　　荀子所謂「本分而理」的智能、「多言則文而類」的言說，事關「文學」修養的精神體驗，經由這一體驗，個體進入人類文化的永恆創造歷史之中，這一成就不在他體現了「天命」的至高要求，而是他透過「文學」的創造活動而高明博大，在人類文化史上獲取不朽的「榮名」。前者如孟子，認為「集義」乃是個體以其道德人格回應「天命」的要求（歷史／天命向度的「集義」），荀子則認為「集義」乃是個體以其道德人格獲取「榮名」（歷史／社會向度的「集義」）。這一差異，可以從孟、荀對孔子的人格評價處見之。《孟子·萬章下篇》：

> 伯夷，聖之清者也；伊尹，聖之任者也；柳下惠，聖之和者也；孔子，聖之時者也。孔子之謂集大成。集大成也者，金聲而玉振之也。金聲也者，始條理也；玉振之也者，終條理也。始條理者，智之事

〔註161〕〈非十二子篇〉，頁97。
〔註162〕〈性惡篇〉，頁445～6。

也；終條理者，聖之事也。智，譬則巧也；聖，譬則力也。由射於

百步之外也，其至，爾力也；其中，非爾力也。（頁315～316）

「聖人，人倫之至也」〔註163〕──聖人爲人間立法，內有「仁心仁聞」之「善」，又能客觀化「善言」「善行」，立「仁政」之「法」。〔註164〕因此，儒家的聖王理想就是能以「勢」行「道」，孟子「言必稱堯舜」正和堯舜作爲內聖外王的德業典範有關。堯舜以下，聖人有得勢位者，有不得勢位者，那些不得勢位的聖人，亦必能行「堯舜之道」，同趨於「仁」，〔註165〕因此如伯夷、伊尹、柳下惠、孔子，「得百里之地而君之，皆能以朝諸侯有天下。行一不義、殺一不辜而得天下，皆不爲也。是則同。」〔註166〕而且可以成爲「百世之師」，使人奮發興起。〔註167〕

不過，從諸人出仕行道的不同態度來看，孟子認爲他們的踐履路徑不同，風格氣象不同，由此見其人格的圓熟度不同。伯夷、伊尹、柳下惠被稱爲聖者，其實是表現了聖人的某一面向：「清」「任」「和」，形成個人獨特的風格；但也可能成爲缺點：「伯夷隘，柳下惠不恭」。〔註168〕嚴格說來，相對性的德，在成德的層次只能算是「智之於賢者也」的「人道」層次。孔子作爲一個「集大成」的聖者，才是「聖人之於天道也」的層次，其德是絕對性的德，才能因時而動。〔註169〕孟子以金聲玉振的音樂意象喻孔子之德乃是臻於「天道」「大化流行」之「全德」，〔註170〕又以射術爲喻：「智，譬則巧也；聖，譬則力也。」巧，人爲的技巧；力，天生的才力。從「聖人」的廣義解釋來看，孟子認爲能夠竭盡身心潛能（盡其才）者皆可稱「聖」，例如有離婁之明、公

〔註163〕《孟子・離婁上篇》，頁277。
〔註164〕《孟子・離婁上篇》，頁275。
〔註165〕《孟子・告子下篇》，頁342。
〔註166〕《孟子・公孫丑上篇》，頁234～235。
〔註167〕《孟子・盡心下篇》，頁367。
〔註168〕《孟子・公孫丑上篇》，頁240。
〔註169〕朱熹〈集注〉：「智者，知之所及；聖者，德之就也。」朱子強調此「德」非一般德行之德，而是「脈絡貫通，無所不備」「全於衆理」的「全德」，其實就是「與天合德」的「德」，因此他以「大和元氣之流行於四時也」來說解孔子之爲「聖之時者也」，頁315。
〔註170〕音樂是最難物化之物，在始終的時間流程裡完成其意義的創造，因此作爲「大化流行」的象徵。（《五行篇》特別發揮聖、智的差別：聖聰、智明，聰則進入更細微不可見的聽覺空間，音樂與天道的關係，明則停留於可見的視覺空間，禮文與人道的關係。）

輸子之巧、師曠之聰、堯舜之道，都可以稱爲聖人，因爲他們能竭盡目力、耳力、心思，這些都是人格力量的展現，是自我的發展完成。〔註 171〕當然，儒家聖人的才力乃是關涉心性的創造力，這種才力乃是聖智的根源，猶如射遠必是以盡其天生才力爲根本；至於發用於人倫法則的眾理，則尙有法度規矩之巧，猶射中仍有巧妙可言。

　　孔子是孟子心目中最純粹圓滿的聖人典範——他認同宰我、子貢、有若對孔子的評價：「自生民以來，未有盛於孔子也」、甚至是「賢於堯舜遠矣」。〔註 172〕當然，所謂「孔子賢於堯舜」並非指聖智人格的異質或高下之別，而可能是和出仕行道所受的「命限」有關，孔子受制於「遇合」的因素，要以社會實踐行其「集義」之實有更大的困難。然而孟子從孔子對於出處進退的態度，看到了孔子「聖之時者也」的人格圓熟度：在面對「窮達以時」的「遇合」問題時，他的隨「時」而動表現出道德人格「即義即命」的高明境界。

> 孔子進以禮，退以義，得之不得，曰：「有命」。而主癰疽與侍人瘠環，是無義無命也。（〈萬章上篇〉，頁 311）

> 樂正子見孟子，曰：「克告於君，君爲來見也。嬖人有臧倉者沮君，君是以不果來也。」曰：「行或使之，止或尼之。行止，非人所能也。吾之不遇魯侯，天也。臧氏之子焉能使予不遇哉？」（〈梁惠王下篇〉，頁 226）

> 存其心，養其性，所以事天也；夭壽不貳，修身以俟之，所以立命也。（〈盡心上篇〉，頁 349）

孟子對孔子的莫逆於心，在於他們都能分辨人格德行的當然之理（義）與得位與否的適然之遇（命）是異質的範疇。孔、孟「義命分立」的認知，在於從「命」的範疇洞見了人的生活世界存在一個事實意義之「客觀限制」的領域，在這一領域當中，人是一個「被決定者」；又從「義」的範疇洞見了人的生活世界存在一個道德意義之「自覺主宰」的領域，人有自覺能力、價值意識，他在此領域是一個「自由者」。〔註 173〕因此對儒者而言，更重要的是他們

〔註 171〕《孟子·離婁上篇》，頁 275～276。
〔註 172〕《孟子·公孫丑上篇》，頁 234～235。
〔註 173〕參見勞思光：《新編中國哲學史》（臺北：三民書局，1987 年），頁 136～147。近來，林啓屏則以《郭店楚墓竹簡》的〈窮達以時〉一文爲起點，討論先秦儒學的「遇合」問題，亦以人既是「被決定者」又是「自由者」的雙重身份爲主線，說明儒者關於「遇合」問題表現的深邃智慧在於「他們訴諸『天』

本著對「義命分立」的認知，乃進一步能真切地踐行人格德行的當然之理（集義），自我作主地在道德實踐中「事天」「立命」，達到超克命限，達到即義即命的心靈和諧與自由，此為「義命合一」的精神境界。

誠如唐君毅先生所說：「此即言義之所在，即命之所在也。……其精神之依『義』而奮發不可以已，亦即天所命之『義』日益昭露流行於其心者之不可已。此處義之所在如是如是，亦天命之如是如是。」〔註174〕「故在孔孟，天命永無有斷絕之時。此其關鍵，不在此道之是否行於外，而在吾人自己之是否願擔負此道。如能擔負，則人道立而天道亦立，人命立而天命亦立；於是天命之大明終始，便永無真正斷絕晦盲之日。」〔註175〕正因為有這一「義命合一」的精神奮發，其辭受進退，「可以速而速，可以久而久，可以處而處，可以仕而仕」，〔註176〕也不論是「見行可之仕」「際可之仕」「公養之仕」〔註177〕均是「集義」而行，因而表現出「始條理」「終條理」的聖智。

荀子亦區分「聖人之得勢者」與「聖人之不得勢者」，前者如舜、禹，可以傳其聖人之「制」，後者如仲尼、子弓，其所傳者為聖人之「義」。〔註178〕由此「榮辱」則有「兩端」之分：

> 有義榮者，有勢榮者，有義辱者，有勢辱者：志意修，德行厚，知慮明，是榮之由中出者也，夫是之謂義榮；爵列尊，貢祿厚，形勢勝，上為天子諸侯，下為卿相士大夫，是榮之從外至者也，夫是之謂勢榮；流淫汙僈、犯分亂理、驕暴貪利，是辱之由中出者也，夫是之謂義辱；詈侮捽搏、捶笞臏腳、藉靡舌舉，是辱之由外至者也，夫是之謂勢辱：是榮辱之兩端也。故君子可以有勢辱，而不可以有義辱；小人可以有勢榮，而不可以有義榮。有勢辱無害為堯，有勢榮無害為桀。義榮、勢榮，唯君子然後兼有之；義辱、勢辱，唯小人然後兼有之。是榮辱之分也。聖王以為法，士大夫以為道，官人

『命』『世』『時』的限制性概念，體證了『人』『德』『性』之真實奧義」，而就在「雙向迴旋的『融貫性』思維裡，揭示『內在超越』之可能。」見〈先秦儒學思想中的「遇合」問題——以〈窮達以時〉為討論起點〉，《鵝湖學誌》第三十一期（2003 年 12 月）

〔註174〕唐君毅：《中國哲學原論—導論篇》，頁 536～537。
〔註175〕同上，頁 543。
〔註176〕〈萬章下篇〉，頁 314～5。
〔註177〕〈萬章下篇〉，頁 320。
〔註178〕〈非十二子篇〉，頁 97。

以爲守，百姓以爲成俗，萬世不能易也。(〈正論篇〉，頁342～343)

在荀子看來，舜、禹是「義榮」、「勢榮」兼有，仲尼、子弓則僅有「義榮」。「義榮」是「志意修，德行厚，知慮明」的道德人格所獲致的榮名，此爲眞正榮名所在：「勢榮」則是「從外至者」，這是屬於「節遇之謂命」的範圍，非關人格，「楚王後車千乘，非知也；君子啜菽飲水，非愚也：是節然矣。」〔註179〕甚至桀、紂亦有之。由此可見，荀子仍然承繼了儒門「義命分立」的認知，並且強調努力踐行人格德行的應然之理以安身立命。荀子有「義榮」「勢榮」之說，孟子則有「天爵」「人爵」之說。《孟子‧告子上篇》：

> 有天爵者，有人爵者。仁義忠信，樂善不倦，此天爵也；公卿大夫，
> 此人爵也。古之人修其天爵，而人爵從之。今之人修其天爵，以要
> 人爵；既得人爵，而棄其天爵，則惑之甚者也，終亦必亡而已矣。
>
> 欲貴者，人之同心也。人人有貴於己者，弗思耳。人之所貴者，非
> 良貴也。……令聞廣譽施於身，所以不願人之文繡也。(頁336)

可見孟、荀都正視了人性共通的社會情感──尊嚴與榮名的需求，而且他們也都通過道統／政統兩種權威的區別，強調唯有道德人格才能獲取眞正的尊嚴與榮名。〔註180〕這其實是以「領袖人格」爲權威根源的社會型態所反映出來的價值觀，「有勢辱無害爲堯，有勢榮無害爲桀」，意謂「有勢籍者」的「勢榮」並不具備眞正的權威，「德明」的人格狀態才能造就「威積」〔註181〕的結果。內聖與外王是同步的：社會是道德的有機體，內聖者的人格與人類社會發展的精神一致，在理想的情況，他將獲得王者的權力，「天爵」與「人爵」、「義榮」與「勢榮」兼得。此一儒家共通的榮名觀，強調社會是道德有機體，因此「德明」才能「威積」，「正義而爲」才能獲取榮名。

不過，如果將孟、荀的榮名觀與他們對於道德實踐的不同體會聯繫來看，將會看到孟、荀追求榮名的心態與義理內涵有所區別：可以用「義命」和「義榮」兩個觀念加以區分。孟子的「義」、「命」合一觸及到「歷史／天命」向

〔註179〕〈天論篇〉，頁312。

〔註180〕〈儒效篇〉：「故君子無爵而貴，無祿而富，不言而信，不怒而威，窮處而榮，獨居而樂，豈不至尊、至富、至重、至嚴之情舉積此哉！……故君子務修其內而讓之於外，務積德於身而處之以遵道，如是，則貴名起如日月，天下應之如雷霆。……鄙夫反是。比周而譽俞少，鄙爭而名俞辱，煩勞以求安利，其身俞危。」頁127～128。

〔註181〕〈正論篇〉，頁323。

度的道德實踐意義，這一道德實踐的精神層次，強調人必須經由「盡心」「知性」以「知天」「立命」的道德實踐而達至「義命合一」，以此超越人之感性的限制、氣質的限制、遭遇的限制等「命限」。經由這一「歷史／天命」向度的「集義」體驗，人性屬於義理之性的部分因此彰明較著，人的生命也因為具有內在而固有的絕對價值而獲得的尊嚴，此即所謂「天爵」；這一「天爵」的概念，不僅與「人爵」「勢榮」完全異質，也不完全等同人間社會的「令聞廣譽」，它是人間社會「令聞廣譽」的價值根源——因為它是來自「天命」的道德律令，個體透過「與天合德」的精神境界所印證的人性普遍尊嚴。

孟子的「天爵說」具有「立命」的價值意識，人間社會的「令聞廣譽」因此隨之而來，這一獲取榮名的心態就不同於荀子「情然而心為之擇」，因此以「義」取「利」與「榮」的心態。荀子對於道德實踐的體會，觸及的是「歷史／社會」向度的道德意義，其「義榮說」的「榮」即是孟子所謂的「令聞廣譽」，因此「義榮」的追求基本上是屬於「立名」的價值意識：憑藉道德人格，不論是「內聖」或「外王」，都能獲得社會的成功、留下歷史的榮名。「遇不遇，時也；死生者，命也」〔註182〕這是人作為在世存有所必然面對的命運適然性的兩大指標，一是功業之成就，一是生命之長養，都有某種客觀限制；「重死、持義」則是人作為一種在世存有的價值必然性的兩大指標，以「重死」之義回應「死生者，命也」，以「持義」回應「遇不遇，時也」，這即是「敬其在己者而不慕其在天者」。〔註183〕〈榮辱篇〉：

> 義之所在，不傾於權，不顧其利，舉國而與之不為改視，重死持義
> 而不橈，是士君子之勇也。（頁56）

荀子體認「好生惡死，好榮惡辱」是人的基本欲求，然而在「心為之擇」的過程中情況卻是複雜的：它可能是滿足「好生惡死」的需求，如一般民德的「以養生為己至道」，〔註184〕積極的作為則是「以治氣養生則後彭祖，以修身自名則配堯禹」〔註185〕的君子之德；也可能涉及「生死義利」的道德抉擇，如表現君子之勇的「重死持義而不橈」，甚至違背「好生惡死」的需求而選擇「從生成死」。〔註186〕對於「重死持義」的堅持乃是君子的特質。君子的「重

〔註182〕〈宥坐篇〉，頁527。
〔註183〕〈天論篇〉，頁312。
〔註184〕〈儒效篇〉，頁129。
〔註185〕〈修身篇〉，頁21。
〔註186〕〈正名篇〉，頁428。

愛其死」，乃與「狗彘之勇」的「不辟死傷」以及「小人之勇」的「輕死而暴」相異，顯出荀子珍視形體生命的價值，這必須以「長慮顧後」的理智來節制好權好利的自然欲求為前提，甚至要有某種「治氣養生」之術的積極配合，讓形體生命得到充分的長養，才能身「後彭祖」；然而在肯定「重死」乃是君子的情操之外，君子還有「持義」的精神追求，那就是「義之所在」，因此就算是「舉國而與之」的大權大利當前也「不為改視」；在生命面臨危難的大災大害當前，「雖重愛其死而執節持義，不橈曲以苟生也。」〔註187〕

「重死持義」的君子之勇，其行動的動力與精神的源泉何在？我們仍要從荀子「天生人成」的思想型態尋求解釋。在「天生之」的層面，人是「形具而神生」；在「人成之」的層面，人除了前述的「治氣養生則後彭祖」的形體長養外，也要追求精神的完善發展，獲得「修身自名則配堯禹」的成就——在窮通之際，或有勢榮、或有義榮，乃能留名人間，「名聲若日月，功績如天地」，此所謂「天不能死，地不能埋」。因此，他對於孔子的評價在於：

> 無置錐之地，誠義乎志意，加義乎身行，著之言語，濟之日，不隱乎天下，名垂乎後世。（〈王霸篇〉，頁204）

> 通則一天下，窮則獨立貴名，天不能死，地不能埋，桀、跖之世不能汙。（〈儒效篇〉，頁138）

由此可說，荀子的「義命分立」，其義理內涵仍然是表現「天生人成」的思想型態，他並沒有像孟子一樣追求天人合德、即義即命的精神境界，而是透過踐行道義的人格，追求屬於在世存有的永恆「榮名」。對荀子而言，「義榮」者乃是透過志意、身行、言語承載歷史的「道貫」，也就得以進入歷史的名人堂，「為善不積邪，安有不聞者乎？」〔註188〕此即以「義」取「名」，藉此回應「時、命」的客觀限制。

荀子的「義榮」觀念是其「義利觀」的展現。黃俊傑先生從思想史的發展線索，觀察到從孔、孟到荀子的義利觀有兩項轉折：一是荀子彰顯「公義」的觀念，「義」的觀念從孔、孟側重個體的內省，轉而側重群體的規範。一是荀子的「以義制利」說，「義」的觀念從孔、孟的「倫理的境域」，一躍而進入「法律的境域」。〔註189〕我們還可以加上一項，就是荀子基於「義與利者，

〔註187〕楊倞《注》語，頁56。
〔註188〕〈勸學篇〉，頁11。
〔註189〕黃俊傑：《孟學思想史論（卷一）》，頁111～159。

人之所兩有者也」〔註190〕的人性認知，突顯「義」即是「大利」，「義榮」的概念就是最好的例子。「先義而後利者榮，先利而後義者辱」〔註191〕「論法聖王，則知所貴矣；以義制事，則知所利矣」〔註192〕由此所見，關乎義、利之辨，荀子乃是運用「最大效益原則」肯定「義」的價值。他強調社會生活的合理性與秩序性（「正理平治」），因此在「欲惡取舍之權」的過程中，能夠「兼權之，孰計之」「長慮顧後」，以至於獲取「以治情則利，以為名則榮，以群則和，以獨則足樂」〔註193〕的效益。簡言之，對群體而言，義是公利；對個體而言，義是大利。「利」「榮」「和」「樂」都是「義」的效益。以「義」取得成功或榮名，其價值層次，乃是滿足於快樂與尊嚴──「無萬物之美而可以養樂，無勢位之位而可以養名」。用孟子「欲之」「樂之」「性之」的三分法加以對照，乃是等同滿足於「中天下之立，定四海之民」之功成名就的「樂之」層次。縱使高於滿足於「廣土眾民」之所欲的「欲之」層次，荀子未曾觸及滿足於「仁義禮智根於心」之性分的「性之」層次則是確然無疑的。

另一方面，對孟子而言，養氣──言語──天命，以「集義」的人格為內涵的社會實踐，可以融入歷史、上仰天命，「天爵」乃是經由「義命合一」的「立命」過程所自然衍生的人格尊嚴。這一「義命合一」的觀念也必須置於孟子關於「義、利之辨」的思想脈絡中見其意義。據袁保新先生的研究，「義利之辨」的義理結構包括三個方面：一是涉及人性論的義內、義外之辨，一是涉及政治王道論的義、利之辨，一是涉及立身行事的「義命合一」之旨。〔註194〕袁先生的結論是：

> 孟子的義利之辨，雖然不反對人在利益之前的籌劃，但是基於他「仁義內在」及「義命之分」的觀念，我們不能將「義」化約成「公利」，因而抹煞了「義」、「利」之間在價值層位中的異質性。〔註195〕

孟子的「義命」觀，就是以「義」「利」的價值異質性為前提的積極觀念。不論是「集義」「養氣」「知言」以行道天下，或是踐履「義命合一」的精神境界，其行動的動力或精神的源泉並非來自「利心」（「所欲」「所樂」的心理欲

〔註190〕〈大略篇〉，頁502。
〔註191〕〈榮辱篇〉，頁58。
〔註192〕〈君子篇〉，頁452。
〔註193〕〈榮辱篇〉，頁69。
〔註194〕袁保新：《孟子三辨之學的歷史省察與現代詮釋》，頁139。
〔註195〕同上，頁156。

求），而是來自異質的「義心」（「君子所性，仁義禮智根於心」的道德心靈）。在「義心」的自主裁決之下，雖然或窮或達的遇合仍取決於不可測之「時」「勢」，但「命」的意義不再是一種「客觀限制」的概念，亦即人不再只是一個「被決定者」，而是透過「道德主體」的「自覺主宰」，改變命限的意義，人可以是一個「自由者」。〔註196〕

〔註196〕同上。

第五章　結　論

　　法國哲學家保羅‧利科（Paul Ricoeur）在〈哲學史和歷史性〉一文，區分兩種哲學史的理解模式：一種是「體系」的理解，亦即一種哲學被置於某種發展中，它就能被理解；一種則是「特殊」的理解，亦即每一種哲學都有其特殊性，本身就是一個完整的世界。前一種理解模式，乃是通過「整體的理解」顯示哲學史具有「普遍的意義」：每一個哲學家的自我意識被提高到哲學語言顯示的人類精神，歷史的現實也因而提高到歷史的理性。不過，由整體的理解所顯示的「總和的眞理」，卻排除了另一種眞埋：透過「交流」所理解的眞理——交流意謂著把每一個出現在歷史中的哲學家視爲眞實而完整的人格，哲學史家的工作乃是和他共同討論哲學。〔註1〕

　　荀子在中國思想史中始終未有崇高的地位，唐代以來的儒學發展更是逐漸把他推向邊緣地位。韓愈的評語「大醇小疵」尚見肯定之意，宋明以來新儒學的道德形上學的潮流，強調心性與天道爲一的內聖體驗，四端之心與性善作爲上契天道的內在根源乃是基本教義，荀子主張「性惡」，被視爲「大本已失」，因此批評荀學「極偏駁」「其所學者皆在外」、甚者貶之爲儒學的異端別支亦勢所必然。〔註2〕當代新儒學對於荀子的評斷有延續宋明儒之勢，如牟

〔註1〕　〔法〕保羅‧利科（Paul Ricoeur）著，姜志輝譯：《歷史與眞理》（上海：譯文出版社，2004年），頁49～54。

〔註2〕　程頤說：「荀子極偏駁，只一句性惡，大本已失。」「荀子曰：『始乎爲士，終乎爲聖人。』……荀子雖能如此說，卻以禮義爲僞、性爲不善，他自情性尚理會不得，怎生到得聖人？大抵以堯所行者欲力行之，以多聞多見取之，其所學者皆外也。」見《二程集‧河南程氏遺書》（臺北：漢京文化公司，1983年），頁262，191。

宗三先生之說，「大本不立」「本源不足」「本源不透」「外在的、平面的」之語屢見。〔註3〕這一評判荀學的典範，自然產出極為深刻的哲思洞見，然而無疑都在強化某一種「總和的真理」，並試圖以這一「總和的真理」建立中國哲學史的譜系。

上述的理解模式，到了當代，由牟宗三先生發揮至極。牟先生以其學貫中西的豐厚學養及深刻思辨，用現代的學術語言，積極建構「中國哲學史」的普遍意義。這一普遍意義，套用牟先生的用詞即是「圓教」與「圓善」——「圓善」即是圓滿的善或最高善，「圓善」所以可能的依據則必須有一「無限智心」或「智的直覺」之「圓教」。在《圓善論·序言》中，牟先生認為：中國哲學圓善圓教之基本義理定在孟子，後來的發展則是藉著吸收佛教天台宗、道家玄學，到了宋明儒學乃確立了「圓教」的義理，以此解決「圓善」依據的問題。據此，牟先生標舉出足以代表中國哲學之慧解的人物：孔、孟、老、莊、王弼、向秀、郭象、智顗、荊溪、知禮、杜順、智儼、賢首、濂溪、橫渠、二程、朱子、五峰、象山、陽明、龍谿、劉蕺山。〔註4〕

正因牟先生以「圓善」「圓教」的道德形上學作為中國哲學的普遍意義所在，荀子自然只能置於邊緣位置。詮解荀子之文，牟先生將其與名家合編，成《名家與荀子》一書，其著書宗旨是：「在明中國文化發展中重智的一面，並明先秦名家通過《墨辯》而至荀子乃為一系相承之邏輯心靈的發展，此後斷絕而無繼起之相續為可惜。」〔註5〕一方面可見，牟先生對於中國傳統的精神資產涓滴不漏的珍惜之情，儘可能發掘其現代意義；一方面則可見，牟先生認定荀子思想的意義與價值乃在主流儒學之外，其重智、邏輯的心靈傾向，在中國哲學史中並未發展起來——換言之，沒有學統，也就很難建構出普遍的意義。

荀子思想，和其他儒者一樣，基本上是一種探索「內聖外王之道」的實踐哲學，亦即一方面探索如何「積善成德」以備「聖心」、得「神明」，在生活世界當中挺立道德的人格；另一方面則探索如何使社會政治體「正理平治」以「盡倫」「盡制」，在生活世界當中承接倫理的秩序。在建構這套實踐哲學的過程中，儒者必須深思諸如天地宇宙、人性心智、歷史文化、倫理正義、

〔註3〕 牟宗三：《名家與荀子》頁198，203，210。

〔註4〕 牟宗三：《圓善論》「序言」頁1～16。

〔註5〕 牟宗三：《名家與荀子》「序」頁5。

語言思想、精神自由等各方面的議題，這些深思的成果未必高明透徹，但是無疑會蘊含某些理論意義，以至他們的學說能夠流傳久遠。

本文之作的初衷，乃是認為荀子思想的意義，除了置於當代主流儒學的「體系」視域當中被檢視之外，它還可以被「特殊」的理解，還原它的特殊性，學者透過與荀子的交流，適切定位他的思想層次，而且呈現他的思想勝義——荀子傾向重智、邏輯的心靈，其實本身就有普遍的意義。本論文分別從「自然的總體」「社會的總體」「人格的總體」三個向度探討荀子「禮義論」的理論意義，觸及三個論題：生活世界與道德主體、社會過程與個性發展、人格世界與歷史意識。回顧這些論題的討論內容，竟然發現三個論題有一個共通的現象——語言、社會與歷史意識貫穿全書的論述旨趣，這既反應詮釋者的問題意識，或許也反應出荀子文本的思想特徵。因此，本書就以《語言、社會與歷史意識——荀子思想探義》為題。以下摘錄各章論述要點，亦在呈現此一論述旨趣。

一

如緒論所言，從「自然的總體」向度來看，荀子的禮義論具有「天生人成」的思想意義，亦即人類社會在「自然世界」的基礎之上成就一個具有人文精神的「生活世界」。「禮」在荀子的思想體系當中，就不僅是一般的行為規範，它還是一種「宇宙觀」，荀子就以「禮宇宙觀」作為安頓生命價值，進而具有「道德主體」自覺的意義。有見於當今學界對於荀子主體哲學的詮釋，均是從「意識」層面切入，而忽略具有言語和行為能力之「行為主體」亦是討論主體哲學的一個側面。本文因而轉向從「行為」層面切入，藉著探討荀子「名言論」的旨趣，剖析其「禮宇宙觀」關於「生活世界與道德主體」論題的勝義。

依「知性主體」的詮釋取向，一般聚焦於他對「心」的認知與「心術論」，荀子的「名言論」亦被認為是「知性心」所表現的「知性現象」，因此〈正名篇〉的旨趣被強調具有知識論與邏輯心靈的意涵。轉向「行為主體」的詮釋取向，闡述語言行為的「名——言——道」語意結構與「心合於道，說合於心，辭合於說」的理想模式才是〈正名篇〉的主旨。語言行為的語意結構與理想模式，建構了「行之，明也」的道德主體，也反映了言語者「心合於道」的心靈狀態。這一心靈自然可以視之為「知性心」的表現，但荀子更重在「名

——言——道」的語意結構中，行為主體以「仁心」「學心」「公心」的開放心態，透過語言行為聯結人類歷史的普遍經驗，完成「生活世界」的再生。

由此可見：荀子的「禮宇宙觀」強調人類社會是一個由語言構成的「生活世界」。高度的理智發展、永續的文化傳統、成熟的社會規範構成「生活世界」的核心精神。「生活世界」的各項要素，諸如文化模式、社會制度、個性人格，構成相互關連的意義語境，透過語言行為的實踐，文化得以傳遞、社會獲得整合、社會化主體也有個體化的意義。因此，荀子所認知的主體，在道德認識的能力方面是透過文化符號、社會制度、個性人格相互關連的意義語境而建構的經驗性知性主體，而不是具備天生知性能力的先驗性知性主體；在道德實踐的能力方面，一個具有道德本質的自律意志、能夠自我反思的個體存在亦是在文化模式、社會規範、個性結構的同步發展中逐漸完善的經驗性行為主體，而不是超越精神之主體化的先驗性行為主體。

當主體哲學的焦點轉向「行為」的面向，「心靈」的地位依然重要，且逼使我們正視完整的心靈結構：「知慮」「意志」「血氣」。成為一個「志意修，德行厚，知慮明」的行為主體，意謂必須透過「文學」的教化功能，將「禮之理」的人文理性內化為行為主體的「心之靈」，使行為主體趨於人格的完滿。他以「足禮」的心理狀態標示「修身」的完滿境地，而其理性根據則是所謂「禮之中焉能思索，謂之能慮；禮之中焉能勿易，謂之能固；能慮能固，加好之者焉，斯聖人矣」——指陳「法禮」從「知慮」、「志意」進到「血氣」層的心靈效應。「足禮」的心態如何形成？這就逼出一套「治氣養心」的工夫論——心靈結構包括「知慮」「意志」「血氣」三層，荀子的心術工夫論亦區分三層。綜上所見，荀子的「修身論」標舉由「法禮」到「足禮」的進境，以及「心術論」三層面所涉及的「化性起偽」的具體工夫與心靈世界，可以說是將孔門「克己復禮」的修身論所蘊含的「禮的文化心理結構」作了最完整的呈現與論述，也印證了荀子的修身論是修身論內向發展的重要階段。

二

從「社會的總體」向度來看，荀子的禮義論具有「化性起偽」的意義——社會規範對個體的規訓以及社會化主體的個體化。目前學界詮釋「化性起偽」說之意義，多從荀子的「心術論」切入，可以稱之為「心性論」的詮釋

模式，其所揭出的理論意義偏於「主體哲學」的建構。本文則嘗試從荀子的「名言論」切入，轉向「語用學——社會學」的詮釋模式，藉此突顯荀子思想的勝義，不在從「心性論——主體哲學」的理論視域所展開的形上的精神世界，而是透過「語用學——社會學」的理論視域所見，他揭開了人類社會的「生活世界」所蘊含的語言、理智、正義、自由的精神軸心。

「心性論——主體哲學」的詮釋模式，一般忽略荀子「化性起偽」說的「語用學」背景。有見於荀子曾用「正名」的方式傳達他的「化性起偽」之說，因此本文認為荀子的「化性起偽」說，既關係他對人性的思想，也關係他對既有語言的學習與使用——他對人性的認知是以「人」的相關語言為知識背景，並據以形成「化性起偽」說的觀念架構。孟、荀的人性論差異，也反映在他們的語用學觀念：孟子認為道德實踐的意義就在開發「由仁義行」的內在精神力量，「由仁義行」的精神力量構成語言的「內在形式」，因此語言行為的價值就如威廉‧馮‧洪堡（Wilhelm Von Humboldt）所謂的是一股「語言創造力量」，這一精神力量「力圖把語言完善化的理想變為現實」——將「性」賦予「善」的義涵就是在創造新語法。荀子的語用學觀念則強調「名——言——道」的一體關係，再加上他對於從「文學」進行「修身」的道德體驗，因此荀子強調主體行為的語言性、社會性、歷史性——「語言」是人類歷史經驗的載體，它本身就有「言說的能力」，它不是主體經驗的工具，而是一種文本，主體經由學習語言而開顯出一個生活世界。這一語言觀與德國哲學家加達默爾（Hans-Georg Gadamer）所謂「詮釋學經驗」的歷史性、語言性頗有相通之處。

荀子藉由對於來自歷史經驗、具有社會共識的「語言」的理解，作為他演繹人性論與實踐哲學的觀念架構。因此他的人性論是「層累」的人性論：生理、心理，社會和文化所有這些層面都是「人性」的內涵，而人性的價值就在於從「自然人」向「社會人」轉化的人格發展。有見於此，本文透過「人類本性與社會秩序」的社會學論題，考察「化性起偽」的人格發展機制——行為主體的「選擇」依賴個體在社會過程中智能與情感的成長與表現。社會過程的智能發展，乃是以「好利惡害，好榮惡辱」的情感為基礎，因此對個體而言，發展道德智能的內在動機就在以「義」取「利」與「榮」，藉此超克「性傷」之「病」與「節遇」之「命」。據此，荀子追求「義榮」的價值觀正是要透過「正義而為」以追求社會成功、獲取歷史榮名。

進而論述「化性起偽」所形塑的道德人格在「外王」與「內聖」兩方面的作用與意義。前者揭出「總方而議」的「立法者」一義，此義類似社會學所謂社會系統的理性控制，強調禮法的理性本質構成社會秩序的根本，道德與法律有密切的關係。後者則透過社會學關注的「社會自我」一義切入荀子的內聖之學──以喬治・米德（George H. Mead）「不完全的社會自我」（個體心靈是社會存在的前提）和「完全的社會自我」（個體心靈是以社會過程為前提並且是社會過程的產物）來對比孟、荀對於人格的不同認知。進而辨析「完全的社會自我」觀點，並非意謂個性精神只是社會規範的附屬產物。荀子的「社會自我」概念，主要仍是自我實現的意義，「成積」的個體，不僅是一般的「社會人」，他能夠完全置身於人類社會的「生活世界」「符號世界」當中，具有「社會創造力」的道德智能而擁有精神自由。這一「社會自我」其實就是一個天才，因此荀子以「通於神明，參於天地」來稱頌他。

三

從「人格的總體」向度來看，荀子的禮義論具有「內聖外王」的意義。本文第三部分的論題是要透過討論孟子與荀子不同的「歷史意識」，並且聯結他們以「言說活動」為媒介的社會實踐，分辨兩人對於「人格世界」的不同認知，以說明他們對於道德實踐之意義的不同體驗。

孟、荀對於舜之人格世界的詮釋，由於思想感悟不同，他們對於歷史對象的人格詮釋各不相同。孟子中的舜尚有與「野人」若即若離的形象，舜之成為聖人殆屬「天才型」，他的人格世界是一個具備敏銳的感性體驗的「真實世界」，就以這種敏銳的感性開創出一個全新的文明世界──孟子就以豐沛的流水隱喻建構文明世界的主體性與人格世界；荀子中的舜，則是一個完完全全的「文明人」，舜之成為聖人殆屬「智者型」，他的人格世界是一個具備嚴謹的知性推理的「意義世界」，就以這種嚴謹的知性而「發明」一個先聖後聖相續相成的文明世界──荀子藉著「賦」體詠讚禮、知、雲、蠶、箴五物之「理」以呈現一個「禮義文理」的人格世界。

本文亦從孟、荀的經學思想探討他們不同的「歷史意識」。孟子透過《詩》《書》的詮釋學，意在「以意逆志」而「再現」歷史，亦即以「人禽之辨」的精神意識探求歷史的意義，因此認定在聖賢統緒中不斷現身的「由仁義行」

人格才是歷史的動力與本質。孟子認為聖王的歷史業績體現了「天命」的價值內涵，在荀子看來，這是一種無法在人類普遍經驗的禮義法度之中獲得證驗的玄想，也將解銷聖王眞正的歷史業績。因此，他特別強調「隆禮義而殺《詩》《書》」的原則來認識古典的文化世界，就是要將歷史的意義定位在禮義法度的普遍經驗上面。總之，在聖人觀方面，孟子心目中的聖人具備「天才」的「野人」，以他先驗的「由仁義行」的人格力量開創出一個全新的文明世界；荀子中的聖人則是一個後野蠻時期的「文明人」，以他嚴謹的知性而「發明」一個先聖後聖相續相成的文明世界。前者的創造力量屬於超越時間向度的歷史世界，後者的創造力量則是屬於時間向度的歷史世界，因此在歷史觀方面，孟子從《詩》《書》中解讀出「天命」是歷史的超越依據，時間向度的「復古」也蘊含著仰向「天命」的回歸，正見其精神意識的興發高遠；荀子對《詩》《書》的解讀則收束在由禮義法度所規定的「文而類」精神，那是屬於人類歷史本身經驗累積而形成的人文理性，正見其綜合時空的精神廣度。

　　本文進一步探究孟、荀以「言說活動」爲媒介的社會實踐與道德體驗。孟子的部分，我們論證了孟子的「好辯」作爲「集義」體驗的意義：浩然之氣／集義之心／知言的主體，是同一道德人格在不同背景下的異名。「集義之心」是道德人格的意識整體，「浩然之氣」則是突顯這一意識整體的天地背景，透過至大至剛的義氣擴充，對於人之爲天地一氣的存在意義有所覺察與創造；「知言的主體」則是突顯這一意識整體的社會背景，透過其帶著社會正義的言說辭氣，對於人之爲社會語言體的存在意義有所覺察與創造。由此可說：孟子透過「好辯」行其「集義」體驗、親炙聖人的人格世界，也就以此投身社會、創造歷史、回應天命。相對於孟子從歷史／天命向度理解言說活動的精神本質，荀子則從歷史／社會向度理解言說活動的本質，他將個體言說活動的功能設定爲對「禮義」的理解與說明，而「禮義」的載體則是經由歷史積澱、符應社會現實的制度規則——此一制度規則又有相應的「語言」的符號系統。因此，相較於孟子以「集義之心」「浩然之氣」「知言的主體」的三位一體爲語言行爲的主體，強調的是行爲主體的「集義」體驗與「由仁義行」的人格整體力量。荀子則以「名」「言」「道」的三位一體爲語言行爲的主體，乃是強調行爲主體的語言、社會、歷史經驗，這一行爲主體乃是以「文學」修養行其「集義」的體驗，並產生「齊明而不竭」的人格整體力量。

　　孟子的「集義」體驗觸及歷史／天命向度的道德人格，因此當他面對「窮

達以時」的「遇合」問題時，他的隨「時」而動表現出即義即命的心靈和諧與自由，此爲「義命合一」的精神境界。荀子的「文學」修養則觸及歷史／社會向度的道德人格，透過「重死持義」的道德實踐，追求屬於在世存有的永恆「榮名」。可見孟、荀對於社會實踐的「時、命」限制的不同回應：對孟子而言，以「集義」體驗爲內涵的社會實踐，可以融入歷史、上契天命，「天爵」乃是經由「義命合一」的「立命」過程所自然衍生的人格尊嚴；對荀子而言，以「文學」修養爲內涵的社會實踐，「義榮」乃是透過志意、身行、言語承載歷史／社會的「道貫」，因而進入歷史的名人堂，此即以「義」取「名」。

參考書目

壹、古典文獻及校注

1. 屈萬里，《詩經詮釋，臺北：聯經出版公司，1983 年。
2. 屈萬里，《尚書集釋》，臺北：聯經出版公司，1983 年。
3. 楊伯峻，《春秋左傳注》，臺北：漢京文化公司，1987 年。
4. 韋昭，《國語注》，臺北：漢京文化公司，1983 年。
5. 瀧川龜太郎，《史記會注考證》，臺北：洪氏出版社，1982 年。
6. 朱熹，《四書章句集注》，北京：中華書局，1983 年。
7. 焦循，《孟子正義》，北京：中華書局，1987 年。
8. 楊伯峻，《孟子譯注》，北京：中華書局，1960 年。
9. 王先謙，《荀子集解》，北京：中華書局，1988 年。
10. 梁啓雄，《荀子簡釋》，臺北：木鐸出版社，1983 年。
11. 孫詒讓，《墨子閒詁》，北京：中華書局，2001 年。
12. 陳鼓應，《老子今註今譯及評介》，臺北：臺灣商務印書館，2000 年。
13. 郭慶藩，《莊子集釋》，臺北：河洛出版社，1980 年。
14. 戴望，《管子校正》，臺北：世界書局，1990 年。
15. 汪榮寶，《法言義疏》，北京：中華書局，1987 年。
16. 陳奇猷，《韓非子集釋》，臺北：華正書局，1987 年。
17. 陳奇猷，《呂氏春秋集釋》，臺北：華正書局，1988 年。
18. 劉文典，《淮南鴻烈集解》，臺北：文史哲出版社，1985 年。
19. 蘇輿，《春秋繁露義證》，北京：中華書局，1992 年。
20. 陳鼓應，《黃帝四經今註今譯》，臺北：臺灣商務印書館，1995 年。

21. 龐樸，《竹帛五行篇校注及研究》，臺北：萬卷樓圖書公司，2000 年。

22. 趙建偉，《出土簡帛《周易》疏證》，臺北：萬卷樓圖書公司，2000 年。

23. 劉釗，《郭店楚簡校釋》，福州：福建人民出版社，2003 年。

24. 程頤、程顥，《二程集》，臺北：漢京文化公司，1983 年。

貳、學術論著

1. 馬一浮，《馬一浮集》，杭州：浙江古籍出版社，1996 年。

2. 馮友蘭，《貞元六書》，上海：華東師範大學出版社，1996 年。

3. 唐君毅，《中國哲學原論（導論篇）》，臺北：臺灣學生書局，1986 年。

4. 唐君毅，《中國哲學原論（原道篇卷一）》，臺北：臺灣學生書局，1986 年。

5. 唐君毅，《中國哲學原論（原道篇卷二）》，臺北：臺灣學生書局，1986 年。

6. 唐君毅，《中國哲學原論（原性篇）》，臺北：臺灣學生書局，1989 年。

7. 牟宗三，《中國哲學十九講》，臺北：臺灣學生書局，1983 年。

8. 牟宗三，《智的直覺與中國哲學》，臺北：臺灣商務印書館，1971 年。

9. 牟宗三，《歷史哲學》，臺北：臺灣學生書局，1982 年。

10. 牟宗三，《圓善論》，臺北：臺灣學生書局，1985 年。

11. 牟宗三，《名家與荀子》，臺北：臺灣學生書局，1979 年。

12. 牟宗三，《心體與性體（一）》，臺北：正中書局，1968 年。

13. 徐復觀，《中國人性論史·先秦篇》，臺北：臺灣商務印書館，1969 年。

14. 徐復觀，《中國思想史論集》，臺北：臺灣學生書局，1975 年。

15. 徐復觀，《兩漢思想史卷一》，臺北：臺灣學生書局，1985 年。

16. 徐復觀，《兩漢思想史卷二》，臺北：臺灣學生書局，1976 年。

17. 徐復觀，《中國經學史的基礎》，臺北：臺灣學生書局，1982 年。

18. 徐復觀，《學術與政治之間》，臺北：臺灣學生書局，1980 年。

19. 勞思光，《新編中國哲學史》，臺北：三民書局，1987 年。

20. 張岱年，《思想·文化·道德》，成都：巴蜀書社，1992 年。

21. 李澤厚，《中國古代思想史論》，天津：天津社會科學院出版社，2003 年。

22. 李澤厚，《論語今讀》，臺北：允晨文化公司，2000 年。

23. 李澤厚，《實用理性與樂感文化》，北京：生活·讀書·新知三聯書店，2005 年。

24. 葛兆光，《中國思想史第一卷》，上海：復旦大學出版社，1998 年。

25. 葛兆光，《中國思想史第二卷》，上海：復旦大學出版社，2000 年。

26. 賀麟，《儒家思想新論》，上海：正中書局，1948 年。

27. 戴君仁，《梅園論學集》，臺北：臺灣開明書店，1970 年。

28. 戴君仁，《梅園論學續集》，臺北：藝文印書館，1974 年。

29. 余英時，《歷史與思想》，臺北：聯經出版公司，1976 年。

30. 余英時，《中國知識階層史論（古代篇）》，臺北：聯經出版公司，1980 年。

31. 余英時，《中國思想傳統的現代詮釋》，臺北：聯經出版公司，1987 年。

32. 余英時，《士與中國文化》，上海：上海人民出版社，2003 年。

33. 唐端正，《先秦諸子論叢》，臺北：東大圖書公司，1981 年。

34. 李偉泰，《漢初學術及王充論衡述論稿》，臺北：長安出版社，1985 年。

35. 龔鵬程，《詩史本色與妙悟》，臺北：臺灣學生書局，1986 年。

36. 龔鵬程，《漢代思潮》，嘉義：南華大學出版社，1999 年。

37. 李明輝，《儒家與康德》，臺北：聯經出版公司，1990 年。

38. 李明輝，《孟子思想的哲學探討》，臺北：中央研究院中國文哲所，1995 年。

39. 李明輝，《儒家經典詮釋方法》，臺北：喜瑪拉雅基金會，2003 年。

40. 湯一介，《儒釋道與內在超越問題》，南昌：江西人民出版社，1991，年。

41. 林聰舜，《西漢前期思想與法家的關係》，臺北：大安出版社，1991 年。

42. 楊儒賓，《中國古代思想中的氣論及身體觀》，臺北：巨流圖書公司，1993 年。

43. 楊儒賓，《儒家身體觀》，臺北：中央研究院中國文哲研究所，1996 年。

44. 楊儒賓、《黃俊傑，中國古代思維方式探索》，臺北：正中書局，1996 年。

45. 王志躍，《先秦儒學史概論》，臺北：文津出版社，1994 年。

46. 陳來，《古代宗教與倫理——儒家思想的根源》，北京：生活・讀書・新知三聯書店，1996 年。

47. 陳來，《古代思想文化的世界——春秋時代的宗教、倫理與社會思想》，北京：生活・讀書・新知三聯書店，2002 年。

48. 張亨，《思文之際論集——儒道思想的現代詮釋》，臺北：允晨文化公司，1997 年。

49. 杜維明，《儒家思想——以創造轉化爲自我認同》，臺北：東大圖書公司，1997 年。

50. 林安梧，《儒學革命論——後新儒家哲學的問題向度》，臺北：臺灣學生書局，1998 年。

51. 林安梧，《道的錯置——中國政治思想的根本困結》，臺北：臺灣學生書局，2003 年。

52. 蔣年豐，《文本與實踐（一）——儒家思想的當代詮釋》，臺北：桂冠圖書

公司，2000 年。

53. 蔣年豐，《文本與實踐（二）——西方解釋學觀點》，臺北：桂冠圖書公司，2000 年。

54. 蔣年豐，《海洋儒學與法政主體》，臺北：桂冠圖書公司，2005 年。

55. 鄭家棟，《斷裂中的傳統——信念與理性之間》，北京：中國社會科學出版社，2001 年。

56. 陳啓雲，《中國古代思想文化的歷史論析》，北京：北京大學出版社，2001 年。

57. 馮耀明，《「超越內在」的迷思——從分析哲學觀點看當代新儒學》，香港：中文大學出版社》，2003 年。

58. 龐朴，《先秦儒家研究》，武漢：湖北教育出版社，2003 年。

59. 林啓屏，《儒家思想中的具體性思維》，臺北：臺灣學生書局，2004 年。

60. 王叔岷，《莊學管闚》，臺北：藝文印書館，1978 年。

61. 龍宇純，《荀子論集》，臺北：臺灣學生書局，1987 年年。

62. 陳大齊，《荀子學說》，臺北：中國文化大學出版社，1989 年。

63. 黃俊傑，《孟學思想史論（卷一）》，臺北：東大圖書公司，1991 年。

64. 黃俊傑，《孟學思想史論（卷二）》，臺北：中央研究院中國文哲研究所，1997 年。

65. 黃俊傑，《孟子思想的歷史發展》，臺北：中央研究院中國文哲研究所，1995 年。

66. 韋政通，《荀子與古代哲學》，臺北：臺灣商務印書館，1992 年。

67. 袁保新，《孟子三辨之學的歷史省察與現代詮釋》，臺北：文津出版社，1992 年。

68. 朱曉海，《荀子之心性論》，香港：香港大學博士論文，1993 年。

69. 朱曉海，《習賦椎輪記》，臺北：臺灣學生書局，1999 年。

70. 朱曉海，《新古典新義》，臺北：臺灣學生書局，2001 年。

71. 廖名春，《荀子新探》，臺北：文津出版社，1994 年。

72. 高柏園，《孟子哲學與先秦思想》，臺北：文津出版社，1996 年。

73. 馬積高，《荀學源流》，上海：上海古籍出版社，2000 年。

74. 馬積高，國立政治大學哲學系，國立政治大學哲學學報第十一期（國際荀子研究專號），2003 年。

75. 池田知久著、王啓發譯，《馬王堆漢墓帛書五行研究》，北京：中國社會科學出版社，2005 年。

76. 皮錫瑞，《經學歷史》，臺北：漢京文化公司，1983 年。

77. 錢穆，《兩漢經學今古文平議》，臺北：東大圖書公司，1989 年。

78. 周予同，《周予同經學史論著選集增訂本》，上海：人民出版社，1996 年。

79. 蒙文通，《古史甄微》，成都：巴蜀書社，1999 年。

80. 張光直，《中國青銅時代》，臺北：聯經出版公司，1983 年。

81. 張光直，《中國青銅時代第二集》，臺北：聯經出版公司，1990 年。

82. 楊向奎，《宗周社會與禮樂文明（修訂本）》，北京：人民出版社，1997 年。

83. 張以仁，《春秋史論集》，臺北：聯經出版公司，1990 年。

84. 杜正勝，《編戶齊民——傳統政治社會結構之形成》，臺北：聯經出版公司，1990 年。

85. 王力，《中國語言學史》，臺北：谷風出版社，1987 年。

參、翻譯著作

1. 小野澤精一等編著，李慶譯，《氣的思想——中國自然觀和人的觀念的發展》，上海：上海人民出版社，1990 年。

2. 史華慈（Benjamin I. Schwartz）著，程鋼譯，《古代中國的思想世界》，南京：江蘇人民出版社，2004 年。

3. 布魯格編著，項退結編譯，《西洋哲學辭典》，臺北：華香園出版社，1992 年。

4. 加達默爾（Hans-Georg Gadamer）著，洪漢鼎譯，《真理與方法——哲學詮釋學的基本特徵》，臺北：時報出版公司，1993 年。

5. 保羅·利科（Paul Ricoeur）著，姜志輝譯，《歷史與真理》，上海：譯文出版社，2004 年。

6. 雅斯培（Karl Jaspers）著，魏楚雄、俞新天譯：《歷史的起源與目標》（北京：華夏出版社，1989 年。

7. 帕瑪（Richard E. Palmer）著，嚴平譯，《詮釋學》，臺北：桂冠圖書公司，1992 年。

8. 格爾茨（Clifford Geertz）著，韓莉譯，《文化的解釋》，南京：譯林出版社，1999 年。

9. 西田幾多郎著，何倩譯，《善的研究》，北京：商務印書館，1997 年。

10. 蘇珊·桑塔格（Susan Sontag）著，程巍譯，《反對闡釋》，上海：譯文出版社，2003 年。

11. 恩斯特·卡西勒（Ernst Cassirer）著，甘陽譯，《人論——人類文化哲學導引》，臺北：桂冠圖書公司，1990 年。

12. 恩斯特·卡西勒（Ernst Cassirer）著，于曉等譯，《語言與神話》，臺北：

　　桂冠圖書公司，1990 年。

13. 費爾迪南‧德‧索緒爾著，高名凱譯，《普通語言學教程》，北京：商務印書館，1980 年。

14. 威廉‧馮‧洪堡（Wilhelm Von Humboldt）著、姚小平譯，《論人類語言結構的差異及其對人類精神發展的影響》，北京：商務印書館，1999 年。

15. 喬治‧米德（George H Mead）著，趙月瑟譯，《心靈、自我與社會》，上海：上海譯文出版社，1992 年。

16. 查爾斯‧霍頓‧庫利（Charles Horton Cooley）著，包凡一、王源譯，《人類本性與社會秩序》，北京：華夏出版社，1999 年。

17. 查爾斯‧霍頓‧庫利（Charles Horton Cooley）著，洪小良等譯，《社會過程》，北京：華夏出版社，2000 年。

18. 于爾根‧哈貝馬斯（Jürgen Habermas）著，曹衛東、付德根譯，《後形而上學思想》，南京：譯林出版社，2001 年。

19. 齊格蒙‧鮑曼（Zygmunt Bauman），洪濤譯，《立法者與闡釋者——論現代性、後現代性與知識份子》，上海：上海人民出版社，2000 年。

肆、單篇論文

1. 勞思光，〈對於如何理解中國哲學之探討及建議〉，《中國文哲研究集刊》創刊號

2. 梅廣，〈釋「修辭立其誠」：原始儒家的天道觀與語言觀——兼論宋儒的章句學〉，《臺大文史哲學報》第五十五期（2001 年 11 月）

3. 戴璉璋，〈儒家慎獨說的解讀〉，《中國文哲研究集刊》第二十三期（2003 年 9 月）

4. 朱曉海，〈孔子的一個早期形象〉，《清華學報》新三十二卷第一期（2002 年 6 月）

5. 勞悅強，〈川流不舍與川流不息——從孔子之歎到朱熹的詮釋〉，《中國文哲研究集刊》第二十六期（2005 年 3 月）

6. 勞悅強，〈從觀察論孔子思想的經驗基礎、方法與性格〉，《清華學報》新三十五卷第一期（2005 年 6 月）

7. 張亨，〈荀子對人的認知及其問題〉，臺大《文史哲學報》第 20 期（1971 年 6 月）

8. 柯雄文著、許漢譯，〈荀子論德的統一性〉〉，《哲學與文化》第十二卷第十二期（1985 年 12 月）

9. 蔣年豐，〈荀子「隆禮義而殺詩書」涵義之重探——從「克明克類」的世界著眼〉，《第一屆中國思想史研討會論文集——先秦儒法道思想之交融及

其影響》,（1989 年 12 月）

10. 伍振勳,〈荀子的「身禮一體」觀──從「自然的身體」到「禮義的身體」,《中國文哲研究集刊》第十九期（2001 年 9 月）

11. 伍振勳,〈兩種「通明意識」──莊子、荀子的比較,《漢學研究》第二十一卷第二期（2003 年 12 月）

12. 劉又銘,〈從「蘊謂」論荀子哲學潛在的性善觀〉,政治大學文學院《孔學與二十一世紀國際學術研討會論文集》（2001 年 10 月）

13. 王靈康,〈隨時設教──試析荀子「法後王」的意義〉,《臺灣哲學研究》第四期（2004 年 3 月）

14. 館野正美,〈荀子和莊子對「時空」與「存在」的反思：中國古代哲學思想的形上學層面〉,《清華學報》新三十五卷第一期（2005 年 6 月）

15. 蔡信安,〈論孟子的道德抉擇〉,《臺大哲學論評》第十期（1987 年 1 月）

16. 袁保新,〈天道、心性與歷史──孟子人性論的再詮釋〉,《哲學與文化》二十二卷第十一期（1995 年 11 月）

17. 劉笑敢,〈關於《老子》之雌性比喻的詮釋問題〉,《中國文哲研究集刊》第二十三期（2003 年 9 月）

18. 楊儒賓,〈昇天變形與不懼水火──論莊子思想中與原始宗教相關的三個主題〉,《漢學研究》第七卷第一期（1989 年 6 月）

19. 楊儒賓,〈厄言論：莊子論如何使用語言表達思想〉,《漢學研究》第十卷第二期（1992 年 12 月）

20. 楊儒賓,〈道家的原始樂園思想〉,李亦園、王秋桂主編：《中國神話與傳說學術研討會論文集》（1996 年 3 月）

21. 池田知久,〈郭店楚簡〈窮達以時〉研究（上）〉,《古今論衡》第四期（2000年 6 月）

22. 池田知久,郭店楚簡〈窮達以時〉研究（下）〉,《古今論衡》第五期（2001年 1 月）

23. 陳啓雲,〈漢初「子學沒落、儒學獨尊」的思想史底蘊〉,《中國文哲研究集刊》第二十二期（2003 年 3 月）

24. 林啓屏,〈先秦儒學思想中的「遇合」問題──以〈窮達以時〉爲討論起點〉,《鵝湖學誌》第三十一期（2003 年 12 月）

25. 林啓屏,〈古代文獻中的「德」及其分化──以先秦儒學爲討論中心〉,《清華學報》新三十五卷第一期（2005 年 6 月）

26. 阮芝生,〈貨殖與禮義──《史記・貨殖列傳》析論〉,《臺大歷史學報》第十九期（1996 年 6 月）

27. 阮芝生,〈論史記中的孔子與春秋〉,《臺大歷史學報》第二十三期（1999

年6月）

28. 林聰舜,〈「禮」世界的建立——賈誼對禮法秩序的追求〉,《清華學報》新二十三卷第二期（1993 年 6 月）

29. 林聰舜,〈帝國意識形態的建立——董仲舒的儒學〉,《大陸雜誌》第九十一卷第二期（1995 年 8 月）